CB076745

ём # A República de Hemingway

Coleção Estudos
Dirigida por J. Guinsburg

Equipe de realização – Revisão de provas: Kiel Pimenta e Sílvia Cristina Dotta; Produção: Ricardo W. Neves e Sylvia Chamis.

USP

Reitor Roberto Leal Lobo e Silva Filho
Vice-reitor Ruy Laurenti

edusp

EDITORA DA UNIVERSIDADE DE SÃO PAULO

Presidente João Alexandre Barbosa
Diretor Editorial Plinio Martins Filho
Editor-assistente Manuel da Costa Pinto

Comissão Editorial João Alexandre Barbosa (Presidente)
Celso Lafer
José E. Mindlin
Oswaldo Paulo Forattini
Djalma Mirabelli Redondo

Edusp - Editora da Universidade de São Paulo
Av. Prof. Luciano Gualberto, Travessa J, 374
6º andar - Ed. da Antiga Reitoria - Cidade Universitária
05508-900 - São Paulo - SP - Brasil   Fax (011) 211-6988
Tel. (011) 813-8837 / 813-3222 r. 4156, 4160

Printed in Brazil   1993

Giselle Beiguelman-Messina

A REPÚBLICA DE HEMINGWAY

POR QUEM OS SINOS DOBRAM?

FAPESP edusp EDITORA PERSPECTIVA

Dados Internacionais de Catalogação na Publicação (CIP)
(Câmara Brasileira do Livro, SP, Brasil)

Beiguelman-Messina, Giselle
  A república de Hemingway : Por quem os sinos dobram? / Giselle Beiguelman-Messina. – São Paulo : Perspectiva : Editora da Universidade de São Paulo : FAPESP, 1993. – (Coleção estudos : 137)

I.S.B.N. 85-273-0059-1

Bibliografia.

  1. Hemingway, Ernest, 1898-1961 – Crítica e interpretação I. Título. II. Série.

93-2701   CDD-810.9

Índices para catálogo sistemático:

1. Escritores norte-americanos : Apreciação crítica :
Literatura norte-americana   810.9

Direitos reservados à
EDITORA PERSPECTIVA S.A.
Avenida Brigadeiro Luís Antonio, 3025
01401-000 - São Paulo - SP - Brasil
Telefone: (011) 885-8388
Fax: (011) 885-6878
1993

*Para o Netto e Maya
com amor*

Talvez venhamos a ser apenas nós. Só que mudados. Talvez esta seja a melhor coisa.

ERNEST HEMINGWAY, *O Jardim do Éden*

Agradecimentos

> *Mais de um, como eu, sem dúvida, escreveu para não ter mais fisionomia. Não me pergunte quem sou eu e não me peça para permanecer o mesmo: esta é uma moral de estado civil; ela rege nossos papéis. Que ela nos deixe livres quando se trata de escrever.*
>
> MICHEL FOUCAULT, *A Arqueologia do Saber*

Esse livro é o resultado de um trabalho de tese. Uma tese é um processo curioso, em que, entre lágrimas, suspiros, pequenos orgulhos e umas tantas vaidades, se vive um fenônemo de dissolução e precipitação de imagens e conceitos sobre "si mesmo" tão intenso, que se torna difícil redigir usando um pronome pessoal singular do caso reto como "eu", ou um imponente sujeito indeterminado.

Quem é o seu autor?

Nós.

Nós, quem?

Um nós difuso, insólito, vaporoso, composto de inúmeros rostos, gestos, aspas, linhas, cores, invisibilidades. Um nós que se confunde com os autores lidos, os filmes assistidos, os amigos, parentes, mestres e um eu já pouco soberano de sua individualidade, afoito, devorador, inquiridor, que aglutina, digere e se devora.

Tanta tinta...

A tinta que evoca a presença de minha mãe, Sylvia Beiguelman, que sorrindo me ensinava que eu desenhava como Chagall, pois nada do que riscava no papel se apoiava sobre o chão. Muito longe estava eu, com certeza, de pintar como Chagall, mas as reproduções do pintor, que ela me apresentou, acabaram por marcar-me profundamente, e talvez esteja aí a raiz dessa minha ânsia de estar sempre me descolando de uma base segura.

Atitude às vezes prazerosa, mas tão cheia de perigos e riscos que não posso mencioná-la, quando penso em alguns trechos deste livro, sem recorrer aos que me encorajaram a fazê-lo, evidenciando alguns vestígios dos que marcaram os seus sulcos e a quem passo a agradecer.

À Paula Beiguelman, minha ilustre e eterna professora, por mero acaso minha tia, que me introduziu no mundo das "belas letras" presenteando-me, quando eu era apenas uma "menina tonta, toda suja de tinta / mal o sol desponta", com um lindo exemplar de poesias de Cecília Meirelles, *Ou Isto Ou Aquilo*. Agradeço o que com ela aprendi e o que ainda aprenderei. Isto e aquilo.

Aos meus mestres:

José Carlos Sebe Bom Meihy, meu orientador, pela nossa Gramatologia.

Arnaldo Daraya Contier, pelos destinos do totalitarismo.

Carlos Alberto Vesentini, uma ausência tão presente nesse livro, pelas teias do fato.

Ecléa Bosi, pela psicologia da atenção.

Nicolau Sevcenko, pela educação dos meus sentidos.

Bernardo Beiguelman, por tudo.

Às minhas amigas Nivia Faria Vaz Guimarães pelo abraço certo nas horas mais incertas e Monica Raísa Schpun, personagem ímpar de minha história intelectual e afetiva, por nosso passado, presente e futuro.

Aos meus *goodfelas* Flavio de Campos, Francisco Alambert, Karen Macknow Lisboa e Nelson Schapochnik, pelos nossos *Best Times* e com o desejo de que nossa destilaria clandestina de idéias nunca seja fechada.

Aos meus irmãos Evane, Lilian e Luciano, e à Ana Cecília de Siqueira Nogueira pelo que eu puder ter aprendido sobre a dignidade humana.

À Marisa Lajolo pela cumplicidade encorajadora.

Aos Professores Carlos Guilherme Mota e Edgar de Decca pelo incentivo à publicação de meu trabalho.

À Maria Luiza Tucci Carneiro, pelas sugestões bibliográficas.

AGRADECIMENTOS

Aos Professores Robert M. Levine e William B. Watson pelo apoio às minhas pesquisas nos EUA. À Curadora da *Hemingway Collection*, Megan Floyd Desnoyers, e sua assistente, Lisa Middents da *John Fitzgerald Kennedy Library* pela sua atenção e importantes indicações de materiais para minha investigação.

À CAPES, instituição da qual recebi minha bolsa de estudos e que permitiu minha dedicação integral à pesquisa, e ao CNPq que possibilitou que eu realizasse uma viagem de estudos e pesquisa em diversas instituições e arquivos nos EUA em 1988, fundamentais, para a realização deste trabalho.

À FAPESP pelo apoio institucional que viabilizou este livro e pelas valorosas sugestões de sua assessoria científica.

À Maya que me dotando com dois corações me deu fôlego para redigir o trabalho e que, com sua luz azul, irradia a força que me faz seguir em frente.

Giselle Beiguelman-Messina

Sumário

PREFÁCIO – *Ecléa Bosi* XVII

1. POR QUEM OS SINOS NÃO DOBRAM 1

2. A REPÚBLICA SOVIÉTICA 7
   2.1. A Causa Armada 18
   2.2. A Arte Armada 27

3. A REPÚBLICA AMERICANA 49
   3.1. O Sopro da Morte na Guerra Civil de Ernest Hemingway 49
   3.2. A República como Devoção 51
       3.2.1. Causa x indivíduo 67

4. A REPÚBLICA DA TOURADA 73
   4.1. Do Reino de Deus para o Inferno do Mundo 73
   4.2. Hay que Tomar la Muerte como si Fuera Aspirina . 86
   4.3. A Morte Ética 89
   4.4. Da Luta contra o Nada à Luta por Todos 95

5. A REPÚBLICA DO APOCALIPSE 105
   5.1. A República, Horizonte em Aberto 105
   5.2. A Guerra Civil como Divisor de Águas da História . 110
       5.2.1. A guerra como comunhão 119

5.2.2. O Juízo Final mecanizado 124

6. A REPÚBLICA REDENTORA 129
   6.1. A Guerra Civil, um Ritual de Purgação da Espécie Humana 129
       6.1.1. Morte moral x nobreza natural 135
       6.1.2. Terra x cidade, natureza x máquina 148

7. A REPÚBLICA IMACULADA 155
   7.1. O Escritor e a Escrita 155
   7.2. O Escritor e o Livro 160
   7.3. A Bela República 163
   7.4. A República Liberal 174

8. POR QUEM OS SINOS DOBRAM? 181

BIBLIOGRAFIA 183

Prefácio

Se se perde a Espanha, se perderá o homem.

OCTAVIO PAZ

Conheci a Autora como aluna de pós-graduação num curso sobre cultura e memória social. Atenta aos diversos seminários, tudo fazia convergir para a Guerra Civil Espanhola, que já era sua coerente paixão.

Alguns anos mais tarde ao examinar seu doutorado verifiquei o trajeto da pesquisadora e aqui vai transcrita como prefácio a argüição que então lhe fiz.

Que marca nos deixou na cultura, em nossa consciência, a Guerra Civil?

Ela se refletiu na obra dos intelectuais que dela participaram ou que dela testemunharam e a Autora procura repensá-la para além de sua memória, dos seus registros, dentre os quais *Por Quem os Sinos Dobram*.

O que está em jogo na narrativa de Hemingway não é o amor pela Espanha, nem a consciência política da década de 30.

O que está em jogo na narrativa é a *dimensão simbólica da Guerra Civil* – eis o que nos mostra a tese.

Um dos primeiros contrastes analisados são os traços do comunismo-stalinista visíveis no Hemingway correspondente de guerra e a narrativa de *Por Quem os Sinos Dobram*.

Considero de interesse para a crítica literária a comparação entre a ideologia unidimensional do jornalista e a complexidade ideológica do romance.

Se a notícia é unilateral, finalista e até pragmática (no caso visava combater o *Embargo Act* do governo americano contra a jovem República); a arte é polissêmica, procura através de uma situação desdobrar significados.

Se a notícia é unilinear, o romance fala por muitas bocas que contam versões do acontecido: o estrategista soviético, o revolucionário romântico, o comandante anarquista, o soldado, a cigana... Cada voz tem sua inflexão.

Segundo depoimento da época era costume dos anarquistas ao entrar numa cidade:
1. limpar de fascistas o lugar.
2. queimar na praça os registros de propriedade de terra.
3. abrir a cadeia e soltar os presos.

Vinha depois um discurso, na praça, pela Revolução, tão cheio de indiretas aos burocratas do Partido Comunista que fariam a delícia de um jornal paroquiano.

No romance de Hemingway a cigana Pilar descreve uma dessas "limpezas" quando seu bando entrou num povoado; apesar de leal republicana ela descreve a cena com os olhos do Horror. Olhos que não consegue fechar à noite, quando todos dormem, embriagados de vinho e sangue. Na vigília dessa madrugada sem fim, ela divisa no extremo da praça, ajoelhada atrás das grades da janela, a esposa de uma das vítimas.

Das duas mulheres insones parte a força da mensagem, que lhe vem da indeterminação do ponto de vista, que ora se situa num extremo da praça, ora noutro.

Há mitos pelos quais os homens morrem, fontes já de origem rousseauista, de um romantismo radical, que latejam na Guerra Civil:
- Natureza x Sociedade;
- Povo x Nação (povo, palavra cara aos socialistas, tanto quanto *nação* é cara aos fascistas).
- Indivíduo x Estado
- Morte ética x Morte mecânica
- Redenção x Tirania

Se os mitos resolvem as contradições no plano do imaginário, as da sociedade espanhola eram bem reais: a miséria no campo e a fome dos *braceros*, a posse da terra, extratos do poder aferrados ao passado como o clero, uma economia retardatária...

Convivem em Hemingway o antifascismo militante com o ideário do liberalismo americano. Não há pois uma predeterminação que impeça o liberalismo de se fundir ideologicamente ao stalinismo (já que na década de 30 não se poderia ter do stalinismo a visão que hoje se tem).

Outro mito que o livro descreve é o da Espanha como Natureza e Povo, com seu campo, seu mar, incontaminados ainda. A República volta à Natureza e ao Povo contra a corrupção urbana. Mito que se atualizou também com a Revolução da Nicarágua: os pássaros voltam a Manágua quando as tropas sandinistas a libertam. Cardenal descreve em poemas a volta exuberante de aves e animais expulsos pela impiedade capitalista.

A relação do homem com seu espaço envolve também o quotidiano da cidade. Os bombardeios conseguiam em poucos segundos converter em migalhas todo um passado com suas referências sociais e afetivas. Em certo momento a Autora usa uma metáfora forte: "A guerra aborta a história pessoal do indivíduo". O madrilenho sitiado, usando suas últimas energias para sobreviver, é um símbolo de todo homem que se sente acuado em sua própria cidade invadida por forças estranhas que a desfiguram.

A tese nos faz ouvir pela voz de tantos poetas contemporâneos esse mundo em desintegração. Em certos momentos toda a humanidade parece envolver-se na batalha decisiva de Madri, através de seus maiores artistas.

Tudo convergia para lá; a Espanha tornara-se um ponto culminante da história do mundo. Em seus campos e cidades está-se decidindo o destino não de um povo, mas do homem.

E no momento mais amargo da luta, Durruti pronuncia sua frase famosa: "Nada mais nos resta que morrer em Madri".

Foi no regimento do catalão Buenaventura Durruti, a célebre coluna dos voluntários estrangeiros, encarregada das missões perigosas, que Simone Weil se alistou.

Ao avistar o comandante, ela perguntou de chofre a Durruti: – "Quando tomaremos Saragoça?" E ele: – "Amanhã".

Simone Weil sabia que a obsessão de Durruti era tomar Saragoça para libertar os anarquistas presos ali.

Mas quando a coluna chegou na cidade ela já caíra nas mãos do inimigo: Saragoça era um cemitério tomado por franquistas.

Violência, arbítrio, houve dois lados da guerra. Simone sentiu na carne a confusão inextricável entre a necessidade e o ideal.

Na Espanha republicana houve trabalho sob coerção, obrigatoriedade de horas extras não pagas. Se a cadência fosse insuficiente, os operários eram considerados traidores e tratados como tal. Houve também mobilização forçada para o exército. Mas era tal o envolvimento, que Simone Weil confessa que "era impossível resistir sem uma força de alma que deve ser excepcional porque não a encontro em parte alguma".

Lado a lado combatiam têmperas ferozes e artistas inofensivos: exército sem nenhuma monotonia, multicolorido enxame irregular de velhos anarquistas e voluntários estrangeiros, gente de sandália e de óculos, mulheres que com suas saias compridas se deitavam no chão para disparar nas trincheiras.

Exército que se guiava pelo princípio da "indisciplina organizada" e da "organização da antidisciplina". Para um ataque noturno a ser desfechado de surpresa, entrava no povoado, cantando hinos revolucionários. Ou esquecia as provisões de alimento no entusiasmo da partida.

Quando Thomas Mann chama a Guerra Civil de luta do bem contra o mal é porque nela assiste às primeiras arremetidas do nazismo, quando a aviação alemã vai em ajuda de Franco; Hitler precisa em troca dos minérios de ferro espanhol para se armar para a Segunda Guerra Mundial.

Compreende-se então porque judeus de todo mundo acorreram às Brigadas Internacionais, onde se falava o ídiche correntemente... Era já a resistência contra o nazismo e bem antes a insurreição do gueto de Varsóvia.

Muitos judeus derramaram seu sangue em solo espanhol antes do Holocausto. Chamar a atenção para a presença dos judeus no combate é um dos méritos deste livro.

Talvez os atos arbitrários, as mortes sem julgamentos comecem a aumentar de número quando se delineia a possibilidade da derrota.

Como pensa Hanna Arendt: "Toda diminuição de poder é um convite à violência – quando governantes ou governados sentem que o poder lhes escorrega das mãos acham difícil resistir à tentação de substitui-lo pela violência" (*Da Violência*).

Mas a violência costuma ser justificada quando se trata de uma guerra purgadora, redentora, onde o sacrifício é necessário para redimir a sociedade: concepção tiranicida da História que vem da Revolução Francesa com Saint-Just e Robespierre.

Esse mito romântico da História, vista através de redenções que exigem sacrifícios, acabou sendo usado tanto pela Espanha dos falangistas, a da Ordem e da Tradição, quanto pela Espanha republicana que disse não ao passado.

Como se terá dado em Hemingway a fusão de uma utopia socialista e um código de ética que é um ritual de morte pré-industrial?

O código do toureador na arena, com seus avanços e recuos, com seus imprevisíveis floreios de morte foi vencido pela morte mecânica que se abateu sobre a Espanha.

Filmes documentários da época mostram os potentes Junkers nazistas perseguindo no céu de Madri os aviões dos voluntários soviéticos, frágeis e inventivos acrobatas do espaço, talvez na última guerra romântica do planeta.

Ao sentir a vibração que a Guerra Civil ainda nos causa, temos vontade de perguntar.

– Mas aonde estão eles, os velhos lutadores? Que fazem agora? Como estão vivendo?

Hans Magnus Enzensberger foi procurá-los conforme relata no *O Curto Verão da Anarquia*. Eles se acham dispersos, a maioria de artesãos e operários, trabalhando com suas próprias mãos – como sempre fizeram – em pequenas oficinas espalhadas pelo mundo. São gráficos, marceneiros, lavradores ganhando seu pão como sempre. Não foram promovidos, não conseguiram nada para si, não precisam agradecer a ninguém. Têm uma consciência intacta, uma disposição física extraordinária. "Os velhos homens da República são mais fortes do que tudo o que veio depois deles."

São Paulo do início do século também guarda, na memória dos seus velhos, figuras de líderes operários que são lembrados como Leonor Petrarca e Lucinda de Oliveira, tecelã do Partido Comunista que "tomava conta de doze a treze teares!" segundo depoimentos que ouvi. A memória celebra ao mesmo tempo a bravura no trabalho e na militância.

Nessa época de anticomunismo, receio uma vertente fascista que já reponta na universidade e que traz o esquecimento injusto.

Evoco os militantes que conheci em São Paulo, na infância e na juventude, e também aqueles que os inspiraram: Rosa Luxemburgo, marxista; Antonio Gramsci (fundador do Partido Comunista Italiano), Mariategui (fundador do Partido Comunista Peruano).

Como a História tem, segundo Vico, suas idas e retornos, quem sabe um dia eles se tornarão para nós um mito inspirador e não iremos procurar contornos rígidos ou amargos em sua fisionomia, mas uma face iluminada e pura.

Foram eles anarquistas, comunistas? Eternos combatentes sim, de lutas perdidas que a Espanha de Cervantes trouxe para o cenário da Guerra Civil.

Que as páginas que se seguem possam avivar a memória daqueles acontecimentos e figuras que apaixonaram toda uma geração.

Ecléa Bosi

1. Por Quem os Sinos não Dobram

> *Uma das dignidades, e das maiores, dessa ciência humana denominada história consiste em abordar por privilégio, nos atos e nas instituições dos homens, a imensa região do sonambulismo, o* quase-tudo, *que não é pura vigília, a acidez estéril e silenciosa da própria questão, o* quase-nada.
>
> JACQUES DERRIDA, *A Escritura e a Diferença*

Primeiramente os sinos aqui não dobram por uma visão da literatura como suplemento da história, em que a ela é reservado o papel de apenas "ilustrar" o que outros documentos afirmam, nem pela sua consideração como complemento da pesquisa histórica, fonte que só adquire valor quando supre as lacunas deixadas por outras, supostamente mais confiáveis[1].

Não dobram pela conjetura de que há uma realidade dotada de um sentido pleno que se antepõe à própria obra, o qual ela deve expressar, a fim de ser considerada como representativa do verdadeiro sentido dos acontecimentos históricos.

---

1. Bastante representativos dessas vias de interpretação da literatura devotada à Guerra Civil Espanhola são os trabalhos de Frederick R. Benson, *Writers in Arms; The Literary Consequences of the Spanish Civil War*, Nova York, New York University Press, 1967 e de John M. Muste, *Say that We Saw Spain Die – Literary Consequences of the Spanish Civil War*, Washington, Washington University Press, 1966.

Nossos sinos não dobram, também, então, por uma via de interpretação literária, bastante comum na produção devotada à criação cultural da Guerra Civil Espanhola, em que as obras são tomadas como uma totalidade definida pela materialidade do volume (o livro) e por um conceito do fato Guerra Civil Espanhola, que para manter sua coerência exige que o analista corrija as "imprecisões", os "lapsos de compreensão" dos escritores, ocultando a multiplicidade de representações elaboradas no *acontecendo* da história.

Nesse sentido, nossos sinos não dobram por uma compreensão da produção literária, em que ela aparece, nos termos em que apontava Derrida em "Força e Significação", "como a arquitetura de uma cidade desabitada ou destruída, reduzida ao esqueleto por uma catástrofe da natureza ou da arte. Cidade não mais habitada, mas, também, não simplesmente abandonada; antes, assombrada pelo sentido e pela cultura".

Não dobram pela retórica presente na literatura do período em que fascismo e antifascismo são tomados como movimentos que, *a priori*, por essência, não compartilham qualquer categoria de pensamento, nem pela idéia, também forjada na época, que se vivia um momento de ruptura, assinalado pela politização das artes.

Nossos sinos não dobram, ainda, pela idéia de que a discussão sobre a literatura devotada a esse conflito serve apenas para confirmar o veredito de que a defesa da República foi *the last great cause*.

Afirmação, aliás, problemática, uma vez que, geralmente, vem à tona para referendar a idéia de que aquele momento marcou o clímax e a decadência do marxismo, e que corrobora a constatação de um suposto apoliticismo presente na produção literária devotada à Segunda Guerra Mundial. Certamente, é bastante difícil falar sobre a década de 30 sem deixar de se "impressionar com a retórica política de seus atores", como o fez Lottman, e com o caráter coletivo das atividades dos intelectuais e artistas organizados em comitês, associações, congressos, revistas e clubes.

São produtos típicos dessa década a União Internacional dos Escritores Revolucionários sediada em Moscou, a Associação dos Escritores e Artistas Revolucionários sediada na França, a Federação dos Escritores Proletários e seu órgão oficial, a revista *Die Linkskurve*, da Alemanha, o *Left Book Club* britânico, a Liga dos Escritores Americanos (EUA), a Associação Internacional para a

Defesa da Cultura e, ainda, os projetos encarregados de formular e produzir cultura nacional do tipo dos nossos durante o Estado Novo, e dos levados a cabo pelos Escritores Federais e pelo Teatro Federal durante o *New Deal*, bem como as importantes teses gramscianas, de pouco sucesso na época, sobre os intelectuais orgânicos e a literatura nacional-popular.

É inegável que os anos 30 se caracterizam pela politização da arte, pela discussão de uma "nova *praxis* literária" orientada em direção a um "novo público" e capaz de incorporar e desempenhar uma importante função na luta política. Também é irrefutável que essa politização se polariza ao longo da década no engajamento dos escritores e artistas em posturas anti ou pró-fascismo, acompanhando-se de uma crescente presença do Partido Comunista.

Entretanto, a constatação dessas características não deve liberar-nos da tarefa de interrogá-las para além do maniqueísmo da própria década, a fim de conseguir produzir um conhecimento crítico sobre a "cultura antifascista" que tematizou a República espanhola.

Não se trata de ignorar as diferenças radicais entre os que lutaram contra ou a favor do fascismo, mas sem considerar a possibilidade de existência de pressupostos comuns, seguindo à risca a definição dos atores do período sobre o momento em que viviam, torna-se inviável a percepção da complexidade dessa criação cultural[2].

Há que se redimensionar, também, as repetidas afirmações feitas sobre o papel da Guerra Civil Espanhola como fato exemplar da tomada de consciência da função social do escritor, que marcou profundamente os debates do Segundo Congresso Inter-

---

2. Adotamos a terminologia corrente na década de 30, "fascismo e antifascismo", sem matizar as diferenças entre o fascismo e o nazismo, por concordarmos com Poulantzas, que considera como Estado fascista uma forma de Estado específica e que, no âmbito europeu das décadas de 20 e 30, os casos alemão e italiano podem ser analisados dentro de uma mesma teoria política. Entretanto, isso não nos impede de assinalar diferenças cruciais entre os fascismos da Alemanha e da Itália. Tais diferenças residem, principalmente, na teoria racial que sustenta as práticas de extermínio nazistas e na política estético-cultural levada a cabo por essa vertente do fascismo.

A esse respeito, vide Nicos Poulantzas, *Fascismo y Dictadura*, México, Siglo XXI, 1971 e Lionel Richard, *Le Nazisme et la Culture*, Paris, Editions Complexe, 1988.

No que tange à multiplicidade de projetos implícitos no antifascismo que apoiou a República espanhola, ela será abordada em *A República do Apocalipse*.

nacional de Escritores para a Defesa da Cultura realizado em 1937, seqüencialmente, em Valência, Madri, Barcelona e Paris, nos moldes do de 1935, que ocorrera em Paris.

De fato, quase todos os autores que se dedicam ao estudo da literatura da Guerra Civil, principalmente Benson, Ford, Muste e Hanrez, chamam a atenção para o caráter de clímax das preocupações dos escritores da década de 30, deixando-se ludibriar por mais um dos mitos que seus atores construíram sobre si.

Indiscutivelmente, a Guerra Civil Espanhola foi um momento extremamente importante e revelador das tensões artísticas dos anos 30, mas sua importância não reside em uma suposta qualidade inerente ao fato, onde todas as condições históricas se mesclariam e detonariam o despertar das paixões e a consciência política e social dos homens de seu tempo.

A maior parte dos escritores que se envolveram na defesa da República como André Malraux, Stephen Spender, Arthur Koestler, Gustav Regler, Pablo Neruda, entre tantos outros, não tiveram sua consciência política despertada pelos acontecimentos que ocorriam na Espanha. A temática sociopolítica era já pertinente às reflexões de seus trabalhos. Contudo, como salienta Hoskins, suas discussões resumiam-se, até a eclosão da Guerra Civil, aos próprios grupos de escritores e intelectuais.

O debate, portanto, sobre fascismo, comunismo, socialismo etc. e suas relações com a "nova" *praxis* literária e a "nova" cultura não dependeu do levante Nacionalista liderado por Franco para explodir. Processava-se desde o fim da Primeira Guerra, mas a Guerra Civil, ao tornar-se um problema geopolítico internacional, ocupando as páginas da imprensa, fez com que, principalmente por meio das campanhas de opinião pública contra a Política de Não-Intervenção, as polêmicas culturais dos anos 30, polarizadas em torno do alinhamento ou não com o fascismo, fossem dramatizadas e discutidas num âmbito jamais alcançado.

Essas considerações fizeram com que nossos sinos não dobrassem, então, pela hipótese de que na época da Guerra Civil, a defesa da cultura, o antifascismo e o comunismo compunham um movimento harmônico e integrado.

Muito longe estavam os partidários estrangeiros da República espanhola de serem todos comunistas, mas, uma vez que o Partido Comunista era responsável pela organização da maior parte dos congressos e associações intelectuais de defesa da cultura, bem como de diversos comitês de apoio à República e das Brigadas Internacionais, como fica claro nos trabalhos de Lottman, Bayac e Hoskins, muitos dos que se engajaram na defesa da República, mobilizados pela luta contra o fascismo, posicionaram-se ao redor das estruturas mantidas pelo PC.

Não se pode esquecer, também, ainda dentro da órbita do papel do PC no movimento antifascista, que muitos dos que engrossaram suas fileiras não eram militantes, nem viam no comunismo a solução para o avanço fascista. Antes, percebiam na retórica da Frente Popular uma solução para a necessidade de compromisso, transformando o PC no grupo que aglutinava as posições políticas "negativas", onde o antifascismo convertia-se muito mais numa luta contra o que não se queria do que a favor de uma outra que se desejava em seu lugar[3].

Além de não dobrar pela coerência contextual pré-determinada que pode imprimir um sentido à obra antes mesmo que ela seja interrogada, os sinos aqui também não dobram por uma via de interpretação que faz com que a literatura não ultrapasse nunca o movimento ditado pelas influências das idéias e as contingências biográficas, transformando-a num decalque da vida do escritor ou em uma sofisticada pintura da voz.

Não dobram pela anulação do papel da história pessoal do escritor para a interpretação literária e não dobram, ainda, pela idéia de que uma paixão contínua e uniforme pela Espanha explica o profundo envolvimento de Hemingway com a defesa da República espanhola.

De fato, entre 1937 e 1940 Hemingway esteve inteiramente devotado à "causa republicana". Foi chefe do Comitê de Ambulâncias dos Amigos Americanos da Democracia Espanhola, participou da produção do documentário *Spain in Flames* (*Espanha em Chamas*, 1937), como membro da direção da *Contemporary Historians* foi roteirista e narrador de *The Spanish Earth* (*Terra Espanhola*, 1937) de Joris Ivens, correspondente da *North American Newspaper Alliance* (*NANA*) e da revista *Ken*, escreveu um romance, *For Whom the Bell Tolls* (*Por Quem os Sinos Dobram*, 1940), sua única peça teatral, *The Fifth Column* (*A Quinta-Coluna*, 1937), contos, prefácios a livros de outros autores, proferiu conferências pela primeira vez e chegou até a falar com o Presidente Roosevelt, na tentativa de convencê-lo a pôr um fim ao embargo norte-americano de armas para a Espanha.

---

3. Warren I. Susman, "A Década de 30", em: Stanley Coben e Norman Ratner (orgs.), *O Desenvolvimento da Cultura Norte-Americana*, Rio de Janeiro, Anima, 1985, pp. 297-303.

Se, por um lado, é inegável a intensidade do engajamento do escritor na causa republicana durante a Guerra Civil Espanhola, por outro, convém não romantizar esse envolvimento, supondo-o o natural desenrolar de uma antiga ligação atávica com a Espanha que, inevitavelmente, desembocaria no apoio dado pelo escritor à defesa do governo republicano. Também não se deve esquecer que o tratamento dado por Hemingway ao tema da Guerra Civil não é homogêneo ao longo de sua eclética produção sobre o conflito[4].

Em suma, os sinos aqui não dobram por um conceito de obra que se resume, como advertiu Foucault na *Arqueologia do Saber*, à condição de pretexto para formular o que já estava articulado "nesse meio-silêncio que lhe é prévio, que continua a correr obstinadamente abaixo dele, mas que ele recobre e faz calar".

Sem dobrar nossos sinos por um conceito de obra como "unidade homogênea", onde à sombra de um nome próprio poder-se-ia trocá-la por um reflexo, pudemos, então, nos permitir escutar por quem dobram os sinos da República de Hemingway.

---

4. Os trabalhos de Edward Stanton, *Hemingway en España*, Angel Capellán, *Hemingway and the Hispanic World* e Stephen Cooper, *The Politics of Ernest Hemingway* são profundamente marcados por essas características criticadas.

2. A República Soviética

> *E com o multiplicar-se das artes, umas em vista das necessidades, outras da satisfação, sempre continuamos a considerar os inventores destas últimas como mais sábios que os das outras, porque as suas ciências não se subordinam ao útil.*
>
> ARISTÓTELES, *Metafísica I*

Ernest Hemingway chegou à Espanha em março de 1937 na qualidade de correspondente da *North American Newspaper Alliance* (*NANA*), para quem realizou trinta despachos centrados na cobertura de algumas das mais importantes batalhas da Guerra Civil – Brihuega-Guadalajara, Casa de Campo (Madri), Quinto e Belchite, Teruel, Gandesa, Tortosa e toda a campanha do Ebro em abril de 1938.

Como correspondente da *NANA*, Hemingway realizou três viagens para a Espanha. A primeira, de março a maio de 1937, resultou em doze despachos profundamente marcados pelo otimismo em relação às tropas republicanas e pelo destaque dado às condições dos civis nos bombardeios. A segunda, de agosto de 1937 a janeiro de 1938, caracterizou-se pelo tom marcantemente pró-stalinista dos seis despachos enviados para a agência no período. A terceira, de março a maio de 1938, resultou em onze despachos nos quais se constata, ao lado do alinhamento com o

PC soviético, uma ligeira queda de ânimo do correspondente e a crescente mobilização pelo fim da Política de Neutralidade americana. Essa conduta prosseguirá na última série de artigos escritos durante a quarta viagem de Hemingway à Espanha em Guerra Civil, dessa vez como enviado da revista de esquerda *Ken*, recém-fundada pelos diretores da *Esquire*, Smart e Gingrich (novembro de 1938).

É possível notar características diferentes entre as coberturas jornalísticas realizadas para a *NANA* e para a revista *Ken*. Enquanto os despachos para a agência de notícias são extremamente marcados pelo estilo "testemunha ocular", do tipo "eu-estive-ali-e-vi", que lhes dão um aspecto bastante pontual – o que não exclui suas características ideológicas – os artigos para a *Ken* preocupam-se em focalizar questões mais gerais da guerra, abordando temas em detrimento de fatos.

Com o firme propósito de mobilizar a opinião pública americana contra o *Embargo Act*, Hemingway passa a abordar o papel da Igreja no conflito ("The Cardinal Picks a Winner"), os poderes estrangeiros envolvidos ("The Time Now, the Place Spain", "False News to the President", "Call for Greatness"), e fazer críticas extremamente stalinistas aos anarquistas participantes da Guerra Civil ("Treachery in Aragon")[1].

O material enviado para a *NANA*, entretanto, nunca foi objetivo ou neutro. Tanto isso era notório que a partir do terceiro despacho tornam-se evidentes as interferências da direção editorial da agência nos despachos, por meio de indicações sobre o que o correspondente deveria reportar, quando e onde. Tais interferências aparecem com toda clareza nos telegramas trocados entre Hemingway e John N. Wheeler, diretor editorial da *NANA*, contendo instruções, cortes, e insatisfações do correspondente[2].

Hemingway não foi escolhido pela direção editorial da agência de notícias *NANA* por suas qualidades como correspondente, mas sim por ser uma celebridade que garantia a venda dos serviços dessa agência para outros jornais. O altíssimo pagamento feito ao escritor (US$ 500 por despacho e US$ 1.000 por conto, em contraposição à média de US$ 15 a US$ 25 recebidos pelos outros repórteres) justificava-se pelo retorno que a *NANA* pensava

---

1. As referências completas sobre tais artigos encontram-se na bibliografia.
2. A esse respeito ver "In Defense of His Reporting from Spain: A Hemingway Letter to *NANA*", *The Hemingway Review – Spanish Civil War Issue*, (W. B. Watson, org.) 7 (2): 119-121, 1988.

em obter pelo simples fato de possuir Hemingway em seu quadro de jornalistas.

O indicador mais evidente disso são os títulos dados aos *releases* que a agência passava para os jornais, sempre destacando a experiência pessoal do correspondente nas ações e, muitas vezes, sacrificando o conteúdo dos despachos com títulos que não correspondiam à preocupação central dos artigos[3].

Acrescente-se a esses dados sobre o peso do nome de Hemingway para a publicidade da causa republicana, a própria mudança dos planos de filmagem de Joris Ivens, que resolveu adiar o início de *Terra Espanhola* do final de fevereiro para meados de março a fim de encontrar-se com o escritor em Paris e envolvê-lo no projeto.

Conta o Prof. William B. Watson que entrevistou o cineasta para um trabalho em curso sobre Hemingway e a Guerra Civil:

> Ivens não conhecia Hemingway, e é duvidoso que já o houvesse lido [...]. Mas ele, certamente, sabia quem Hemingway era, e sabia tão bem quanto qualquer outro o trunfo que a presença de Hemingway representaria para o sucesso dos seus projetos cinematográficos.
>
> [...] Hemingway não era apenas mais um escritor famoso a caminho da Guerra Civil Espanhola. Ele estava entre a meia dúzia de pessoas mais celebradas na América, e seguramente era o seu mais afamado escritor. Suas palavras e ações tinham uma repercussão na imprensa que nenhum *publicist* esperaria poder conseguir ou comprar. Em suma, ele gozava o tipo de celebridade que, em meados dos anos 30, somente os mais famosos astros de cinema, aviadores e pugilistas premiados podiam desfrutar[4].

Do mesmo modo que não se pode esquecer o que o nome de Hemingway significava como rótulo palatável para o público consumidor, não se deve ignorar que os despachos para a *NANA* atestam o acesso a determinadas informações que só seriam possíveis por meio das boas relações entre o correspondente e membros do governo aliados ao Partido Comunista Espanhol (PCE). É o caso, por exemplo, dos dados oficiais fornecidos com exclusividade, e que aparecem no seu décimo despacho datado de 30 de abril de 1937, sobre o número de mortos e feridos durante os bombardeios alemães contra Madri.

---

3. Sobre essa questão, vide as anotações de William B. Watson na introdução de vários dos despachos de Hemingway para a *NANA* reproduzidos na publicação citada na nota anterior (pp. 4-92).
4. W. B. Watson, "Joris Ivens and the Communists: Bringing Hemingway Into the Spanish Civil War" em *The Hemingway Review*, 10 (1): 2-18, 1990. (A citação encontra-se na p. 5.)

É possível perceber, também, que o correspondente recebia um tratamento diferenciado, ao obter permissão para presenciar combates como o travado em Madri em 9 de abril do mesmo ano. A presença de outros correspondentes foi vetada pelo governo republicano, mas autorizada a Hemingway por estar em companhia de Ivens filmando o documentário *Terra Espanhola*.

A convivência de Hemingway com o cineasta é fundamental para a compreensão da história do escritor na Guerra Civil. Ivens era extremamente bem relacionado com comunistas tanto do governo republicano quanto do Partido Comunista da URSS e, quando se sentiu seguro de que Hemingway não se tornaria um traidor – palavras do cineasta – apresentou-o às pessoas que poderiam lhe dar "informações em primeira mão". Mas mais do que possibilitar o acesso a notícias, Ivens teve papel determinante na educação política do escritor.

Como o afirma Watson, o cineasta não lhe ensinou a ser antifranquista ou que a Guerra Civil era uma guerra contra o fascismo, mas fez dele um propagandista, transformou a compreensão que Hemingway tinha do seu papel no conflito. Chegou mesmo a sugerir-lhe, na época em que John dos Passos resolveu desligar-se da equipe de *Terra Espanhola* por não concordar com as execuções levadas a cabo pelo PCE, que escrevesse um artigo sobre os comissários políticos.

Os desentendimentos de John dos Passos com Hemingway vinham ocorrendo desde o início das filmagens. Ao contrário de Hemingway, que queria concentrar as imagens nas batalhas e nas destruições, Dos Passos preferia que se focalizasse a penúria cotidiana da população em uma pequena cidade de Castela Velha.

O estopim da crise entre os dois escritores norte-americanos se deu em março de 1937. A causa do rompimento entre eles foi o súbito desaparecimento, seguido de assassinato político, de um velho amigo de Dos Passos.

José Robles Pazos, professor de literatura espanhola na Johns Hopkins University e seu tradutor para o espanhol, havia se integrado ao exército republicano, ocupando o posto de coronel, assim que a Guerra Civil começou e foi preso em dezembro de 1936. Durante meses Dos Passos o procurou. Hemingway foi informado pelo chefe do serviço de contra-espionagem republicano que ele fora condenado à morte pelo tribunal militar. Inconformado com o que ocorrera com Robles, convicto da lealdade de seu amigo para com a República espanhola, rompeu com a equipe de filmagem e com Hemingway que insistia na justiça do assassinato político[5].

Nada da autoria de Hemingway foi publicado sobre esse incidente, mas, a partir da sua segunda série de despachos para *NANA*, não deixa dúvidas sobre por quem seus sinos dobravam. A causa republicana que defendia passava, naquele momento, pela solução do problema militar. O otimismo em relação às tropas republicanas que marca a primeira série de despachos cede lugar ao otimismo face à reorganização militar das forças republicanas, levada a cabo pelo primeiro gabinete de Negrín (maio de 1937 a abril de 1938), aliado ao incessante bombardeio de críticas às tropas do POUM (Partido Obrero Unificado Marxista, de tendência trotskista) e dos anarquistas.

A unificação do exército sob o comando da rígida disciplina comunista e controlado por comissários políticos, nos moldes do Exército Vermelho, era uma prioridade soviética que se manifestava desde agosto de 1936, com a chegada do embaixador soviético Rosenberg a Madri.

A dependência do governo republicano espanhol em relação ao soviético e suas diretrizes militares, que foi uma constante até o final da Guerra Civil, tornou-se irreversível a partir de novembro de 1936, quando o governo republicano espanhol recebeu os primeiros armamentos soviéticos destinados à frente de combate madrilena contra a ofensiva franquista.

As implicações do auxílio soviético – o único ao lado do mexicano, vale a pena lembrar – à República espanhola não foram poucas, resultando na institucionalização do terror e no controle absoluto do governo republicano. Esse controle passou a ser definitivo a partir de maio de 1937 com a queda de Largo Caballero e a posse de Negrín como Primeiro-Ministro de um governo que excluía todos os membros anarquistas e do POUM.

Ainda que nos primeiros meses da cobertura jornalística de Hemingway sobre a Guerra Civil o PCE não dominasse por completo o governo republicano, como o fez a partir da posse de Negrín como chefe do governo, já no início de 1937 o antigo líder da ala esquerda do PSOE (Partido Socialista Obrero Español) e secretário-geral da UGT (Unión General de los Trabajadores, central sindical socialista). Largo Caballero, então Primeiro-Ministro, encontrava-se bastante acuado pela crescente força dos co-

---

5. Carlos Baker, *Ernest Hemingway, a Life Story*, 4. ed., Penguin Books, 1988, pp. 464-465.

munistas. Estes não só vão levá-lo à renúncia, depois da sublevação barcelonesa de maio de 1937, como já haviam se tornado peças-chave no controle e acesso às informações militares sobre o conflito.

Largo Caballero assumiu em setembro de 1936 a chefia do governo, acumulando esse cargo com o de Ministro da Guerra sob fogo cerrado das forças franquistas que colhiam triunfos militares e fechavam o cerco a Madri.

Se o novo governo indicava um giro à esquerda em relação à história política da República espanhola desde 1931, deixava claro também sua moderação e diversidade. Dos seis membros oriundos do PSOE, dois pertenciam à sua ala tradicionalmente de direita: Prieto, velho rival de Largo Caballero, que ocupava o cargo de Ministro da Marinha e da Aeronáutica e Negrín, Ministro da Fazenda.

Não se pode esquecer, também, que a vitória da esquerda no pleito de fevereiro de 1936 deveu-se, fundamentalmente, à participação dos anarquistas, que resolveram votar em troca da anistia prometida aos presos políticos no caso de uma vitória da Frente Popular. Na época, segundo Hans Magnus Enzensberger, o número de presos políticos nas prisões espanholas era superior a 30 000, na maioria anarquistas.

Apesar de tanto anarquistas quanto comunistas terem sido convidados a participar do novo governo, os primeiros recusaram-se (aceitando, posteriormente, em novembro, com a formação do segundo governo Largo Caballero). Os comunistas, aproveitando-se da resolução tomada pelo secretariado do Comintern em 22 de maio de 1936 de que a tarefa do Partido era concluir a revolução democrático-burguesa na Espanha, aceitam participar pela primeira vez de um governo não-comunista, ocupando os ministérios da Instrução Pública e da Agricultura.

A participação do PCE no governo não implicava uma tomada de posição de Moscou em relação à Guerra. Conforme elucidou E. H. Carr, quando o secretariado do Comintern se reuniu pela primeira vez, depois de suas férias de verão, não se dispôs a definir a sua atitude frente ao conflito espanhol, tardando até 18 de setembro para fazê-lo, quando o conflito cumpria dois meses. O silêncio de Moscou, segundo ainda Carr, era conseqüente dos resultados dos julgamentos de Zinoviev e Kamenev, primeiras vítimas oficiais dos processos de Moscou, que faziam com que os membros do partido se tornassem receosos de arriscar-se a dar sua opinião e pagar por ela com a própria vida.

Naquela primeira reunião do Comintern, em que se colocou o problema da Guerra Civil Espanhola, o delegado espanhol informou que a intensa ajuda da Alemanha, Itália e Portugal aos franquistas havia impedido o governo de esmagar a rebelião, prolongando a Guerra Civil.

Entretanto, limitou-se a apresentar um programa de ação muito pragmático para o PCE. Deveria persuadir os demais partidos para que consentissem na formação de um Exército Popular regular, sob um comando unificado que possibilitaria uma disciplina férrea na frente, a organização da retaguarda e a produção nas fábricas com métodos militares.

Na mesma reunião, Dimitrov, secretário-geral do Comintern, observava que a coletivização da terra e das empresas industriais podia esperar. O que estava em jogo naquele momento era a vitória contra o fascismo. Com esse propósito insistia na fusão das milícias operárias, agora unidades bem armadas e organizadas, com elementos leais do exército regular em um único exército republicano, tema candente desde a entrada do PCE no governo.

A unificação do exército republicano era capital para os comunistas porque encobria uma luta política pelo controle dos rumos da Guerra Civil Espanhola, no que diz respeito ao seu aspecto de revolução social em curso.

A sublevação militar comandada por Franco teve como um de seus primeiros efeitos trazer à tona as divergências internas da Frente Popular e desta com os setores mais radicais do movimento operário espanhol, onde os anarquistas desempenhavam um papel de importância inigualável no mundo.

No início da Guerra Civil os socialistas de esquerda e os anarquistas propunham a defesa armada da República, reivindicando "armas para el pueblo". Dentro desse movimento pela distribuição de armas, uma corrente significativa deixou de lado a questão da defesa da República para propor a revolução social.

Temendo uma possível inversão da ordem, comandada pela ação das massas, tanto quanto ou mais que o golpe militar, o republicanismo espanhol propunha a defesa da República por vias legais. Ou seja, procurando desativar o golpe sem recorrer ao apoio armado dos partidos operários e dos sindicatos.

Foi essa coordenada que direcionou o governo republicano desde o fugaz governo de Martinez Barrio (constituído no dia 18 de julho de 1936 e desfeito no dia seguinte), quando assumiu José Giral o posto de Primeiro-Ministro.

Giral fez poucas modificações no novo governo, mantendo a predominância do republicanismo burguês que havia consolidado a vitória da Frente Popular seis meses antes.

O novo Primeiro-Ministro tentou conduzir a Guerra no âmbito da legalidade, a fim de convencer as grandes potências internacionais, alarmadas com o "perigo soviético", de que a República espanhola era social e politicamente moderada e que conseguiria enfrentar a sublevação militar sem pôr em risco a ordem social estabelecida.

Com esse fim, procurou absorver o movimento "armas para el pueblo", criando no dia 3 de agosto de 1936 os Batallones de Voluntarios enquadrados pela antiga oficialidade do Exército que permanecia leal à República, e legislando no dia 17 do mesmo mês sobre a Milicia Voluntaria, procurando regularizar as milícias dos partidos operários, que já eram uma realidade acabada.

Giral navegava contra a corrente. O grito de guerra nascido das antigas classes dominantes espanholas foi o estopim para que os dominados, organizados ou não, enveredassem pela via de encontrar uma solução definitiva e anticapitalista para as seculares tensões sociais da Espanha.

De certo modo, pode-se dizer que a sublevação militar que teve o General Sanjurjo como estrategista máximo[6], catalisou o colapso dos canais políticos e institucionais da República, dado que o governo foi incapaz de tomar medidas políticas de emergência.

A sublevação foi planejada como movimento militar simultâneo em todas as guarnições, o que fez com que os poderes locais reagissem direta e descoordenadamente. Perplexo e procurando uma solução legal para o conflito, o governo republicano deixou que, por toda a Espanha, pipocassem conselhos, comitês e juntas. A República se convertia numa mescla de poderes autônomos,

---

6. José Sanjurjo Sacanell (1872-1936) – Militar, descendente de família carlista, participou da guerra hispano-americana de 1898 e dos combates do primeiro decênio de nosso século no Marrocos, onde se notabilizou, posteriormente, no período 1921-1927. Ganhou o título de Marquês do Rif e passou a ser diretor geral da Guarda Civil, cargo que continuou ocupando depois da proclamação da Segunda República, tendo sido seu apoio importante para o governo provisório. Depois de ter sido transferido para o posto de diretor geral dos carabineiros passou a conspirar contra o regime e encabeçou um levante armado contra a República em agosto de 1932. Foi então condenado à morte e imediatamente indultado. Em 1934, foi anistiado e se exilou em Portugal, de onde participou da conspiração contra a República, sendo reconhecido seu chefe supremo. Entretanto, ao sair de Portugal para a Espanha, seu avião se chocou contra algumas árvores e, nesse acidente, ocorrido no dia 20 de julho de 1936, faleceu.

onde o anarco-sindicalismo era a tendência mais forte, seguida pela esquerda socialista da UGT e os trotskistas do POUM.

A esses poderes autônomos contrapuseram-se, por diferentes motivos, os socialistas moderados, os comunistas stalinistas e os republicanos.

Por meio do controle das forças militares, o Partido Comunista conseguiu solucionar o impasse político-social presente durante os primeiros meses da Guerra Civil em vários pontos da Espanha republicana, devido ao sentido dado à necessidade de derrotar a sublevação militar.

Enquanto para os anarco-sindicalistas e socialistas de esquerda tratava-se de derrotar a sublevação e fazer a revolução simultaneamente, para os comunistas, socialistas moderados e republicanos, a revolução social era, naquele momento, o principal obstáculo para desbaratar o avanço franquista.

Durante os primeiros meses da Guerra Civil era impossível falar na República como uma unidade. Na Catalunha e no Levante, muito embora com ritmos diferentes, a revolução começava a ganhar corpo com a coletivização das propriedades agrícolas e, no que tange à Catalunha, também com o controle dos serviços públicos pelos sindicatos e com a direção das indústrias por Comitês de Fábrica.

Já no centro do país, ao redor de Madri, na Meseta do Sul, Estremadura e Andaluzia republicana, a revolução social era quase incipiente enquanto que em direção ao sul e a oeste da Espanha ela se centralizava no problema da posse e distribuição da terra.

Essa pluralidade de alternativas que se abriram no início da Guerra não tiveram seu fim assinalado só pelo controle soviético do exército, que acabou com as milícias operárias, mas também por falta de planejamento e, principalmente nas regiões onde o anarco-sindicalismo dominava o movimento operário, por ter-se concentrado mais na derrubada dos dominadores em si do que na reestruturação da produção.

Contudo, a unificação do exército sob a disciplina dos comissários políticos comunistas, que se deu em maio de 1937, foi muito mais do que um rearranjo militar. Promoveu o assassinato dos líderes operários anti-stalinistas, institucionalizou o terror e, dominando o governo pelo poder do fornecimento de armas, transformou o projeto político da República em etapa "democrático-burguesa" da revolução, de acordo com as prioridades da política externa da URSS conduzida por Litvinov, na sua tentativa de se alinhar com as potências européias contra a Alemanha.

A presença soviética era notável em Madri desde agosto de 1936. No dia 8 chegava como correspondente do *Pravda* o destacado jornalista soviético Mikhail Kolstov, seguido pelo famoso escritor Ilya Ehrenburg, a serviço do *Izvetsia*. Algumas semanas depois, aterrisava na capital o embaixador soviético Rosenberg acompanhado de um enorme séquito de agregados e *experts* militares. Entretanto, a ajuda militar por parte da URSS ainda tardaria alguns meses.

Além da já citada preocupação de integrar as unidades do exército regular fiéis à República às milícias operárias, a milícia comunista – o Quinto Regimento – criava um comissariado político segundo o modelo do Exército Vermelho.

Como prova das intenções de unificar as forças armadas sob o controle soviético, o Ministro de Estado Alvarez del Vayo, membro da ala esquerda do PSOE e que, apesar de ser um dos mais célebres aliados de Largo Caballero, era, também, um dos mais importante defensores da política do PCE no interior de seu partido, foi colocado no posto de Comissário Geral do novo Exército Popular.

Acrescente-se, ainda, a esse contexto, a criação das Brigadas Internacionais que iniciaram suas atividades em outubro de 1936 e eram recrutadas e organizadas pelos partidos comunistas de toda Europa. A maioria dos voluntários, exceto no batalhão Garibaldi, era comunista. Tinham nos seus postos de destaque fiéis escudeiros do stalinismo, como o implacável francês André Marty[7].

A partir de novembro, começaram a chegar, oficialmente, os armamentos soviéticos a Madri, num momento decisivo das operações militares, a saber, a ofensiva franquista contra a capital que só foi derrotada graças à superioridade dos tanques e aviões da URSS e à mobilização espetacular da população. Durante essa batalha, em que uma massa humana com poucas armas e faminta combateu e venceu 20 000 soldados profissionais bem equipados, o governo republicano se transferiu para Valência. Entretanto, a estrutura administrativa e burocrática da República permaneceu em Madri e foi rapidamente ocupada pelos comissários políticos e pelos comunistas. Daí por diante, o governo republicano pas-

---

7. A presença desses dirigentes, muitas vezes praticantes do terror político, entretanto, não deve ser tomada como parâmetro para avaliar a participação dos brigadistas internacionais na Guerra Civil. O idealismo e a convicção desses homens de que estavam lutando contra o fascismo internacional é inegável, conforme atestam suas, por vezes ingênuas, memórias do conflito. Entre tantas outras possíveis referências a esse respeito, vide José Gay Cunha, *Um Brasileiro na Guerra Civil Espanhola*, 2. ed., São Paulo, Alfa-Ômega, 1986.

sou a sofrer intensamente a influência das diretrizes estabelecidas em Moscou. Os assessores provenientes da URSS incrustaram-se em diversas instituições governamentais e o PCE ampliou enormemente o número de membros.

A reorganização do exército ia se firmando rumo à unificação. Os comunistas capitalizaram a vitória contra os franquistas na batalha na Casa de Campo (7 de novembro de 1936) conquistando apoio popular. Entre outubro e dezembro o sistema de comissários políticos (predominantemente comunistas) se expandiu por toda a Espanha. De acordo com seus objetivos políticos foram criadas as brigadas mistas (formadas por batalhões do antigo exército e das milícias controladas por comissários) e, finalmente, em setembro de 1937, as Brigadas Internacionais foram integradas no Exército Popular.

Simultaneamente, os órgãos de segurança republicana passaram para o controle dos comunistas soviéticos de uma maneira bastante interessante. Sob a suspeita de existência de uma Quinta-Coluna em Madri, que estaria atuando em favor dos franquistas, o governo republicano organizou uma polícia secreta que, teoricamente, era um departamento do Ministerio de la Gobernación, composto por representantes de todos os partidos da Frente Popular. No entanto, a seção comunista, dirigida pelo representante da NKVD (Narodnyi Komissariat Vnutrennykh Del – Comissariado do Povo para Assuntos do Interior) na Espanha, "Orlov", contando com pessoal mais numeroso e tecnicamente mais bem treinado, além de mais experiente, acabou por, naturalmente, dominar a polícia secreta.

Já por essa época, começavam as perseguições aos elementos do POUM na Espanha, que culminaram com as sangrentas jornadas de maio de 1937 e com a exigência do PCE, em 15 de maio de 1937, de tornar o partido de tendência trotskista ilegal e diminuir a representação dos anarquistas no governo[8].

Essa crise fatal para Largo Caballero estalou em Barcelona, na Catalunha, região em que os anarquistas, seguidos pelos trotskistas eram muito fortes (o POUM era quase exclusivamente catalão) e onde estavam enfrentando abertamente as forças do go-

---

8. Sobre as perseguições sofridas pelos anarquistas e trotskistas, a batalha pelo controle da Central Telefônica de Barcelona e o crescimento do terror exercido pelo PCE de maio de 1937 em diante, vide George Orwell, *Lutando na Espanha*, Rio de Janeiro, Civilização Brasileira, 1967, pp. 131-214 e Jacques Delperrie de Bayac, *Las Brigadas Internacionales*, Madri, Ediciones Júcar, 1978, pp. 149-166.

verno alinhadas às diretrizes de Moscou e do PSUC (Partido Socialista Unificado de Cataluña, comunista).

Os operadores da telefônica de Barcelona eram membros de confiança da CNT e suspeitava-se que interceptavam as comunicações telefônicas oficiais feitas entre Barcelona, Madri e Valência. Por esse motivo, no dia 3 de maio de 1937, tropas governamentais tentaram tomar o edifício. A resistência, que durou três dias, foi muito maior do que esperavam, terminando com um grande número de presos, feridos e executados.

Largo Caballero foi indiretamente acusado do "golpe criminal" de Barcelona, pelo secretário do PCE, José Díaz, o qual, em inflamado discurso, afirmou que se o governo não mantivesse uma posição firme contra as desordens, outro governo teria de fazê-lo.

Poucos meses mais tarde, em julho, o governo Negrín criou o SIM (Servicio de Investigación Militar) cuja função deveria ser a contra-espionagem, mas que atuou como um eficiente e tenebroso instrumento de perseguição aos anti-stalinistas.

Diante da recusa de Largo Caballero em atender a exigência de colocar o POUM na ilegalidade e diminuir a representação dos anarquistas no governo, os comunistas abandonam o Conselho de Ministros. No dia seguinte, Largo Caballero se demitiu, e Negrín assumiu em seu lugar, totalmente à mercê das imposições dos comunistas.

É no contexto desses revezes políticos do governo republicano de 1936 a 1937 que se torna possível entrever, tanto no que se refere à sua discussão política quanto no que diz respeito ao encaminhamento estético do tema da Guerra Civil, a ótica do Comintern na produção de Hemingway.

2.1. A CAUSA ARMADA

Os despachos da primeira viagem de Hemingway como correspondente da *NANA* na Espanha deixam claro ao leitor, apesar de referências ao futuro promissor do novo exército, que sua certeza da vitória republicana fundava-se na fé e no entusiasmo dos combatentes pela República.

O despacho em forma de conto "The Chauffeurs of Madri" escrito em Paris entre os dias 9 e 13 de maio de 1937 deixa claro essa perspectiva do correspondente em relação ao conflito nesse primeiro período de estada na Espanha em guerra.

Hemingway transmitiu aí várias facetas dos combatentes pró-República na Guerra por meio do perfil de quatro motoristas que trabalharam para ele naquele momento.

O primeiro, Tomás, "um rascunho de Velásquez", era o próprio medo e a superstição personificados. Sid Franklin, o segundo, era corajoso, eficiente, mas malandro e individualista. Conseguiu quarenta litros de gasolina (maior problema dos correspondentes) e fugiu com o carro para Valência.

David, o seguinte, era uma rapazinho de uma pequena cidade perto de Toledo, falava muito palavrão e só tinha um defeito como motorista: não sabia guiar. Adorava a guerra e achava os bombardeios bonitos. Até o dia em que teve de transportar feridos. Foi embora com uma equipe de filmagem.

O último, Hipólito, era, dentro dos parâmetros hemingwayanos, o ideal do combatente republicano. Não era medroso, não era individualista e não era ingênuo como os anteriores.

Hipólito era corajoso, responsável e, apesar de nunca ter sido membro de nenhum partido político, foi sindicalista filiado à UGT durante vinte anos. Acreditava na República e isso era tudo. "Era sólido como a rocha da qual parecia ter sido cortado. [...] Não era romântico como os anarquistas e não tinha medo de morrer."

Orgulhoso e destemido, não vacilava sequer diante dos bombardeios que aterrorizavam Madri, podendo inclusive fazer sua *siesta* no carro em meio a um deles, levando o correspondente a pensar que numa dessas havia morrido.

"Ele fazia você imaginar por que Franco nunca tomou Madri. Hipólito e outros como ele teriam lutado rua por rua, casa por casa, até que sobrasse um só deles vivo, e este último, então, poria fogo na cidade."

Nessa perseverança e nesse idealismo é que Hemingway depositava, então, suas esperanças. "Você pode apostar em Franco, Mussolini ou Hitler se quiser, mas meu dinheiro vai no Hipólito."

Ao condenar a indisciplina das tropas comandadas pelo POUM e pelos anarquistas e louvar a reorganização militar levada a cabo pelos comunistas, ocultava o fato de que esta suposta unidade se fazia às custas da difamação e execução dos opositores do PCE. Ocultava, também, que, independentemente da rigidez disciplinar que passava a imperar nas tropas republicanas, já na primeira semana de outubro de 1937 as tropas franquistas controlavam dois terços do território. As reportagens escritas de setembro de 1937 em diante incorporavam de maneira absoluta o tom oficial do Governo Negrín, fundamentado na retórica de que só a unidade e a disciplina comunista seriam capazes de deter o avanço franquista, justificando, assim, toda a sorte de execuções e censura.

Todo o entusiasmo do correspondente se esgota na reforma militar, repetindo observações do tipo das que são feitas no despacho enviado de Valência em 13 de setembro de 1937.

> [...] No abrigo, na margem do riacho, os homens curvavam-se animados e, sorrindo, seus dentes talhavam de brilhos brancos a poeira amarela de seu posto.
> Desde que os vi na última primavera, eles se tornaram soldados. Os românticos foram expulsos, os covardes enviados para casa junto com os feridos em estado grave. Os mortos, obviamente, não estavam lá. Os que foram mantidos endureceram e, com as faces bem mais queimadas, conheciam seu negócio após sete meses de luta. Haviam lutado com as primeiras tropas do Novo Exército do governo espanhol, que capturara pontos extremamente fortificados e a cidade de Quinto numa ação brilhantemente concebida e executada, e participaram, junto a três brigadas espanholas, do ataque final contra Belchite, depois que já havia sido cercada pelas tropas espanholas.

Ou, ainda, como afirma no mesmo despacho:

> Foi a primeira tentativa de romper o impasse do *front* aragonês causado pelos meses de não combatividade das tropas anarquistas e do POUM, empregando as tropas do Novo Exército espanhol.
> As tropas do POUM gabavam-se de nunca haver perdido um palmo do *front* aragonês, mas omitiram a declaração de que também não haviam perdido um só homem em seis meses de assim chamada batalha, e que sequer haviam ganho um metro de terreno.

O viés ideológico das considerações de Hemingway fica nítido quando confrontamos sua abordagem com a de George Orwell que cita o *front* de Aragão, controlado pelo POUM e tropas anarquistas, como o exemplo da continuidade da "atmosfera revolucionária". Lá, conta-nos Orwell, os "generais e soldados, camponeses e milicianos prosseguiam dando-se como iguais, todos recebiam o mesmo pagamento, usavam as mesmas roupas, comiam a mesma comida e chamavam aos demais 'tu' e 'camarada'." Por isso, sentia que "respirava o ar da igualdade", e em sua "simplicidade imaginava que fosse o mesmo por toda Espanha".

É interessante perceber que o entusiasmo de Hemingway com relação à ação do Comintern, traduzido no apoio incondicional à reforma do exército e na implícita justificativa da opressão dos anarquistas e trotskistas, tão enaltecida nos despachos escritos entre agosto de 1937 e janeiro de 1938, estendendo-se por todo esse ano e rendendo inclusive um artigo para o *Pravda*, é integralmente revisto em *Por Quem os Sinos Dobram*.

"Humanity Will Not Forgive This!" foi escrito por Hemingway para a edição de 1º de agosto de 1938 a convite do *Pravda*, que lhe requisitou um artigo que divulgasse atrocidades cometidas pelos interventores fascistas na Espanha e que, todavia, não haviam sido divulgadas. Esse artigo é muito mais importante por deixar claro que Hemingway era considerado um escritor confiável por parte do PC soviético, do que por evidenciar o alinhamento do escritor com as diretrizes do Comintern, bastante destacado em praticamente toda a produção de Hemingway sobre a Guerra Civil, excetuando-se seu romance sobre o conflito[9].

Nesse livro, as crises de consciência de Robert Jordan colocam seguidamente os métodos do Partido Comunista em questão. Até mesmo a reforma do exército, o grande mote dos despachos escritos entre agosto de 1937 e janeiro de 1938, é revista como uma atitude burocrática que mais complica do que auxilia combatentes pertencentes a outro universo cultural como o velho Anselmo. O contraponto de duas passagens poderá nos dar a dimensão do reenquadramento das questões.

O despacho de 23 de setembro de 1937, por exemplo, analisava a situação no *front* de Teruel. Não poupando ataques aos anarquistas que estiveram sob sua guarda durante oito meses, acusando-os de manter relações amistosas com os inimigos, que eram convidados para partidas de futebol e chegavam a abandonar suas posições para fazer excursões com os caminhões militares até Valência em fins de semana, conclui que

agora, com a abolição do Exército de Teruel e a formação do novo Exército do Levante sob o comando do Cel. Hernandez Sarabia, [...], que está colocando o exército sob uma base disciplinar estrita e movendo as linhas do Governo adiante até que o contato com o inimigo seja feito, tudo mudou.

Em *Por Quem os Sinos Dobram*, a reforma do exército e suas implicações já são vistas de outra maneira, contrapondo-se a racionalidade burocrática ao universo de um guerrilheiro camponês integralmente comprometido com a causa republicana, mas que

---

9. A esse respeito vide a introdução de William B. Watson ao artigo em apreço, republicado na *The Hemingway Review* dedicada à Guerra Civil Espanhola por ele organizada, pp. 115-116. A reprodução do artigo "Humanity Will Not Forgive This!" encontra-se nas páginas 116 a 118.

se angustia com as reformas do exército que não conseguem lhe dar referências por serem incompatíveis com o seu universo cultural.

O diálogo travado entre o norte-americano Robert Jordan e o velho Anselmo, onde Jordan explica como vai fazer sua mensagem chegar ao General soviético responsável pela ação que ele comandará, por meio de outro guerrilheiro, Andrés, é ilustrativa do problema.

- Vou escrever um despacho e enviá-lo por ele, disse Robert Jordan. - Explicarei onde ele poderá encontrar o General. Ele estará no Estado-Maior da Divisão.
- Ele não vai entender esse negócio de divisões e tudo, disse Anselmo. - Isso sempre me confundiu. Ele precisa ter o nome do General e onde ele pode ser encontrado.
- Mas é no Estado-Maior da Divisão que ele será encontrado.
- Mas isso não é um lugar, é?
- Lógico que é, velho, Robert Jordan explicou pacientemente. - Mas é um lugar que o General terá selecionado. É onde ele fará seu Quartel-General para a batalha.
- Onde era isso, então? Anselmo estava cansado e o cansaço fazia com que se sentisse estúpido. Além do mais, palavras como Brigadas, Divisões, Exército, Corpos, sempre o confundiam. Primeiro eram colunas, depois já eram regimentos, depois brigadas. Agora brigadas e divisões. Não, não entendia, um lugar tinha de ser um lugar[10].

Ainda que em *Por Quem os Sinos Dobram* insista-se muito no problema da falta de disciplina das tropas republicanas, e que as acusações irônicas e até mesmo sarcásticas aos anarquistas prossigam, o mesmo não se pode dizer do modo como o Partido Comunista é retratado e da causa que se defende no romance.

Corrupção, mentira, programa dogmático, autoritarismo e terror são as caraterísticas diretamente associadas aos habitantes do Hotel Gaylord em Madri, QG dos altos escalões soviéticos em *Por Quem os Sinos Dobram*.

A mentira vicejava ali. Jordan no começo a detestava; odiava-a. Depois, mudou de idéia e chegou a gostar da mentira. Fazia parte do "pertencer" ao Gaylord, mas era coisa muito corrupta.
[...]

10. E. Hemingway, *For Whom the Bell Tolls*, Nova York, Charles Scribners' Sons/MacMillan Publishing Co., 1987, p. 331 e *Por Quem os Sinos Dobram*, 21ª ed., São Paulo, Cia. Ed. Nacional, 1987, p. 298. De agora em diante citaremos apenas as páginas respectivas às edições utilizadas, respeitando a ordem acima. Procederemos da mesma maneira com relação às outras obras de Hemingway.

Foi no Gaylord que veio a saber que Valentin González, El Campesino, nunca fora tal e sim ex-sargento da Legião Estrangeira espanhola da qual desertara para lutar a favor de Abd el Krim. [...] Impossível ficar esperando que o líder camponês aparecesse, além de que, mesmo que aparecesse, o provável seria que fosse camponês demais. O verdadeiro, pois, era fabricar um. (pp. 229-230; p. 207)

Nunca saberemos se Hemingway, tal qual Jordan, percorreu o trajeto do ódio até o agrado em relação à mentira, mas o fato é que no roteiro de *Terra Espanhola*, documentário de propaganda para arrecadar fundos para o governo republicano realizado em 1937, retrata esses líderes "naturais" do Exército do Povo de um modo bastante distinto do que aparece em *Por Quem os Sinos Dobram*.

Enquanto no romance Hemingway faz questão de sublinhar o fato de que os consagrados líderes comunistas (Líster, Durán e El Campesino) haviam todos sido treinados na URSS, em *Terra Espanhola*, ao contrário, insiste-se no caráter espontâneo de seu desenvolvimento militar, pautado apenas pelo seu engajamento integral na causa.

A título de melhor vislumbrar o problema, confrontemos a cena anterior de *Por Quem os Sinos Dobram* com a seguinte do filme onde se procura enaltecer a já colocada questão da reorganização militar das tropas republicanas:

As tropas são reunidas. A companhia é arrumada para eleger os representantes que participarão da grande reunião de celebração da união de todos os regimentos das milícias em novas brigadas do Exército do Povo.
Os punhos cerrados da República Espanhola.
Enrique Líster, o pedreiro da Galícia. Em seis meses de luta subiu de simples soldado para o comando de uma divisão. Ele é um dos mais brilhantes jovens soldados do Exército Republicano[11].

As famosas execuções de adversários políticos levadas adiante pelo Partido Comunista na Guerra, das quais o desaparecimento de Andreu Nin tornou-se o emblema[12], que são ocultadas nos

---

11. E. Hemingway, *The Spanish Earth*, Ohio, J. B. Savage Co., 1938, p. 27. O filme foi produzido pela *Contemporary Historians*, associação formada em 1937 por Archibald MacLeish, Lilian Heleman, John dos Passos e Hemingway.
12. Andreu Nin, líder do POUM, foi vítima de uma conspiração levada a cabo pelo PCE e pelos agentes soviéticos na Espanha, que, forjando documentos e uma carta sua para Franco, o prenderam em meados de junho, com mais uma série de militantes. Desde então, nunca mais se soube do paradeiro do líder trotskista espanhol. Para um relato pontual e quase diário dos antecedentes e da prisão de Andreu Nin, vide Hugh Thomas, *A Guerra Civil de Espanha*, 2. ed., Lisboa, Pensamento, 1987, pp. 366-369.

despachos, aparecem sem cerimônia no romance, como no diálogo que antecede o encontro entre Andrés, membro do bando guerrilheiro que acompanhava Robert Jordan, e o comandante-geral das Brigadas Internacionais, o francês André Marty, para quem levava uma mensagem do *partizan* americano:

> Eu sempre o tive em conta de grande figurão – disse Gomez. – Uma das glórias da França.
> – Ele pode ser a glória e tudo o que quiserem – observou o cabo, pondo a mão no ombro de Andrés – Mas é louco. Sua mania é fuzilar gente.
> – Fuzilar de verdade?
> – *Como lo oyes* – disse o cabo. – *Mata más que la peste bubónica*. Mas não mata fascistas como nós. *Qué vá!* Nem brincando. *Mata bichos raros*. Trotskistas. Divagacionistas. Toda espécie de animais raros.
> Andrés não percebia nada daquilo.
> – Quando estávamos no Escorial, matamos nem sei quantos por conta dele – continuou o cabo. – Nós é que fornecíamos o pelotão de fuzilamento. Os homens das Brigadas nunca atiram nos colegas. Principalmente os franceses. Para evitar dificuldades, somos sempre nós que fazemos o serviço. Fuzilamos franceses. Fuzilamos belgas e outros de outras nacionalidades. De todos os tipos. *Tiene la manía de fuzilar gente*. Mas sempre por motivos políticos. Ele é louco. *Purifica más que el sal de Epson*. (pp. 418-419; pp. 376-377)

Esse encontro com Marty ilustra a mudança de perspectiva de Hemingway quanto à presença dos comunistas na Guerra não pelas acusações que os despachos de guerra ocultam, mas pela dimensão que esse acontecimento toma para o decorrer da narrativa, pois é devido à burocracia comunista em geral e depois à obtusidade intransigente e autoritária do representante do PCF em especial, que a mensagem de Jordan a Golz, pedindo que o ataque à ponte fosse adiado não chega.

Não sendo adiada, a ação na ponte, apesar de tecnicamente bem sucedida, implica o ferimento e morte de Jordan, que então se separa de Maria e do novo tempo da humanidade, uma vez que a ponte, simbolicamente, é, como o afirma o próprio Jordan, "uma esquina do futuro".

Desse modo, o encontro com André Marty acaba por se configurar como o momento da *peripécia* ao desempenhar o papel de catalisador da catástrofe que já estava dada desde o início de *Por Quem os Sinos Dobram*.

Hemingway reelabora, assim, dentro de uma perspectiva trágica, a questão da tirania que "Under the Ridge" (1939), conto posterior à Guerra Civil, já antecipava como um dos eixos da revisão do autor em relação às posturas políticas defendidas de meados de 1937 e durante todo o ano de 1938.

O conto debate o problema dos limites entre a disciplina e a tirania no âmbito do poder político e militar do PC ao insistir no argumento de que "existe um tipo de disciplina e outro tipo de disciplina". Relata o caso de um soldado que se autoferiu para abandonar o combate que o apavorava. O ferimento causou-lhe a perda da mão atingida, mas, durante o tempo em que esteve internado, o soldado decidiu que deveria superar seus medos e voltar à frente de batalha. Chegando ao local onde o batalhão se concentrava, o soldado é levado ao lugar onde atirara em si mesmo e ali então é executado por um dos oficiais das Brigadas, para que se tornasse um exemplo para os demais companheiros.

A conduta tirânica ditada pelo Comintern nem sempre é seguida pelos militantes do partido, os quais, muitas vezes, demonstram ignorar essas diretrizes e compreendem os dilemas que se impõem aos homens em combate.

O comunista americano Alvah Bessie, membro do Batalhão Abraham Lincoln das BI, recordava em suas memórias sobre a Guerra Civil, *Men in Battle* que

eles [os desertores] vieram à Espanha porque acreditavam na Espanha e na necessidade de salvá-la, para que a América não sentisse o peso da opressão fascista. Continuavam a acreditar que estavam ajudando a bloquear a corrente do fascismo internacional, e que se desertassem, não seriam mais capazes de olhar para suas próprias faces de novo – mas eles eram apenas humanos.

Além disso, o terror político, durante a Guerra Civil, passou a ser uma prática constante também em outros grupos pertencentes à Frente Popular, e nesse caso, basta lembrar das execuções indiscriminadas levadas a cabo pelos anarquistas depois da tomada do poder em Barcelona, que aparecem em vários depoimentos coletados por Enzensberger.

Em "Under the Ridge" Hemingway dá a entender que há uma disciplina militar que se justifica pelo cumprimento de determinadas estratégias e outro tipo de disciplina que não se sustenta por ser apenas tirania, raciocínio que se amplia notavelmente em *Por Quem os Sinos Dobram*, onde a causa republicana mais do que se esgotar em um problema militar passa a depender de um código de ética para se efetivar.

Mais do que revelar uma outra apreensão do problema da disciplina, a questão é particularmente importante por reposicionar o conceito de antifascismo na obra de Hemingway. Como assinalou Stephen Spender, na introdução à antologia *Voices Against Tiranny*, não se pode falar sobre o antifascismo sem que se diferenciem dois períodos, o que antecede a Segunda Guerra Mundial e o que se inicia a partir da eclosão da mesma, quando se torna política oficial das democracias ocidentais em luta contra as forças do Eixo.

O antifascismo dos anos que compreendem o desenrolar da Guerra Civil Espanhola é um movimento de indivíduos isolados ou, no máximo, organizados em comitês de apoio à República, por trás dos quais o Partido Comunista e o Front Populaire atuavam.

Dentro desse contexto, que pluraliza sensivelmente os conceitos de antifascismo, é importante que se distingam dois debates fundamentais que atravessam a Guerra Civil dos pró-República: a luta que põe em questão a vitória da democracia contra o fascismo e a que se orienta no sentido da vitória da revolução sobre o fascismo.

Segundo as diretrizes recebidas de Moscou pelo PCE nos primeiros meses que se seguiram à sublevação da guarnição militar do Marrocos, sua tarefa imediata era lograr a revolução democrático-burguesa na Espanha, reconhecendo os setores da burguesia e da pequena burguesia como aliados contra o fascismo. As reivindicações de coletivização de terras e fábricas, de abolição da moeda, entre outras, eram prematuras, devido a debilidade do PCE face aos socialistas e anarco-sindicalistas. A fragilidade política dos comunistas era tomada pelos seus líderes como o motivo que impedia "a ação de um proletariado autêntico e disciplinado".

A partir dessas prerrogativas os dirigentes do PCE decidem que "era preciso, em primeiro lugar, ganhar a guerra, e, para isso, reforçar o 'bloco nacional e popular' e a autoridade do 'governo de Frente Popular' contra aqueles que chamavam os 'inimigos do povo', os quais assim definiam: 'os fascistas, os trotskistas e os incontrolados' ", tornando-se, como assinalou Broué, a voz da "pequena burguesia republicana aterrorizada pelas iniciativas das massas que apenas começavam a recompor-se do medo que os anarquistas lhes inspiravam".

O antifascismo traduzido por "luta pela democracia", transformava-se no meio encontrado por Stalin para, no nível de sua política externa, garantir o apoio das potências européias contra a ameaça da Alemanha nazista, mostrando-se um governo confiável e capaz de garantir as instituições democrático-burguesas. Ao mesmo tempo, essa postura servia para encobrir os sanguinários processos de Moscou que, em pouco tempo, se alastraram pela Espanha.

Confundindo a causa republicana com uma guerra contra o inimigo fascista e, por isso, passível de chegar à vitória com bons armamentos, estratégia e disciplina, como os despachos seguidamente reiteravam, Hemingway incorporava a compreensão do antifascismo na perspectiva do Comintern, a qual não deixava de remeter às práticas totalitárias[13].

Além das bandeiras políticas defendidas por Hemingway durante o conflito, *A Quinta-Coluna* e *Terra Espanhola* indicam que também suas posições estéticas alinhavam-se com as diretrizes comunistas que ditavam a necessidade da arte servir à luta política.

2.2. A ARTE ARMADA

Em 1934, em um artigo para a revista *Esquire* dirigido à crítica "revolucionária" de *New Republic* e *The Monthly Review*, Hemingway afirmava que o conteúdo político não constituía critério artístico. Ele em nada contribuía para o desenvolvimento do escritor, porque não levava ao conhecimento do humano. Numa carta de 1935 dirigida ao seu tradutor russo, Ivan Kashkin, Hemingway, além de demonstrar a impossibilidade da combinação literatura-comunismo, pois o segundo termo implicava a supressão da liberdade, e depois de tocar na condenação do surto revolucionário que assolava o criticismo literário americano, voltava a sustentar a independência entre o artista e a política[14].

Contudo, sua participação em *Terra Espanhola* e a criação de *A Quinta-Coluna* são suficientes para demonstrar que, ainda que brevemente, essas premissas estéticas foram totalmente revistas.

Antes dessas obras criadas e ambientadas na Guerra Civil Espanhola, tanto o artigo "Who Murdered the Vets?" como o romance *To Have and Have Not* (*Ter e Não Ter*, 1937) antecipavam o reenquadramento das relações entre arte e política por

---

13. Nesse sentido, cabe recordar a lucidez de Victor Serge que dizia que era "impossível vencer o fascismo [...] instituindo no seu interior um regime de campos de concentração e assassinato contra os antifascistas mais enérgicos e seguros; e assim arruinando o prestígio moral da democracia". *Memórias de um Revolucionário*, São Paulo, Cia. das Letras, 1987, p. 382.

14. E. Hemingway, "Old Newsman Writes: A Letter from Cuba", *Esquire*, 2 (7): 25-26, dezembro 1934 e "Carta de Ernest Hemingway para Ivan Kashkin", Key West, 19 de agosto de 1935. Em Carlos Baker (org.), *Hemingway Selected Letters* (1917-1961), Londres, Granada Publishing, 1985, pp. 417-420.

meio da abordagem de problemas sociais dentro de uma perspectiva que, se não chegava a ser partidária, era extremamente politizada e com objetivos anti-rooseveltianos bastante claros.

Publicado no *New Masses* de 17 de setembro de 1935, o artigo "Who Murdered the Vets?" mais do que uma reportagem sobre o "Grande Furacão" que assolou a Flórida em 1935, acusava o governo Roosevelt de homicídio responsabilizando-o pela morte de milhares de veteranos de guerra, enviados para o Sul da Flórida para trabalhar na construção da ferrovia Florida East Coast, alojados em acampamentos absolutamente inseguros para uma região ciclônica.

Hemingway afirmava, no referido artigo, que um crime havia ocorrido e que as vítimas eram vítimas de uma política social de extermínio, pois os veteranos não estavam lá por opção. Foram para lá enviados e só poderiam sair caso fossem de lá retirados. Portanto, "não tinham a menor possibilidade de salvar suas vidas".

O tema da violência social do *New Deal* tratado como "guerra de ricos filhos da puta" contra os pobres, se aprofunda em *Ter e Não Ter*, onde, por meio da trajetória de perdas de Harry Morgan, Hemingway vai simultaneamente trabalhando o desespero causado pela Depressão e a tomada de consciência do protagonista que à beira da morte se dá conta que "One man alone ain't got no bloody fucking chance".

A ruptura entre Harry Morgan e os protagonistas que o antecedem, profundamente marcados pela opção pela *separate peace*, nos dizeres de Frederick Henry ao desertar em *A Farwell to Arms* (*Adeus às Armas*, 1929), não é um movimento característico da obra de Hemingway, mas antes se insere no reposicionamento do escritor frente à sociedade que marca a literatura européia e norte-americana ao longo da década de 30.

No que diz respeito à literatura americana, a questão da marginalidade, do isolamento intencional do artista em relação à sociedade é uma temática que não pode ser esquecida ou resumida ao caso de Hemingway, mas entendida no âmbito da perplexidade da juventude que, ao retornar da guerra, se dava conta, como Fitzgerald, em "Ecos da Era do Jazz", que

---

talvez tivéssemos, afinal de contas, entrado na guerra em defesa dos empréstimos de J. P. Morgan. Mas por estarmos fartos de Grandes Causas, não houve mais do que um breve surto de indignação moral, exemplificado em *Três Soldados* de John dos Passos. Logo começamos a receber fatias do bolo nacional e o nosso idealismo só se inflamava quando os jornais faziam um estardalhaço melodramático em torno dos episódios como o de Harding e o *Ohio Gang* ou o de Sacco e Vanzetti. Os acontecimentos de 1919 nos deixaram mais cínicos do que revolucionários, apesar de andarmos todos rebuscando agora em nossas velhas malas e perguntando entre dentes, onde diabo teríamos deixado o gorro da liberdade – "Eu sei que tinha um". Era característico da Era do *Jazz* não termos interesse algum pela política.

Malcom Cowley destaca ainda, em *Exile's Return*, que o pósguerra na América marcou a supremacia da corrente rebelde antipuritana em detrimento da social, onde, talvez, a única bandeira a ser defendida era a da sexualidade. Diz o importante crítico literário e escritor norte-americano:

> Perdemos nossos ideais muito jovens e indolormente. Se algum deles sobreviveu à guerra, desapareceu em meio às disputas de Versailles, à greve do aço, ao massacre de Centralia. Mas esses eventos não nos fizeram mais amargos. Acreditávamos que havíamos lutado por uma causa vazia, que os alemães não eram piores, nem melhores do que os aliados, que o mundo constituía-se de tolos e canalhas, legislado por tolos e canalhas, que todos eram egoístas e podiam ser comprados por um preço, que éramos tão ruins quanto os outros – tudo isso aceitávamos como verdadeiro. Mas, do mesmo modo, era divertido. Éramos felizes em construir nossa modesta felicidade sobre os destroços das ilusões perdidas "deles", um chalé nas ruínas de um palácio.

Esse reposicionamento dos escritores em relação à política, entre os anos 20 e 30, deve ser revisto com cuidado. Como assinalou Hoskins, ao diferenciar esses dois momentos, "os principais escritores dos anos 20 não eram de modo algum indiferentes à sua situação política e social e, talvez, nenhum período presenciou um criticismo e um estudo anatômico da sociedade contemporânea como o da década de 20. O que sim estava ausente de sua produção era qualquer esperança aparente ou expectativa de melhoria". De modo que "a maioria dos escritores mostrava-se mais preocupada em iluminar os horrores do presente do que em evocar visões de um futuro melhor".

Numa perspectiva de análise semelhante sobre o problema da relação artista-sociedade a partir da década de 20, John Aldridge destaca o impacto da Primeira Guerra sobre a cultura para compreensão não só da obra de Hemingway ou dos escritores combatentes da Guerra de 1914, mas para entender as tensões que marcaram a arte criada em Paris na década de 20.

Segundo Aldridge, uma dualidade básica caracteriza essa literatura: a sensação de não-envolvimento e a de desilusão. Ambos sentimentos confluem para uma experiência permanente de perda da qual *Adeus às Armas* é quase uma epígrafe, pois grande parte dos escritores manifestavam em suas obras posturas muito semelhantes à do protagonista desse romance, Frederick Henry, uma vez que, como Henry, dão a entender que não havia problema "se tudo havia entrado em colapso, deixando-os sem nada, eles começavam a acreditar no nada".

Dentro dessa linha de raciocínio, esse autor conclui que o Dadaísmo é a manifestação extrema da experiência de perda que marca as principais correntes estéticas que desabrocharam em Paris na década de 20, principalmente no que tange aos "expatriados" como Elliot, Joyce, Gertrude Stein, Hemingway, Fitzgerald e outros.

O isolacionismo das personagens hemingwayanas até *Ter e Não Ter*, seu sentimento de exterioridade em relação ao que os circunda, podem ser entendidos como algo mais do que uma conseqüência de um ferimento de guerra, uma particularidade biográfica que justificaria uma literatura do "trauma" escrita por um escritor atormentado[15], e remeter a uma experiência cultural que se desdobra em diversas "filosofias do nada".

Segundo Aldridge,

do Dadá era apenas um passo para o "nada que atrai o nada cheio de nada" de Hemingway, o zero sociológico de Dos Passos, a desesperança romântica de Fitzgerald, "a recusa infinita de tudo" de Valéry, a negação da sociedade implícita em Stein e Joyce – e até mesmo a "perda, ah, a perda" de Wolfe.

A marginalidade política de Hemingway até a Guerra Civil é, portanto, um problema mais coletivo do que particular. A mitificada idéia de que o envolvimento do escritor com o conflito explica-se só e totalmente pelo seu profundo amor pela Espanha é, por sua vez, historicamente infundada.

Entretanto, essa é uma visão freqüente. Um dos maiores especialistas contemporâneos no tema Hemingway e a Espanha, Allen Josephs, apesar de recordar *Ter e Não Ter* como preâmbulo da politização da obra de Hemingway e de remeter essa questão ao âmbito das tendências artísticas predominantes dos anos 30, faz questão de assinalar que o caso da militância de Hemingway

---

15. Essa perspectiva de análise que encontra muitos desdobramentos na crítica literária devotada a Hemingway é herdeira do trabalho pioneiro de Philip Young, *Ernest Hemingway*, Nova York, Riehart & Co. Inc., 1952, que se vale de uma análise psicológica da história pessoal para entender a literatura do escritor.

na Guerra Civil tem de levar em conta seu grande amor pela Espanha.

"Caso o ensaio da Segunda Guerra tivesse ocorrido na Polônia, teríamos uma versão polonesa de *Por Quem os Sinos Dobram*?", pergunta-se o analista, e logo responde, "Duvido. Hemingway foi para a Espanha porque amava a Espanha, ponto que ele mesmo reiteraria em uma carta para Carlos Baker em 1951"[16].

Ora, jamais saberemos se, caso a ante-sala da Segunda Guerra se desse em outro país, Hemingway teria ou não se envolvido com a luta antifascista. Porém, a questão que não se pode ocultar é que o modo como Hemingway se relaciona com a Espanha nos anos em que a guerra ocorre se diferencia do resto de sua obra ali ambientada (inclusive *Por Quem os Sinos Dobram*) pela estetização da política e pelo engajamento do escritor em uma causa partidária.

O casamento entre arte e política partidária é uma questão característica dos anos 30 e que se manifesta nas mais variadas posturas sejam elas de "direita" ou de "esquerda".

No caso da esquerda, entre as discussões gramscianas sobre o papel e a necessidade de "intelectuais orgânicos", as propostas do realismo socialista, as reflexões de Leon Trotsky sobre como se conjugam arte e revolução, o que se pode entrever como denominador comum é, como destacou Aznar Soler, a crença de que a conversão dos "individualismos pequeno-burgueses" em sentimentos coletivos exigia do intelectual o reenquadramento de sua função, que passava pelo seu papel de mobilizador do público, "engenheiro de almas", despertador da consciência social e, no caso da Guerra Civil Espanhola, da utilização da arte como forma de propaganda política, contexto dentro do qual se inscreve a criação cultural de Hemingway durante o conflito espanhol.

O discurso do escritor na apresentação de *Terra Espanhola*, após a projeção do mesmo em julho de 1937 em Los Angeles, é bastante claro quanto às finalidades propagandísticas da arte naquele momento. Nessa noite, Hemingway alertava os presentes que a projeção do filme visava à doação de US$ 1,000.00 de cada um dos espectadores para a compra de ambulâncias destinadas às Brigadas Internacionais, cuja necessidade ultrapassava a mera caridade.

16. Allen Josephs, "Hemingway and the Spanish Civil War or the Volatile Mixture of Politics and Art" em Frieda S. Brown, *et al.* (orgs.), *Rewriting the Good Fight: Critical Essays on the Literature of the Spanish Civil War*, East Lansing, Michigan State University Press, 1989, p. 177.

Dizia o escritor nessa ocasião:

> Nas últimas semanas perdemos muitos amigos que amávamos com a camaradagem que os homens só atingem nas batalhas. Eram tão bons amigos que é difícil falar a seu respeito. Todos esses homens sabiam pelo que estavam lutando. Todos vocês sabem pelo que eles estão lutando. É uma velha história e não precisamos repassar esse assunto. É a nossa luta tanto quanto é a deles. Se não for para o fascismo se espalhar por todo o mundo, ele tem que ser combatido e derrotado na Espanha. Esses homens que vocês vêem estão lutando agora a nossa luta.

Depois de seguidas e comoventes descrições sobre o que é ser ferido em combate e a precariedade do tratamento a que eram submetidos os feridos, conclui:

> Se vocês não derem nada, a guerra continuará a mesma e Hollywood continuará a mesma. Homens serão feridos e morrerão todos os dias. E homens e mulheres trabalharão duro para fazer dinheiro todos os dias. Mas se vocês derem ambulâncias, homens que de outra maneira morreriam, viverão, e, no seu sofrimento, recordarão seus nomes com gratidão.
>
> Essa é uma guerra onde não existem recompensas, nem condecorações. Ferimentos são as únicas condecorações e a única recompensa é a de uma boa consciência. Acho que aqueles que fizerem o que podem esse ano dormirão à noite um pouco melhor do que os outros. Sei que é difícil fazer dinheiro, mas morrer também não é fácil. Se vocês quiserem evitar que cem homens que estão lutando agora morram entre hoje e o Natal, vocês podem fazê-lo por US$ 1,000.00.

Tanto o filme de Joris Ivens como o *Sierra de Teruel* de André Malraux são documentários que foram produzidos com a finalidade de convencer as democracias ocidentais a pôr um fim à Política de Não-Intervenção e romper com o embargo de armas à Espanha.

A comissão de Não-Intervenção, da qual faziam parte Alemanha, Itália, Inglaterra, França e URSS, entre outras nações, reuniu-se pela primeira vez em Londres a 9 de setembro de 1936 e tinha como objetivo fundamental controlar o envio de armas para a Espanha. Hipócrita desde a sua formação, o comitê de Não-Intervenção não fez mais do que dificultar o acesso de armamentos para o governo republicano. No mesmo sentido atuou o *Embargo Act* do governo Roosevelt, votado pelo Senado no dia 6 de janeiro, institucionalizando o "embargo moral", vigente desde o início da guerra até 28 de dezembro de 1936.

Como assinalou o correspondente do *New York Times* na Guerra Civil Espanhola, Herbert L. Matthews, em suas recordações sobre o conflito, "a intervenção no lado insurreto começou com uma explosão; no lado republicano, começou como um murmúrio".

Nesse sentido, conforme John Michalczyk, os documentários em questão procuravam

por meio do retrato das tragédias insensatas, dos horrores da guerra, a partir da perspectiva republicana de 1937 e 1938, colocar uma face humana na guerra que, idealmente, deveria mover o espectador da ignorância ou desinteresse para a simpatia e o engajamento.

Os filmes de Hemingway/Ivens e o de Malraux focalizam o povo na legitimidade de sua luta por causas nobres – sua terra, sua liberdade, suas vidas. Longe de serem os estereotipados "vermelhos" ou "ateus" retratados na imprensa de direita, os Republicanos eram apresentados como os heróis coletivos propensos a dar suas vidas por suas causas.

Rodado nos próprios campos de batalha em três meses (do final de janeiro a abril de 1937), o enredo de *Terra Espanhola*, como seu próprio título indica, coloca a terra como foco central do filme e acaba por atribuir-lhe uma certa áurea sagrada.

A narrativa se desdobra em três planos: a necessidade de construção de um sistema de irrigação, a visita do jovem Julián à sua casa durante sua licença e a defesa da ponte de Jarama pelos republicanos.

Num primeiro nível, *Terra Espanhola* pretende colocar a questão da luta pela terra, tematizando os vínculos entre essa e a sobrevivência. Desse modo, o documentário aborda um dos elementos mais importantes para a compreensão da dimensão espanhola da guerra enquanto guerra civil entre camponeses e latifundiários, visto que apesar da multiplicidade de conflitos que compõem a Guerra Espanhola, nenhum deles teve a amplitude do problema agrário, pois a história das lutas de classe na Espanha está intimamente vinculada à estrutura agrária do país.

Até o início da Guerra Civil, a maioria da população economicamente ativa da Espanha vivia no campo, de modo que não é de se estranhar o fato de ter sido em torno da questão agrária que sempre se deram os principais conflitos sociais espanhóis.

O enfrentamento entre camponeses e proprietários na Espanha começou a partir do momento em que a produção agrícola se expandiu em direção à Andaluzia e ao Levante em meados do século XIX. Enquanto a base principal da produção agrícola se manteve localizada nas províncias do norte do país, a violência ainda não fazia parte do sistema por terem sido mantidas aí as relações medievais de propriedade e produção, que faziam com que aldeias inteiras de pequenos e médios proprietários conservassem a terra comunal dos bosques e pastagens. A subsistência dos não proprietários da terra estava garantida pelas condições naturais da região, dotada de solo fértil e suficientemente irrigado.

As províncias do norte da Espanha conseguiram, assim, manter-se isoladas, sustentando-se em um sistema de produção antiquado e auto-suficiente, que permaneceu quase fora do sistema econômico capitalista até o início do século XX.

No entanto, a partir do final da terceira década do século XIX, a nova burguesia latifundiária, fortalecida politicamente com o fim da ameaça dos carlistas ao trono e com a falência da Coroa que levou ao fim do sistema de *mayorazgo* e determinou a venda dos bens eclesiásticos e comunais, passou, como assinalou Enzensberger, a usar a violência para abrir caminho em outras regiões, principalmente na costa do Levante e na Andaluzia.

A introdução do regime parlamentarista em 1843 confirmou a dominação política dos novos latifundiários, que, por morarem nas cidades, deixavam suas terras nas mãos de capatazes ou arrendatários, onde se formou um enorme proletariado camponês, composto basicamente por *braceros* (diaristas que vendiam sua força de trabalho por um salário de fome), os quais, até a eclosão da Guerra Civil, constituíam três quartos dos habitantes de Andaluzia.

Um ano após ter tomado a direção dos negócios estatais, a nova classe política dos latifundiários criou um "verdadeiro exército de ocupação", a Guardia Civil, com a finalidade de controlar pela força a revolta dos camponeses espanhóis, transformando o sul da Espanha num território marcado pela manifestação do ódio contra os latifundiários por meio de uma permanente guerra primitiva de guerrilhas, que se manteve até 1930 e que foi paulatinamente se ampliando até chegar a revoltas súbitas e espontâneas por parte dos camponeses.

Com a intensificação do movimento operário nos grandes centros urbanos no início do século XX, os agricultores católicos de Castela começaram a se mobilizar para defender os interesses dos terratenentes, temendo que o sucesso das ideologias de esquerda atingisse o campo. Criaram, assim, a partir de 1906, diversas federações e sindicatos agrários patrocinados pelos proprietários, que, no norte do país, conseguiram manter um equilíbrio precário entre a "mitigação da pobreza e a manutenção do *status quo*".

Em 1917, essas diversas federações locais se fundiram na Confederación Nacional Católico-Agrária (CNCA). A Confederação não teria conseguido se expandir para além das zonas minifundistas da Espanha, região de Castela-Leão, em direção ao sul, onde a única alternativa para amenizar a miséria dos camponeses que trabalhavam nos latifúndios era dar-lhes a posse da terra, sem o terror desencadeado pelas insurreições camponesas do chamado "triênio bolchevique" (1917-1919).

Ainda assim, a despeito do êxito das campanhas da CNCA na Andaluzia nos primeiros meses de 1919, que levou muitos latifundiários a oferecer dinheiro e parcelas de terras não cultivadas aos lavradores que lhes eram submissos, muitos preferiram se aproveitar da violência de seus criados para dispor da repressão da Guarda Civil.

No dia 18 de abril de 1919 foi determinado o fechamento de todas as organizações camponesas espanholas e a deportação ou a prisão dos grevistas. A repressão se intensificou com o envio do General La Barrera com unidades de cavalaria para reforçar a Guarda Civil na Andaluzia, que ficou ocupada militarmente e conseguiu, pela força, estancar o movimento revolucionário, até a proclamação da Segunda República (1931), quando foi reavivada a possibilidade da reforma agrária.

A situação de miséria e violência no campo foi agravada pela grande seca de outubro de 1931, que impediu que fossem realizados os trabalhos de plantio e colheita de inverno, privando os diaristas de um mês de trabalho. A fim de compensar suas perdas, os latifundiários decidiram cortar o número de *braceros* que empregavam, aprofundando ainda mais a penúria dos trabalhadores do campo e intensificando o desejo da tomada do poder por um governo de coalizão republicano-socialista que contaria com um homem do PSOE no cargo de Ministro do Trabalho.

Essas aspirações ficam evidentes por meio do número de afiliados à Federación Nacional de Trabajadores de la Tierra (FNTT, seção camponesa da UGT). Fundada em abril de 1930, com 27 000 afiliados, dois anos depois ela já contava com 392 953, representando 38% dos afiliados à UGT.

Em abril de 1931, a coalizão republicano-socialista ganhou as eleições e Largo Caballero assumiu o cargo de Ministro do Trabalho, sendo responsável pelas medidas que tiveram mais impacto no sul da Espanha.

Duas semanas depois da coligação republicano-socialista ter assumido o poder, no dia 28 de abril, foi promulgada uma lei que proibia a contratação de mão-de-obra fora dos limites municipais, quando houvesse desempregados no município.

Impedindo que se contratassem homens de outras localidades, essa lei retirava um dos principais instrumentos de pressão dos proprietários rurais, que se valiam da possibilidade de conseguir força de trabalho em outros municípios para romper greves e manter os salários baixos.

Pouco tempo depois, no dia 7 de maio de 1931, Largo Caballero aboliu o direito dos proprietários de estabelecer segundo seus critérios as bases de trabalho e salário, por meio da criação de comitês de arbitragem, os "juris mistos".

A lei dos júris mistos reconhecia que os *braceros* tinham direitos e criava os mecanismos institucionais para a sua defesa. A importância dos comitês logo se fez notar com a promulgação do decreto de 1º de junho que implantou a jornada de oito horas de trabalho. Como a maior parte dos *braceros* trabalhava de sol a sol, os proprietários agrícolas ficavam obrigados a pagar horas-extras pelos seus serviços.

Provendo-se com meios de impedir o boicote da nova legislação, o Ministério do Trabalho promulgou um decreto que tornava obrigatório o cultivo da terra. Desse modo, o governo desarmava os latifundiários de mais um de seus poderosos dispositivos de controle social: retirava-lhes o direito de fazer de suas terras o que bem quisessem, como deixá-las sem cultivo a fim de não cumprir com as obrigações legais.

Tais medidas alarmaram muito os latifundiários e esse alarma só tendeu a se intensificar com o início do funcionamento de uma comissão técnica cuja tarefa era a de conceber as bases de um projeto de reforma agrária.

Contudo, a despeito dos decretos e leis da coalizão republicano-socialista, os mecanismos práticos para sua implantação eram quase inexistentes. Os proprietários seguiam tendo o poder exclusivo de dar trabalho e a Guarda Civil continuava atuando totalmente em defesa dos mesmos.

Mesmo assim, os terratenentes entreviram uma ameaça ao seu secular poder. Enquanto os pequenos e médios proprietários se apavoravam porque receavam não poder arcar com os novos custos de produção, os latifundiários, temerosos de que o governo iniciasse a reforma agrária, criaram, contra essa possibilidade, a Associación Nacional de Proprietarios de Fincas Rústicas.

Visando conter as medidas governamentais, os proprietários de terra, além de criarem a referida associação, reagiram de diversas maneiras, reorganizando e fundando uma série de outras confederações patronais que passaram a inundar a imprensa com imagens apocalípticas sobre o caos e a miséria endêmica que reinavam na Espanha, atribuindo a Largo Caballero e seus decretos a responsabilidade pelo quadro que pintavam.

Apesar das reações da direita ao governo republicano, a nova constituição foi votada em 9 de dezembro de 1931. O antigo bloco do poder, que dominava o Estado desde o século XIX, nunca a aceitou e passou a atuar por meio de conspirações militares, desfiles de "requetés" (corpos paramilitares carlistas) e, desde 1933, de esquadras falangistas. A direita espanhola também atuava a partir do interior do próprio sistema parlamentar. A expressão máxima dessa segunda forma de reação se consubstanciou na CEDA, Confederación de Derechas Autónomas, coligação de católicos e monarquistas criada em 1933.

Aproveitando a atmosfera de apoio popular gerada pela derrota da tentativa de golpe comandada pelo General Sanjurjo contra a República em agosto de 1932, o governo presidido por Alcalá Zamora apresentou dois projetos de lei: o de Estatuto de Autonomia da Catalunha e o de Bases da Reforma Agrária, ambos votados em 9 de setembro de 1932.

Já em 20 de novembro de 1932, celebraram-se as primeiras eleições para o parlamento catalão. A reforma agrária, entretanto, encontrou maiores resistências para a sua implantação. Em virtude disso, o governo promulgou, naquele mesmo mês, o Decreto de Intensificação de Cultivos. Por meio desse decreto era dado acesso imediato aos camponeses sem terra às terras cultiváveis inexploradas por um prazo de dois anos. Apesar das resistências dos proprietários, em pouco tempo 32 000 camponeses foram assentados.

Não obstante, os conflitos sociais prosseguem com choques cada vez mais intensos, que, pouco a pouco, iam isolando o governo dos setores mais importantes da sociedade.

Em janeiro de 1933, uma facção do movimento anarquista filiado à CNT (Confederación Nacional del Trabajo), que não concordava com a hipótese de que os problemas do campo poderiam ser resolvidos por outra via que não fosse a revolucionária, preparou e encabeçou uma revolta armada que, apesar de ter se dado em apenas algumas poucas cidades e de só ter sido bem-sucedida no pequeno povoado de Casas Viejas, deixou marcas profundas no governo.

Casas Viejas era um pequeno povoado situado na província de Cádiz, região das maiores propriedades agrícolas e dos *braceros* mais pobres do sul da Espanha, onde, há muito, terratenentes e Guarda Civil atuavam juntos para conter o campesinato sedento por terras.

Procurando fazer pressão contra a nova legislação, os latifundiários da região impuseram o desemprego em massa, criando uma situação onde quatro em cada cinco trabalhadores de Casas Viejas ficaram sem trabalho durante a maior parte do ano, vivendo na mais absoluta miséria.

A penúria dos *braceros* de Casas Viejas, aliada à carestia do pão, fez com que eles rapidamente aderissem à chamada revolucionária da CNT. A vacilante declaração de comunismo libertário desencadeou uma reação selvagem contra os grevistas na qual vinte e quatro pessoas morreram.

A repressão violenta contra o povoado gerou muitos protestos que acabaram por abalar as bases populares do governo diante de sua posição reticente frente ao massacre.

A perda de apoio popular não foi compensada por uma melhor relação com a direita. Em março desse mesmo ano, os proprietários rurais decidiram em assembléia declarar guerra à reforma agrária. Aproveitando-se do contexto de tensão social desencadeada por um verão em que as colheitas foram péssimas e do aumento do desemprego no campo, criaram nesse mesmo mês a Confederación Patronal Agraria, cujas finalidades eram derrotar o socialismo inimigo e mobilizar e interessar os pequenos proprietários e camponeses.

Acuado pela direita e desacreditado pela esquerda, nada mais restava ao presidente da República espanhola, Alcalá Zamora, do que dissolver o parlamento e convocar novas eleições para novembro de 1933. Desse pleito a direita saiu vitoriosa.

O novo governo, presidido por Lerroux e do qual três ministros eram da CEDA, tomou posse em dezembro de 1933 e se caracterizou pela pressão da direita no sentido de conseguir anular todas as leis votadas entre 1931 e 1933, período em que os partidos e associações de direita se dedicaram a formar uma base de massas, cooptando o pequeno campesinato católico a obstruir no parlamento os esforços que visavam à reforma agrária e a defender a violência praticada pelos latifundiários no sul da Espanha. A partir de 1933, numa ação contínua que se prolongou até 1935, os ataques desses grupos, por meio da atuação da CEDA no parlamento, concentraram-se na destruição da legislação social agrária, redução dos salários, perseguição aos líderes sindicais operários e rurais e no fechamento dos sindicatos rurais.

O Partido Socialista, por sua vez, reagia ao governo, radicalizando-se e abrindo luta frontal contra os grandes proprietários e empresários. Adotando uma linha cada vez mais combativa, em junho de 1934 liderou, por meio de seu braço sindical no campo, a Federación de Trabajadores de la Tierra, a greve geral dos camponeses e, em outubro, encabeçou um movimento revolucionário armado, apoiado em uma greve geral.

O movimento só triunfou nas Astúrias, onde os operários resistiram por duas semanas no poder, mas a curtíssima experiência da "revolução asturiana" contribuiu para agudecer ainda mais os ódios que iriam estrangular de vez a República espanhola.

À medida que a esquerda se radicalizava, a "direitização" do Governo Lerroux mais se fazia presente. A imprensa socialista e numerosas organizações operárias foram postas na ilegalidade, suspendeu-se a reforma agrária, os arrendatários foram expulsos de suas terras, o Estatuto de Autonomia da Catalunha foi anulado, e o que previa a autonomia do País Basco foi bloqueado. Aumentou-se a jornada de trabalho dos metalúrgicos e o General Franco foi nomeado Chefe do Estado Maior Central, enquanto todos os postos militares de destaque iam sendo ocupados por militares de direita e o número de fuzilamentos e de pessoas torturadas e desempregadas (principalmente no campo) aumentava.

Um escândalo de suborno envolvendo membros do governo pertencentes ao partido de Lerroux (Partido Radical) desarticulou sua maioria parlamentar e levou à formação de um novo governo presidido por Portella Valladares em dezembro de 1935. Entretanto, a certeza de que um golpe militar se aproximava fez com que o Presidente da República, Alcalá Zamora, usasse novamente sua prerrogativa de dissolver a Assembléia e convocar novas eleições para 16 de fevereiro de 1936.

Tanto a esquerda quanto a direita saíram em bloco para essa eleição. A primeira compondo uma Frente Popular constituída em 15 de janeiro, e a segunda em uma coligação entre a CEDA, os monarquistas da Renovación Española (a Falange não fez parte do bloco por ter exigido demasiados cargos para si em caso de vitória).

As eleições que se processaram então tomaram o aspecto de uma guerra, principalmente no sul do país, onde não faltaram a compra de votos, as intimidações e o impedimento de que os *braceros* se deslocassem para os locais de votação.

A Frente Popular venceu o pleito e um novo governo, presidido por Azaña, foi formado nesse primeiro momento, composto apenas por ministros republicanos, pois comunistas e socialistas o apoiavam via maioria parlamentar.

Em quarenta e oito horas o novo governo concedeu anistia aos presos políticos, reintegrou os demitidos por represálias patronais e restabeleceu a autonomia da Catalunha. O parlamento começou a elaborar o estatuto de autonomia do País Basco, os camponeses que haviam sido assentados outrora receberam suas terras de volta e, em 23 de março de 1936, o Instituto de Reforma Agrária decretava a ocupação de qualquer propriedade rural de serventia social.

Apesar de haver na CEDA um setor democrático, partidário das soluções legais para o conflito, os grupos de direita vão cada vez mais declarar-se em prol da "salvação da pátria e da unidade nacional" pelas armas, contando com o apoio das classes médias rurais, alarmadas com as manifestações de protesto dos *braceros* e com os aparatos legais que dispunham para defender seus direitos.

Esses choques entre camponeses e latifundiários aumentaram muito em virtude da seca de 1935 e das grandes chuvas que se seguiram e se prolongaram até a primavera, danificando a colheita da azeitona na Andaluzia e comprometendo a colheita da cevada e do trigo. Aliada a essa problemática no campo, a efervescência do movimento operário criava bases extremamente perigosas de desestabilização do governo.

Durante a segunda quinzena de maio de 1936, as greves operárias pipocavam nas cidades mais importantes do país e no campo (sobretudo nas regiões de Andaluzia e La Mancha, onde os conflitos de terra se tornavam cada vez mais violentos).

Entre abril e maio de 1936, produziu-se um verdadeiro *lockout* nas províncias do sul. Em Badajoz, a colheita foi feita à noite com máquinas. Os terratenentes iam abandonando, aos poucos, os últimos vestígios de fé nas organizações legais e começavam a falar abertamente em armar-se, aproximando-se dos militares e participando dos preparativos que culminaram no levante de julho de 1936.

Não obstante, no dia 26 de junho de 1936 houve a apresentação de um projeto de lei de resgate e reaquisição dos bens comunais, para que os grandes proprietários devolvessem aos municípios vastas extensões de terra que mantinham desde o século XIX.

Isso, somado à previsão da aplicação da Lei de Bases da Reforma Agrária, indicava que haveria um reenquadramento das relações de produção no campo, coisa que a burguesia agrária não podia tolerar.

Arraigada a um sistema de produção garantido pelo imobilismo político e geradora de estagnação social, essa burguesia agrária apoiou-se em outro segmento não menos apegado a antigos privilégios e dependente do imobilismo social, os aparatos de defesa do Estado.

Depois de duas sessões em que os partidos de direita acusaram a República como culpada pelo "caos" reinante e aludiram à possibilidade de "salvar a Espanha" pelas armas, votou-se, no dia 10 de julho de 1936, a Lei dos Bens Comunais.

A situação no sul da Espanha chegava ao seu ponto de tensão máximo. A aplicação das leis agrárias da República e do projeto de reforma agrária implicava o fim do latifúndio, situação que os grandes proprietários não aceitaram e que combateram, apoiando o levante militar.

Com a eclosão da Guerra Civil, toda a tensão social que secularmente foi cultivada nos campos espanhóis floresceu violentamente. Como dissemos anteriormente, com graus diferentes de êxito, com a guerra iniciou-se o processo de coletivização das grandes propriedades, principalmente na Catalunha e no Levante, onde as centrais sindicais CNT, anarquista, e a FNTT, socialista, eram mais fortes. Entretanto, à medida que a ofensiva militar ia tendo êxito, avançando em direção ao leste, os atos de vingança logo se faziam presentes.

Os *braceros* que escapavam com vida eram duramente reprimidos, os salários foram rebaixados drasticamente e as greves consideradas atos de sabotagem. Nos anos que se seguiram à Guerra Civil, a política econômica franquista nada mais fez do que solidificar a estrutura de propriedade rural que durante a Segunda República pretendeu-se colocar em questão.

A Guerra Civil Espanhola pode ser entendida, portanto, como originada em uma luta pela posse da terra e pela reestruturação da propriedade agrícola, e por isso não é por acaso que o filme de Ivens, *Terra Espanhola*, se abre ligando o povo à terra e associando a questão agrária ao conflito.

A cena de abertura do documentário se passa em um vilarejo, Fuentedueña, próximo a Madri. Diz o narrador:

Essa terra espanhola é seca e dura e as faces dos homens que trabalham a terra são endurecidas e ressecadas pelo sol.
– Esta terra imprestável vai produzir muito.
– Por 50 anos nós quisemos irrigá-la, mas eles nos impediram.

– Agora, vamos trazer água para ela para produzir alimentos para a defesa de Madri. (p. 19)

No segundo plano, por meio da figura do jovem Julián, cria-se o elo entre a luta pela sobrevivência e a luta militar com a visita de Julián ao seu *pueblo*, durante a qual dedica-se ao treinamento de outros jovens na volta de seu trabalho no campo.

Na seqüência, aproveitando o gancho do treinamento dos jovens no campo, retorna-se a Madri, espaço simbólico máximo do desespero – as cenas das longas filas da população para comprar comida e o som dos aviões *Junkers* são de uma eficácia estética e psicológica indiscutíveis – da fé na legitimidade da luta pela República, do horror da morte sob os bombardeios.

A morte vem todas as manhãs para essas pessoas da cidade, enviada pelos Rebeldes [denominação comum dos franquistas na Guerra Civil] das montanhas situadas a duas milhas de distância.
O cheiro da morte é ácido como a fumaça dos explosivos e os escombros do granito.
Por que eles ficam? – Eles ficam porque esta é a sua cidade, estas são suas casas, seu trabalho é aqui, é deles esta luta – eles lutam para viver como seres humanos. (pp. 45-46)

A defesa da ponte de Jarama sobre o Rio Tago onde se situa Fuentedueña, "lugar no qual mil e quinhentas pessoas vivem e trabalham pelo bem comum", é o ponto estratégico que os franquistas necessitavam tomar para conquistar Madri e o espaço onde habilmente Hemingway e Ivens fundem o heroísmo das tropas republicanas com a presença da disciplina comunista, uma vez que as cenas dos horrores a que a população civil está submetida na capital espanhola é precedida pelas declarações de comunistas importantes como Líster, La Passionaria e Gustav Regler, entre outros, que imprimem a retórica partidária na luta. Nesse sentido, a descrição de Dolores Ibárruri e seu depoimento é exemplar:

A mulher mais famosa da Espanha fala hoje. Eles a chamam de La Passionaria. Ela não é uma beleza romântica, nem nenhuma Carmen. É a esposa de um mineiro pobre das Astúrias. Mas todo o caráter da nova mulher espanhola está em sua voz. Ela fala sobre a nova nação espanhola. É uma nova nação disciplinada e corajosa. É uma nova nação forjada na disciplina de seus soldados e na bravura de suas mulheres.

LA PASSIONARIA:

– A semente do Quinto Regimento, levando o sentido da disciplina, da organização, de espírito de sacrifício, frutifica no grande Exército Popular, exército em que se unem agora todas as forças de nossa República espanhola, forças tão diversas quanto a valentia do miliciano no choque e a emoção de nossas mulheres que frente ao inimigo gritam... (pp. 31-32)

O filme se encerra com o ataque dos franquistas às tropas do Exército Popular, após a conquista do Jarama e na tentativa de tomar a de Arganda. A cena que é rodada na própria batalha, segundo Michalczyk, chama a atenção para os civis e soldados não-profissionais que tudo deixavam para lutar pela causa e sacraliza a morte pela República, reforçando as imagens freqüentes ao longo do filme de caixões, corpos desfigurados de crianças ou soldados republicanos mutilados.

Esse aspecto da morte pela República alinhava os três planos do documentário:

> Este é o momento para o qual todo o resto da guerra se prepara, quando seis homens seguem em frente adentrando a morte ao cruzar um trecho do terreno e, pela sua presença sobre o mesmo, provam – esta terra é nossa. Seis homens tornam-se cinco. Então, quatro tornam-se três, mas estes três ficaram, penetraram-na e a tomaram. Junto com os outros quatro, os três e os dois que começaram como seis. A ponte é nossa.
>
> A estrada está salva.
>
> A água vem para trazer mais alimentos. A estrada pode levá-los.
>
> Homens que nunca lutaram antes, que não foram treinados para as armas, que apenas queriam trabalho e terra, seguem lutando. (pp. 51-52)

O mérito de *Terra Espanhola* reside no fato de ser aquele tipo de produção cultural que consegue construir o difícil binômio arte-propaganda por não se resumir ao reflexo do "sossego e do heroísmo". Ao impregnar-se da natureza da experiência que aborda, consegue, simultaneamente à propagação da retórica partidária, trazer ao espectador a dimensão dos horrores da guerra e colocá-lo em contato com uma de suas questões socioeconômicas mais dramáticas – a luta de classes no campo.

Ao contrário de *Terra Espanhola*, *A Quinta-Coluna* é um dos melhores exemplos da criação cultural, parafraseando Stephen Spender, "medíocre que traduz em tempo de guerra o espírito conveniente à luta, ao desenvolvimento da propaganda, mas nada conveniente a uma obra teatral"[17].

---

17. Em sua colocação do dia 17 de julho de 1937, Stephen Spender evidenciava, assim, os problemas subjacentes a um dos temas mais candentes do Segundo Congresso Internacional para a Defesa da Cultura, que dizia respeito às circunstâncias históricas que fazem com que o escritor transforme sua "pena em fuzil". *Apud* Manuel Aznar Soler, *II Congreso Internacional para la Defensa de la*

Sem dúvida que o propósito de *A Quinta-Coluna* era o de chamar a atenção para a barbárie fascista na Espanha e alhures, fato que a transforma em uma peça dotada da consciência de urgência do debate do tema e de extrema sinceridade enquanto propaganda.

Contudo, nem a urgência, nem a sinceridade do autor justificam ou explicam a precariedade de seu didatismo político, que, de acordo com Nakjavani, remete a uma fórmula convencional de fusão da literatura popular com a política, onde se conjugam premissas ideológicas com o *push over/ get away* dos *westerns* hollywoodianos e convenções formais das ficções de detetive.

A Quinta-Coluna ambienta-se no cerco de Madri em 1937 e tem como ação central o esforço de contra-espionagem dos combatentes das Brigadas Internacionais, Philip Rawlings e Max, incumbidos de capturar a Quinta-Coluna que atuava então em Madri[18].

Paralelamente, corre o romance entre Rawlings e a bela e fútil jornalista americana, Dorothy Bridges, que o lança no conflito amor *versus* causa, ou melhor, causa *versus* indivíduo que será retomado nas crises de Robert Jordan em *Por Quem os Sinos Dobram*.

Rawlings é um mocinho moderno que luta pelos oprimidos de modo que os assaltos dos franquistas contra Madri não fazem mais do que, como diz Nakjavani, "justificar e legitimar seus atos, reafirmando seu retrato como um destemido cruzado vingador".

Cultura – Literatura Española y Antifascismo (1927-1939), Valência, Consellaria de Cultura Educació i Ciència, 1987, vol. II, p. 245.

18. Também o conto "The Denunciation" publicado na revista *Esquire* em novembro de 1938 aborda a presença da Quinta-Coluna em Madri, porém de uma maneira bastante superior do que na peça, uma vez que suas personagens são dotadas de uma complexidade psicológica que as afastam do simplismo maniqueísta das de *A Quinta-Coluna*. "The Denunciation" conta a história de um correspondente internacional em Madri, Enrique, e um antigo amigo, Luis Delgado, agora um quinta-colunista. O conflito de Enrique e do garçom do bar Chicote, sua dificuldade em enfrentar a responsabilidade de denunciar o espião trazem ao leitor a oportunidade de refletir sobre outras dimensões do ser humano em uma guerra do tipo da espanhola de 1936, problematizando o conflito entre causa e indivíduo com uma riqueza psicológica que não se encontrará em nenhum outro trabalho de Hemingway sobre a Guerra Civil.

Fora o já comentado "Under the Ridge" de outubro de 1939, os outros contos publicados durante e imediatamente após o conflito são "The Butterfly and the Tank" e "Night Before Battle", ambos publicados na *Esquire* respectivamente de dezembro de 1938 e fevereiro de 1939 e "Nobody Ever Dies" na *Cosmopolitan* de março de 1939. Todos esses contos foram republicados em E. Hemingway, *The Complete Short Stories*, Nova York, Charles Scribner's Sons/MacMillan Publishing Co., 1987, pp. 420-481.

A cena que unifica o enredo, a derrota da Quinta-Coluna, destaca Nakjavani, na sua grandiosidade absurda e no seu esquema irreal da forma de se atingir o objetivo heroicamente, responde ao mecanismo que cria e desperta poderosas fantasias infantis na ficção popular.

A vitória de Rawlings e Max se dá rapidamente, quando os dois conseguem tomar o posto de observação onde se coordena o bombardeio contra Madri. No interior do posto, o General alemão pede que o sinaleiro o ponha em contato com a Divisão, ligação que não é completada por estarem sem linha. No lado de fora, vemos dois homens subindo a escada e ouvimos o som da queda de um sentinela. O General ordena ao sinaleiro que ponha alguém para restabelecer a linha. O sinaleiro sai. A audiência ouve mais um ruído de um corpo caindo. Uma luz ilumina os três homens e os dois sinaleiros no interior do posto. Simultaneamente, avistamos Philip, no alto da escada que dá no posto de observação, que, calmamente, ordena que todos se mantenham nos seus lugares ou estourará os miolos dos cinco. Em segundos, ele e Max decidem quais são os homens que levarão, amarram e selam com fita adesiva a boca dos três que não lhes interessam, os executam e as cortinas se fecham finalizando a cena[19].

Se quisermos atribuir uma moral da história a esse dicotômico enredo que confronta bons e maus rapazes, certamente seria a que afirma que inevitavelmente o bem prevalece e, assim sendo, também a paz e a justiça triunfarão sobre a guerra e a tirania, assegurando a realização de um futuro seguro e bom[20].

Terra Espanhola e *A Quinta-Coluna* constituem dois exemplos polarizados da arte como forma de propaganda política no terreno da criação cultural antifascista no interior da Guerra Civil Espanhola, em que se destaca a sofisticação da primeira, malgrado seus matizes ideológicos marcantes, e o apelo popularesco da segunda.

Essas duas obras, apesar de poderem ser compreendidas no âmbito da política cultural do Partido Comunista na época e pro-

19. E. Hemingway, *The Fifth Column*, Londres, Grafton Books, 1986, pp. 81-83.
20. Segundo Lionel Trilling, Hemingway em *A Quinta-Coluna* deixou que a arte fosse superada pelas exigências ideológicas de um setor (importante) do pensamento literário americano. Nesse sentido, o simplismo e a fragilidade estética de *A Quinta-Coluna* manifestam o resultado da vitória da crítica literária americana sobre Hemingway que o recriminava pelo seu antiintelectualismo e pela sua falta de consciência social. Lionel Trilling, "Hemingway and his Critics", *Partizan Review 6*, 1939. Em C. Baker (org.), *Hemingway and his Critics*, Nova York, Hill and Young Inc., 1961, p. 67.

fundamente imbricadas na da Segunda República espanhola, onde o PCE ocupava o Ministério da Instrução Pública, apontam dois caminhos radicalmente diferentes que o realismo socialista, enquanto cânone estético estabelecido pelo PC em 1934, e a arte antifascista, compromisso maior do escritor segundo as decisões do Primeiro Congresso Internacional dos Escritores para a Defesa da Cultura (Paris, 1935), puderam desembocar.

Além disso, elas são interessantes porque revelam a multiplicidade das formas de envolvimento de Hemingway com o conflito e o caráter quase instintivo de suas elaborações, tão frágeis e desprovidas de solidez teórica que, com razão, levaram Nakjavani a emprestar um termo de Sartre para entendê-las, principalmente no que tange ao plano de sua criação artística:

> A compreensão ficcional de Hemingway dos acontecimentos da Espanha pertencem à categoria do não-conhecimento ou *le vécu*, ou seja, experiência vivida, com todas as suas multiplicidades, opacidade e indeterminação que fazem com que essa possa apenas ser sugerida ou evocada, ao invés de comunicada como conhecimento.

Terra Espanhola é um dos produtos mais bem acabados da cultura alinhada com a política cultural do governo republicano. Ainda que marcado pelos matizes partidários – herói coletivo, certeza do sucesso da República, destaque às estratégias políticas do PC (no caso, reorganização militar) – o filme não submerge na mediocridade por não se dispor a incorporar fórmulas popularescas. Talvez isso se deva ao fato de ser o filme um documentário, gênero cinematográfico bem pouco popular e destinado a um público intelectualizado. No entanto, podemos afirmar, sem dúvida alguma, que o que o sofistica é o fato de não falar para, nem sobre um suposto *pueblo*, mas colocar suas questões ligadas à luta de classes, procurando ler a guerra pela perspectiva de uma determinada classe, imprimindo-lhe, como boa peça de propaganda política, conteúdos partidários.

Já *A Quinta-Coluna* trabalha numa perspectiva oposta, ainda que alguns matizes partidários semelhantes se façam presentes – certeza da vitória e destaque para as estratégias políticas dos comunistas, claras tanto no foco sobre a atuação das Brigadas Internacionais no combate à Quinta-Coluna, como, principalmente, na caracterização de Philip Rawlings, o próprio estereótipo do que o realismo socialista elegeu como herói romântico. Nas palavras de Ramón J. Sender já em sua fase comunista: "muchachos fuertes, sanos con una capacidad de sacrificio formidable en un continuo deseo de triunfo colectivo"[21].

A própria opção pelo veículo teatral, eleito pela política cultural soviética de então como arte de massas, cria um destinatário difuso que, aliada à preocupação de produzir um impacto pelo emotivo, a fantasia inconsciente, faz com que *A Quinta-Coluna* fique no limite assinalado por Aznar Soler: entre o humanismo democrático burguês, "que se traduzia em uma simpatia sentimental pelo denominado 'povo' espanhol", e o neo-romantismo apregoado por alguns teóricos do realismo socialista, que não excluía de seus pressupostos a necessidade da grandiosidade dos atos e do heroísmo de seus protagonistas, como forma de adequação da arte às exigências políticas.

Por Quem os Sinos Dobram assimilará grande parte das características de *A Quinta-Coluna*, trabalhando sobre os eixos do conflito da causa *versus* indivíduo e a idéia de luta pela República associada à de luta pelo "povo" e do "povo", porém fundindo essa idéia à de salvação da humanidade no âmbito do conflito entre natureza e civilização, abrindo a questão:

Como é que Hemingway, em seu romance sobre o conflito espanhol, conjuga a luta contra o fascismo em nome da democracia, por meio de uma tática militar correta, uma luta pela salvação da espécie humana, por intermédio de um código ético pautado pelas *corridas de toro* e do ideal jeffersoniano de República?

---

21. R. J. Sender, "La Nueva Literatura ante el Centenario del Romanticismo" em: *Isla*, n. 7, 8, 1935, p. s.n., *apud* M. Aznar Soler, *op. cit.*, p. 60.

3. A República Americana

> *O ataque à revolução por um intelectual que foi revolucionário, disse Scali, é sempre a política revolucionária posta à prova por... sua ética, se assim se pode dizer. Falando seriamente, comandante, o senhor desejaria que essa crítica não fosse feita?*
>
> ANDRÉ MALRAUX, *A Esperança*

3.1. O SOPRO DA MORTE NA GUERRA CIVIL DE ERNEST HEMINGWAY

A reação dos meios literários em que Hemingway vinha sendo laureado desde a publicação de *Ter e Não Ter*, quando os primeiros exemplares de *Por Quem os Sinos Dobram* começaram a circular, foi avassaladoramente negativa, em virtude das afirmações sobre os métodos e práticas comunistas contidas no romance, o qual chegou a ser censurado na URSS[1].

---

1. Sobre a reação da esquerda ao conteúdo de *Por Quem os Sinos Dobram*, principalmente a ligada ao Partido Comunista nos EUA na época de sua publicação, v. o *paper* apresentado por William B. Watson durante o congresso *Hemingway & Malraux: Embattled Spain*, "For Whom the Bell Tolls: What Did Hemingway Have Against the Russians and Communists Anyway?", pp. 1-3, e, do mesmo autor, *Hemingway's Attacks on the Soviets and Communists in For Whom the Bell Tolls*, North Dakota Quaterly, *60* (2): 113-118.

Alvah Bessie, um dos mais proeminentes membros do Batalhão Abraham Lincoln, escreveu uma resenha, hoje antológica, no *New Masses* de novembro de 1940, onde deixava clara a sua estupefação diante do "retrocesso" de Hemingway, que voltava a perceber a realidade circunscrita à experiência individual. Além disso, Bessie acusava o escritor de ter traído a Guerra Civil.

Segundo ele, a traição de Hemingway se manifestava por ataques mentirosos a homens idealistas como André Marty e na irresponsabilidade de publicar um conto como "Under the Ridge", levando o leitor a acreditar que o desempenho da URSS na Espanha durante a guerra foi sinistro e repreensível.

Lendo-se a crítica de Bessie, bem como as resenhas publicadas em outros órgãos da imprensa da esquerda americana da época – *The Daily Worker* ou *The Saturday Worker*, por exemplo – fica-se com a impressão de que o corte entre *Por Quem os Sinos Dobram* e a produção anterior ao maldito "Under the Ridge" é total.

Segundo o velho militante, ao contrário de tudo aquilo pelo qual Hemingway combatera e vivera na Espanha durante a Guerra Civil, o romance, como a obra anterior do escritor, se ocupava com

reportagens longas, infrutíferas, e, de certa maneira, sem sentido, sobre o significado da morte e de matar (na guerra, no assassinato, na arena de touros, por acidente, intencionalmente). Outra vez se apresenta a frustração do indivíduo, limitada e pessoal (e a palavra *pessoal* é a chave para o persistente dilema da falta de crescimento de Ernest Hemingway), e mais uma vez encontramos a preocupação quase patológica do autor com sangue e mutilação, sexo e morte, as quais, em suma, são parte e o todo de sua atitude frente à vida e são os *únicos* fatos da vida sobre os quais ele vem lidando consistentemente.

Atormentado pelo retrato dos comunistas em *Por Quem os Sinos Dobram*, Bessie ignorava que tanto nos despachos, em *A Quinta-Coluna*, em *Terra Espanhola*, quanto no romance em questão, a caracterização e problematização da guerra é feita a partir dos mesmos temas que não deixam de ser digressões sobre a morte.

Obviamente, guardando-se as devidas proporções entre o acabamento formal de um tipo de trabalho e de outro, é preciso perceber que a perspectiva do autor naquilo em que destaca como os principais traços da Guerra Civil é a mesma em ambos os momentos de sua criação.

Em suma, o reposicionamento de Hemingway frente ao PC não se dá em virtude de um corte entre as convicções do período da Guerra e as que retomam um individualismo circunscrito à temática da morte. Ao contrário, acreditamos que o sopro da morte é o sopro de vida da obra de Hemingway e o móvel de toda sua concepção de história.

Portanto, a questão sobre a qual se faz necessário refletir aqui é como a morte permeia a compreensão de Hemingway da Guerra Civil Espanhola e por que a questão da morte, do ato de matar e de morrer ganharam uma relevância tão crucial em *Por Quem os Sinos Dobram* e ao longo da sua obra.

As caraterísticas destacadas por Hemingway em suas descrições do conflito (violência dos bombardeios aéreos, disparidade entre os armamentos dos franquistas e dos republicanos, visão da Guerra Civil como guerra purgatória e ponto de decisão do futuro da humanidade, e a associação entre as vitórias republicanas e celebrações populares espanholas) se erguem com igual intensidade e importância ao longo de toda a produção de Hemingway sobre a Guerra, remetem, direta ou indiretamente, ao tema da morte e atrelam sentidos para a defesa da República.

Por um lado, a visão da Guerra Civil Espanhola como momento de purgação da humanidade e juízo final mecanizado está diretamente relacionada com a reflexão sobre a violência da morte tecnológica e com a percepção dicotômica do conflito como embate entre a natureza e a civilização. Nesse universo, a consolidação da República é entendida como ideal da redenção universal, condicionada a um código ético de combate que hierarquiza a violência em conformidade com o ritual das *corridas de toro*.

Por outro lado, a morte é entendida como necessidade, sacrifício individual pelo futuro do todo, fundindo a política à religião, num movimento que sacraliza a causa. Dentro desse contexto, a defesa da República espanhola é interceptada pelo pensamento liberal norte-americano do período compreendido entre a Independência e a Guerra Civil Americana.

No escopo dessa idéia de República é que se alojam tanto os fundamentos das bandeiras stalinistas por parte de Hemingway, como os que estão no cerne de sua crítica aos métodos soviéticos em *Por Quem os Sinos Dobram*.

3.2. A REPÚBLICA COMO DEVOÇÃO

Como em *Terra Espanhola*, também em *Por Quem os Sinos Dobram* a morte pela causa é investida de uma conotação sagrada. Seja no Quartel-General das Brigadas Internacionais, seja no

Hotel Gaylord, que é, no romance, reduto dos altos escalões soviéticos em Madri, as sensações de Robert Jordan não deixam margem a dúvidas quanto à articulação dos dogmas partidários com os religiosos no movimento que sacraliza a morte pela causa. Diz o protagonista:

> Em qualquer desses dois lugares, sentia-se que se estava participando de uma cruzada. Sentia-se, a despeito de toda a burocracia, ineficiência e disputa partidária, algo como o que se espera sentir e não se sente quando se faz a primeira comunhão. Um sentimento de consagração a um dever para com todos os oprimidos do mundo, tão difícil de falar a respeito como sobre uma experiência religiosa, e, no entanto, tão autêntica quanto a sensação que se tem quando se ouve Bach, ou se vê a luz penetrando pelas grandes janelas na catedral de Chartres ou de León, ou quando se contempla Mantegna, Greco e Brueghel no Prado. Era a integração em algo que se podia crer na sua totalidade e integralmente e na qual se sentia em confraternidade com todos os outros que estavam nele engajados. Era algo que jamais havia conhecido e que, experimentado agora, fazia com que sua própria morte não tivesse a mínima importância. A morte tinha que ser evitada apenas porque poderia interferir no cumprimento do dever. (p. 235; p. 212)

O trecho citado é interessante porque, ao sacralizar a morte como dever místico, leva-nos ao encontro da presença dos primórdios da cultura norte-americana na compreensão hemingwayana da luta política como fenômeno do universo religioso.

A teologização de um universo que está sendo compreendido como revolucionário é uma das características mais marcantes da produção discursiva contemporânea à Revolução Americana. Os sermões da época da Independência dos EUA revelam a maneira pela qual se interceptaram o discurso religioso e o político na legitimidade dada à luta contra a Inglaterra, de modo que o conflito pudesse ser absorvido pela profecia bíblica.

Por meio dessa operação ideológica, a causa americana passava a se identificar com a causa protestante, e os propósitos da luta contra a Inglaterra ampliavam-se a ponto de coincidir com a defesa da liberdade cristã, inserindo-se no âmbito de um conflito épico contra o pecado[2].

Entretanto, não se pode dizer que essa recuperação é uma característica específica de *Por Quem os Sinos Dobram*. A própria idéia da legitimidade da luta pela República e do antifascismo é

---

2. Robert Middlekauf, "A Ritualização da Revolução Americana", em Stanley Coben e Norman Ratner (orgs.), *op. cit.*, p. 72.

pontuada pelo liberalismo americano dos séculos XVIII e meados do XIX em toda a produção de Hemingway escrita durante a Guerra Civil.

Sem dúvida alguma, em *Por Quem os Sinos Dobram* o antifascismo é reenquadrado, o dogma da disciplina a qualquer preço é condenado e a República é aprendida na sua multiplicidade. Contudo, o que se passa entre a produção escrita durante e após o conflito indica muito mais uma reacomodação dos mesmos pressupostos ideológicos do que uma "ruptura", que só pode ser assim considerada se tomarmos as siglas partidárias como indicadoras plenas de discursos ideológicos.

Como já mencionamos no capítulo anterior, não se pode compreender o sentido político da ênfase dada por Hemingway durante o conflito à unificação do exército e à percepção do mesmo como luta contra o fascismo em nome da democracia, sem levar em conta os interesses e as prioridades estabelecidas pelo Comintern em relação à Guerra Civil.

Resumidamente, poderíamos afirmar que a presença da retórica stalinista na criação cultural de Hemingway durante a guerra se manifesta na exaltação da reforma militar, no afastamento da temática da revolução por meio da conjugação da guerra com a democracia, e no modo como se realiza a estetização da política em seus contos, peça e roteiro cinematográfico escritos durante o conflito.

Se o primeiro e o último aspectos dessa aproximação entre o escritor e o PC serão revistos em *Por Quem os Sinos Dobram* e "Under the Ridge", o mesmo não se pode dizer quanto ao segundo desses termos, isto é, a identificação do antifascismo com a defesa da democracia.

Ousaríamos afirmar que a aproximação de Hemingway com o Partido Comunista só foi possível porque esse discurso ideológico, ao atrelar a legitimidade da luta à defesa da democracia, viabilizava o diálogo com o liberalismo norte-americano, dentro do qual Hemingway se formou.

Quando no prefácio à obra de Gustav Regler, *The Great Crusade*, Hemingway conjuga a natureza da América à essência da antitirania, afirmando que o país era "suficientemente grande para acolher todos os Reglers que lutaram na Alemanha e na Espanha, que são contra todos os nazis e seus aliados, que honrarão a América pelo simples fato de viver nela, tanto quanto nós os auxiliaríamos, garantido-lhes o direito de asilo que sempre demos aos que lutaram em suas próprias terras contra a tirania e foram derrotados", alinhava a luta contra o fascismo à doutrina do *Senso Comum* de Thomas Paine. De fato, há muita similaridade entre o trecho citado e o seguinte de Paine:

> Este Novo Mundo tem sido abrigo dos perseguidos defensores da liberdade civil e religiosa de *todas as partes* da Europa. Para cá acorreram, vindos não do terno abraço materno, mas da crueldade do monstro; e no tocante à Inglaterra é ainda verdade que a mesma tirania que expulsou os primeiros emigrantes do próprio lar lhes persegue ainda os descendentes.
>
> Nesta extensa parte do globo, esquecemo-nos dos estreitos limites de trezentas e sessenta milhas (extensão da Inglaterra), e firmamos a nossa amizade em escala mais ampla; reivindicamos fraternidade com qualquer cristão europeu, e exultamos com a generosidade de tal sentimento[3].

Além do mito da vocação natural da América para a liberdade, refulge, ainda, por trás das palavras de Hemingway, o mito da colonização da América como instrumento da Providência, recurso ideológico eficaz para que a própria idéia da legitimidade da Revolução Americana pudesse aparecer como vinculada ao objetivo de atingir uma sociedade purificada com instituições imaculadas.

É dentro desse contexto ideológico que imprime um conteúdo verdadeiramente escatológico à luta política, traduzindo-a numa dicotomia entre o bem e o mal, o puro e o impuro, o natural e o artificial, que Hemingway pôde introduzir, por um lado, o conteúdo purgatório à luta de Robert Jordan em *Por Quem os Sinos Dobram* e, por outro, vincular a necessidade da suspensão do *Embargo Act* à missão histórica dos EUA na defesa universal da democracia.

Robert Jordan afirma que: "Ali conhecemos o êxtase purificador da batalha e nos libertamos do medo e lutamos todo o verão e todo o outono por todos os pobres do mundo, contra todas as tiranias, por tudo em que acreditávamos e pelo novo mundo dentro do qual havíamos sido educados" (p. 236; p. 213).

Ainda dentro dessa mesma perspectiva, que articula a tradição da liberdade à natureza americana e estabelece o fundamento épico para a história, é que Hemingway chama a atenção para a defesa da democracia como patrimônio norte-americano para o mundo.

Em um de seus inúmeros artigos pró-intervencionismo americano na Guerra Civil, Hemingway procurava esclarecer a opi-

---

3. Para uma visão geral da obra de Paine, com destaque para como ela se contrapõe à de Burke, vide Vernon Louis Parrington, *Main Currents in the American Thought*, Nova York, Brace and Co., 1930, vol. I, pp. 327-341.

nião pública americana quanto aos fundamentos do "realismo de Chamberlain" que o governo Roosevelt corria o risco de incorporar, acentuando o quanto esse pensamento político era estranho aos norte-americanos.

Quando a Guerra Civil Espanhola começou, o governo britânico guiava sua política externa visando coibir a aproximação entre a Alemanha e a Itália e obstruir o fortalecimento da URSS, que levaria à expansão da revolução comunista[4].

O temor de uma possível "sovietização" da Espanha por parte dos conservadores britânicos não era infundado, uma vez que a concretização dessa possibilidade comprometeria os vultuosos investimentos ingleses ali, que compreendiam a posse da quase totalidade das grandes jazidas de cobre espanholas.

Tais interesses fizeram com que, no início da Guerra Civil Espanhola, alguns círculos conservadores ingleses considerassem que uma Alemanha forte era a condição *sine qua non* para a salvação da Europa dos "tentáculos de Stalin", justificando sua "neutralidade" em relação à República Espanhola, identificada como "ameaça vermelha".

Foi, aliás, esse pressuposto político que embasou a atitude condescendente da Inglaterra frente à remilitarização da Renânia por parte da Alemanha em março de 1936.

Contrariando as expectativas dos acionistas ingleses, poucos meses depois do início da Guerra Civil, Franco confiscou a produção de cobre do Rio Tinto (de propriedade inglesa) e a revendeu para a Alemanha.

O imperialismo nazista precisava, para se concretizar, de volfrâmio, mercúrio, zinco, cobre e ferro para fabricar armamentos. A Espanha possuía todos esses minérios. Entre 1937 e 1938 vários carregamentos de minério de ferro foram exportados para a Alemanha e, em novembro de 1938, em troca de um grande carregamento de armas importante para o desfecho da Guerra Civil, Franco permitiu que companhias alemãs participassem, em grande escala, nas minas espanholas e que controlassem as do Marrocos Espanhol.

---

4. Nossas considerações sobre os interesses britânicos e alemães na Espanha durante a Guerra de 1936 baseiam-se em David Smyth, "Reacción Refleja: Alemania y el comienzo de la Guerra Civil Española"; Angel Viñas "La Financiación de la Guerra Civil", ambos em Paul Preston (org.), *Revolución y Guerra en España*, Madri, Alianza Editorial, 1956, pp. 205-234 e A. Viñas, "Los Condicionantes Internacionales", em M. Tuñon de Lara *et al.*, *La Guerra Civil Española – 50 Años Después*, Barcelona, Editorial Teide, 1985, pp. 125-194.

No decorrer da Guerra Civil Espanhola, a Alemanha organizou uma importante operação para desviar a produção de minérios de ferro para abastecer suas indústrias. Ainda que, segundo especialistas, esse era um subproduto da intervenção alemã no conflito e não seu objetivo principal, graças à intervenção na Espanha, a Alemanha nazista já possuía em 1939 importantes reservas de minérios para iniciar a Segunda Guerra Mundial.

Neville Chamberlain passou a ocupar o cargo de Primeiro-Ministro da Grã-Bretanha em 17 de maio de 1937, iniciando, imediatamente, sua famosa "política de apaziguamento" (*appeasement*), cujo objetivo primordial era impedir a eclosão de um conflito internacional, por meio do controle do imperialismo da Alemanha nazista (que, entre outros problemas, punha, também, em risco as jazidas de cobre britânicas na Espanha) e da Itália fascista.

Dois marcos dessa política britânica foram a assinatura do pacto anglo-italiano de 16 de abril de 1938, que reconhecia a presença italiana na Espanha até o final da Guerra Civil, a despeito da Política de Não-Intervenção européia, e a aceitação das novas fronteiras da Alemanha que anexava, em setembro de 1938, os sudetos, incorporando os habitantes alemães e seu território ao Terceiro Reich, privando a Tchecoslováquia de suas principais linhas de defesa.

Em nome do *appeasement* de Chamberlain, sacrificar-se-iam a Espanha e, posteriormente, a integridade do território tcheco, mas mantinha-se a crença que, desse modo, seria possível conter o imperialismo nazista.

Conforme Hemingway afirmava em seu artigo "Call for Greatness" (*Ken*, 14 de julho de 1938), o substrato da política de Chamberlain nada mais era do que a defesa de uma classe de acionistas que tinham interesses na continuidade da guerra e por isso precisavam da vitória fascista, implicitamente garantida pelo não-intervencionismo europeu.

Contudo, a perspicácia do escritor com relação aos interesses britânicos na guerra não se mantém na abordagem da política externa do governo Roosevelt. Imbuído do arcabouço ideológico com que a democracia americana se apresenta ao mundo e aos norte-americanos, Hemingway não consegue entrever os interesses de classe que fundavam a Política de Neutralidade dos EUA durante a Guerra Civil Espanhola.

A retração dos governos francês e inglês diante dos acontecimentos que se desenrolavam na Espanha, a partir do levante militar comandado por Franco, solidificava as restrições do Secretário de Estado do governo Roosevelt, Cordell Hull, o qual, sustentando-se na lei que previa a neutralidade americana diante de conflitos externos, era contra o envolvimento dos EUA na Guerra Civil Espanhola.

Entretanto, a norma legal em que se apoiava o Secretário de Estado e que implicava, também, a proibição de exportação de material de guerra não se aplicava a situações de guerra civil.

Ainda assim, decidiu-se, no dia 5 de agosto de 1936, pela neutralidade americana em relação à Guerra Civil Espanhola, cujo fruto foi a determinação do "embargo moral" à venda de armas para a Espanha. (Posteriormente, em maio de 1937, o embargo passou a ser legal e oficial.) De modo que, em tese, caberia à consciência de cada cidadão americano vender, ou não, armas às facções em luta na Espanha.

Contudo, a negativa de venda de munição, requisitada pela Embaixada da Espanha em Washington, e os argumentos de William Philips, na qualidade de Secretário de Estado Interino e como embaixador norte-americano na Itália, contra a venda de armas ao governo republicano espanhol, afirmando que o triunfo da República representaria um grande estímulo ao movimento comunista, deixavam claro para que lado pendia a "moralidade" do governo americano na época.

Enquanto as empresas interessadas em vender armas ao governo republicano recebiam apenas respostas frias do Departamento de Estado norte-americano, outras que, supostamente, vendiam material que não tinha finalidade de uso militar conseguiam vender sem constrangimentos seus produtos aos franquistas.

Assim, empresas como a Texaco, Ford, General Motors, Studebaker abasteceram os franquistas com materiais importantíssimos para o sucesso de suas operações militares mecanizadas, provendo-os com veículos, autopeças e combustível.

Não se pode esquecer também que entre os funcionários do Departamento de Estado, favoráveis à vitória de Franco na época da Guerra Civil, figurava nada mais, nada menos do que James C. Dunn, embaixador americano na Espanha em 1953, articulador dos "pactos de Madri" e do plano de instalação das bases de mísseis americanos em território espanhol.

Além de servir aos interesses geopolíticos dos EUA, a Espanha converteu-se, também, em um grande mercado para a indústria cultural e para a penetração de tecnologia americana nos anos 40 e 50[5].

---

5. Uma amostra significativa da penetração da indústria cultural norte-americana é dada em um romance de Terenci Moix que focaliza muitas das

Hemingway, entretanto, não considera tais problemas como pertinentes à mobilização da opinião pública em prol da República Espanhola. Conforme o que afirma em "Call for Greatness", opõe os fundamentos classistas da política externa inglesa às supostas bases da democracia americana.

Para o escritor, o que diferenciava o governo do Presidente Roosevelt do de Chamberlain era um corpo de "princípios", princípios esses que Hemingway não explicita, mas que faziam com que o presidente norte-americano governasse em nome do povo. Tendo o povo atrás de si, ele não tinha razão alguma para não se opor ao fascismo.

Em "The Time Now The Place Spain" (*Ken*, abril de 1938) Hemingway afirma que a defesa da República era o único meio de conter o fascismo. Além de todos os problemas que acarretava para a vida democrática, o fascismo se caracterizava, também, como invasor. Por isso, não havia discussão possível sobre a necessidade de suspensão do embargo americano de armas à Espanha, a menos que se apelasse para um elemento exterior ao pensamento político dos EUA.

Cinco meses depois em "False News to the President", (*Ken*, 8 de setembro de 1938), declarava que:

a questão da suspensão do embargo de modo que armas pudessem ser vendidas para a República espanhola foi levada ao Senado. Era um assunto que interessava à América tanto quanto à Espanha, porque os interesses últimos de todas as democracias são inseparáveis. O problema proposto ao governo americano era o de se permitir ou não ao governo legal espanhol comprar armas nos EUA para defender-se de uma rebelião militar e de uma invasão da Itália e da Alemanha.

Hemingway retoma mais uma vez Thomas Paine que dizia no *Senso Comum*:

A causa da América é, em grande parte, a causa de toda a humanidade. Surgiram e surgirão inúmeras circunstâncias, não locais, universais, que influirão nos princípios de todos os amantes da humanidade, e em cuja ocorrência estarão interessados os seus afetos. Devastar a ferro e fogo um país, declarar guerra aos direitos naturais de toda a humanidade, e extirpar da face da terra os seus defensores, são coisas que dizem respeito a todo homem a quem a natureza deu o poder de sentir.

Paine não é uma voz solitária no coro da sagração da América. Um dos mais célebres "pais fundadores" chama a atenção pa-

---

transformações sofridas pela Catalunha durante o regime franquista. Vide Terenci Moix, *O Dia em que Marilyn Morreu*, Rio de Janeiro, Globo, 1987.

ra o fato de que o direito à liberdade é um direito natural e que o resguardo institucional desse direito impõe a responsabilidade da América perante a humanidade.

"A liberdade é uma dádiva da natureza", observava Jefferson em uma carta de 1813, cujo destinatário é desconhecido, dádiva esta que confere aos homens o direito de autogoverno, pois como assinalara em 1790 "eles recebem esse direito juntamente com o seu ser das mãos da natureza".

A democracia é a própria experiência desse estado de natureza, uma vez que "os indivíduos exercem esse direito pela sua própria vontade e os agrupamentos de homens pela vontade da maioria, pois a lei da *maioria* é a lei natural de todo homem na sociedade", explicava em sua "Opinião a Respeito da Transferência do Governo para Potomac" (15 de julho de 1790).

A existência de instituições capazes de resguardar o exercício da liberdade e do autogoverno garante a democracia americana e a torna exemplar.

Segundo ainda Jefferson, em carta a R. Rush de 1820:

> Nós existimos e somos citados como provas concretas de que um governo moldado de forma a residir continuamente na vontade de toda a sociedade é um governo praticável. Se nos esfacelarmos, extinguiremos as esperanças e os esforços dos bons e daremos o triunfo aos maus de todo o mundo escravizado. Portanto, como membros da sociedade universal da espécie humana, e ocupando o alto posto de responsabilidade perante eles, é nosso sagrado dever suprimir as paixões entre nós e não dissipar a confiança que inspiramos, como prova de que um governo da razão é melhor que um da força.

É especialmente a defesa da democracia como patrimônio da América para o mundo que sustenta a argumentação de Hemingway no combate à Política de Neutralidade dos EUA.

O escritor reavivava, ainda, em "False News to the President" (*Ken*, 8 de setembro de 1938), o espírito da constituição norte-americana no âmbito da Guerra Civil Espanhola, acentuando o caráter legal do governo republicano e legitimando sua luta armada, lembrando que é direito do povo livrar-se de qualquer forma de despotismo, retomando, mais uma vez, o ideário jeffersoniano.

Na medida em que o Comintern colocava a legitimidade da Guerra Civil no escopo da defesa da democracia contra o fascismo, permitia que o liberalismo de Hemingway dialogasse com os supostos objetivos soviéticos na Espanha.

Situando-se na superfície dos interesses declarados pelo Comintern na Espanha, Hemingway tomou sua luta contra o fascismo como sendo essencialmente uma luta pela democracia. A argumentação presente nos seus artigos durante a Guerra Civil leva a crer que a introjeção da imagem da democracia norte-americana formulada no âmbito da teoria política, que legitimou a fundação dos EUA, é tão profunda em Hemingway que impedia que o escritor tivesse uma visão crítica com relação ao desempenho da URSS na Espanha.

Recuperando o pensamento político da "fundação da América", Hemingway tanto se aproxima do stalinismo durante a Guerra Civil, quanto faz suas críticas aos métodos do PC e dá a sua própria visão do conflito como choque entre a natureza e a civilização, orientada para a redenção da humanidade.

O reposicionamento de Hemingway em relação à participação soviética na Guerra Civil se manifesta em *Por Quem os Sinos Dobram* no enfoque de diversas expectativas embutidas na defesa da República que não passam, necessariamente, por um conjunto de propostas sistematizadas em um programa partidário. Essa multiplicidade se choca frontalmente com a produção escrita durante a guerra, em que a vitória da República aparece condicionada ao compromisso com as deliberações do Comintern sobre a questão militar[6].

Focalizando a vida de um bando guerrilheiro durante os preparativos da explosão da ponte sob o comando de Robert Jordan, Hemingway, apesar de manter os mesmos clichês de apreciação sobre as tropas do POUM e dos anarquistas, introduz elementos até então inéditos na sua produção sobre a Guerra Civil, que multiplicam notavelmente o sentido da causa republicana.

O próprio fato de eleger a guerrilha como campo de atividades de Jordan já indica uma releitura do conflito, numa tentativa de aproximação das formas de organização armada mais caracteristicamente espanhola, em detrimento do espaço anterior onde se concentravam suas reflexões, os corpos do exército sob comando soviético ou comunista.

---

6. A crítica ao stalinismo em *Por Quem os Sinos Dobram* sugere-nos uma outra via de interpretação do romance no âmbito do "god that failed" característico dos anos 40. Apesar de nos limitarmos nesse trabalho aos fundamentos liberais implícitos em seu movimento de aproximação e distanciamento do PC, lembramos o intenso debate que mobilizou a esquerda norte-americana da época em relação ao stalinismo. Nesse sentido, v. Alan M. Wald, *The New York Intellectuals – The Rise and Decline of the Anti Stalinist Left from the 1930s to the 1980s*, Chapel Hill, The University of North Carolina Press, 1987.

Por um lado, a eleição do bando guerrilheiro para centralizar a narrativa é um dos indícios mais claros da abordagem romântica que Hemingway imprimiu à sua leitura da Guerra e nos remete à problemática do conflito entre a natureza e a civilização tematizada no romance, na medida em que contrapõe a comunidade primitiva e espontânea às formas de organização vinculadas ao Estado moderno e "artificial", fazendo-nos recordar novamente Paine, para quem "o governo, como a vestimenta, é o emblema da inocência perdida".

Mas, por outro lado, a constituição do bando, no que diz respeito às crenças políticas de seus membros, não deixa de fomentar a compreensão da causa republicana como múltiplas possibilidades em aberto, contrariando vigorosamente a perspectiva homogeneizadora dos despachos, *A Quinta-Coluna* e *Terra Espanhola*.

Enquanto na peça teatral de Hemingway a causa dos republicanos é sinônimo de causa comunista, nem sequer havendo referência a outras causas, em seu romance sobre o conflito é impossível estabelecer um sentido único para a causa, sendo mais preciso discutir as causas em jogo na idéia de República.

Tampouco podemos delinear propostas ou projetos definidos do que representa a República para cada um dos membros do bando, mas é possível perceber que a República encobre não uma única proposta, mas futuros diversos que se confundem com a visão de um novo tempo.

Nesse sentido ela pode, simultaneamente, ser partidária para alguns, como para o comunista Primitivo; ligada ao instinto da liberdade, como para a cigana Pilar e, num primeiro momento, para Pablo; unida à secularização dos ideais cristãos, como para Anselmo; circunstancial, como para Andrés e Rafael; presa à tradição familiar, como para Maria, e assim por diante. Contudo, quem nela crê fielmente, vislumbra o tempo da liberdade.

Para o velho Anselmo, a instituição da República introduz novas referências culturais, que se chocam com sua formação cristã e lhe impõe o tormento de não saber como portar-se diante do universo da matança na guerra, para ele diretamente associada ao pecado, e angustiante, na medida em que o faz questionar: "Desde que não temos mais Deus, nem o Filho nem o Espírito Santo, quem pode perdoar?"

Mas se há dúvida sobre como a República encaminhará esses assuntos, para os quais "a Igreja estava muito bem organizada", nada põe em questão sua certeza de que é necessário ganhar a guerra, custe o que custar, para cultivar a justiça e o amor entre os homens.

É justamente esse conteúdo que vincula a luta ao tempo da comunhão, que o faz acreditar que exterminar os inimigos não leva a lugar nenhum, "porque de suas sementes nasceria ainda mais ódio".

E ainda:

> – Devemos tratar de ganhar a guerra e não fuzilar ninguém. Devemos governar com justiça, todos participando das vantagens de acordo com o sacrifício feito. E os que nos combatem deverão ser educados de modo a reconhecerem o seu erro. [...] Não devemos fuzilar ninguém. Nem mesmo os chefes. O que se deve fazer é reformá-los pelo trabalho. (pp. 285-286; p. 258)

Pilar é "pela República e a República é a ponte", porém faz questão de deixar claro para Jordan que não estabelece qualquer tipo de vínculo entre sua causa e a política.

Jordan se irrita com o fato de a cigana ter se dirigido a ele como "Don Roberto", mesmo sendo por brincadeira. Considerava que a única maneira de se tratarem uns aos outros com seriedade naquela guerra era por "camarada", pois "nas brincadeiras é que começava a podridão".

Pilar fica perplexa e lhe acusa de agir muito religiosamente com relação a suas convicções políticas e quer saber se ele nunca faz piadas. Jordan lhe diz que gosta muito de piadas, mas não quando se referem ao modo como se estabelece o tratamento pessoal. Aí o assunto para ele "é como uma bandeira".

> Eu poderia fazer piadas sobre uma bandeira. Qualquer uma, riu a mulher. Para mim, tudo é motivo de troça. À antiga bandeira amarela e vermelha, chamávamos pus e sangue. À bandeira da República, a qual juntaram a cor púrpura, chamamos sangue, pus e permanganato. É uma brincadeira. (pp. 65-66; p. 58)

Augustín, por sua vez, acredita na República como revolução que, quando vitoriosa, deveria promover o fuzilamento dos "anarquistas, comunistas e toda essa canalha, exceto os republicanos".

Em contraposição, para Fernando a causa republicana passa pela da dignidade. É por uma questão de dignidade que ele não dá ouvidos aos boatos sobre o desenrolar da Guerra, e é pela dignidade que ele combate os fascistas e acredita que deve derrotá-los.

A defesa da República implica uma dimensão tão ampla que permite conviverem, sem que se excluam ou indiquem um sentido orientador para o projeto republicano, tanto a presença da infantilidade do cigano Rafael, que participa da guerrilha por acreditar que não se faz uma revolução para acabar no exército e para poder matar impunemente, quanto a execrável guerra dos generais, que só se efetiva no papel, sem derramamento de sangue ou atitude prática.

Mesmo porque a própria pertinência a um lado ou outro do conflito pode remeter tanto à mais circunstancial casualidade, como nos deixa claro Andrés que considera que se o pai não tivesse sido republicano, tanto ele como o irmão seriam soldados fascistas, quanto pode também invocar o peso de uma sólida tradição republicana que se confunde com a "luta pela liberdade", como no caso de Jordan.

As idéias de República, portanto, são vagas. No máximo, se explicitam como um novo tempo. Indicam, assim, apenas muito sutilmente, uma revisão do alinhamento com o PC pela simples introdução da multiplicidade de anseios em jogo na defesa da República, que transcendem a luta política organizada e partidária.

Entretanto, a forma como Jordan legitima seu envolvimento na Guerra Civil, bem como o drama que se estabelece entre sua satisfação pessoal e o sacrifício pela humanidade, e o dilema da legitimidade de sua causa expressam o modo pelo qual os fundamentos da ideologia liberal norte-americana estão profundamente relacionados não só com a crítica de Hemingway ao PC, mas, também, com o que é estabelecido como o perfil heróico de Robert Jordan.

Ao colocar o protagonista como herdeiro de uma linhagem de defensores da causa republicana, que se inicia com a participação de seu avô na Guerra de Secessão, Hemingway, ao mesmo tempo em que atrela o envolvimento de Robert Jordan na Guerra Civil Espanhola ao passado heróico dos EUA, reforça a perspectiva romântica da história como evolução movida por forças imanentes.

A referência à Guerra Civil Americana funciona como o ícone ideológico de uma saga orientada em direção ao futuro dos homens livres e como a fonte de inspiração para as atitudes de Jordan.

Jordan resgata a Guerra de Secessão tanto como luta por um futuro de liberdade quanto no que tange à sua educação militar e formação como homem – entendido como corajoso e forte.

A Guerra Civil Americana aparece como o espírito de luta que move Robert Jordan, mesmo quando tudo parece perdido.

A explosão da ponte foi, tecnicamente, um sucesso, mas Jordan está ferido e não pode acompanhar o bando na fuga. Apesar de saber que não poderá compartilhar da humanidade redimida, sente-se um membro dela, tanto que se equipara ao avô. Dialogando com sua consciência, nos últimos instantes de vida, o protagonista diz:

> Por um ano combati pelo que acreditava certo. Se vencermos aqui, venceremos em toda parte. O mundo é belo e merece que se lute por ele, e dói-me deixá-lo.

Na seqüência, sua "voz" interior o conforta, afirmando:

> E, no entanto, teve muita sorte em ter uma vida tão boa. Sua vida foi tão boa como a de seu avô, apenas mais curta.

A dor do ferimento de Jordan aumenta, mas ele não pode fazer aquilo que seu pai fez, cometer o suicídio. A memória do avô, sua tradição heróica impedem-no. Tem de esperar. Morrerá, certamente. Mas isso nada justifica, nem sua dor. Pilar já havia lido seu destino, sabia que estava fadado a este fim quando Golz lhe passou a missão; uma hemorragia interna consumia-lhe suas últimas forças, mas não cometeria o suicídio. Suportaria estoicamente seu sofrimento em nome da luta pelo mundo livre e tentaria matar o oficial falangista que subia a montanha em sua direção.

Compreendera o pai, perdoara-lhe até, mas não podia suicidar-se. Pertencia a outra estirpe de homens, e como tal tinha uma missão; ainda poderia fazer algo por ela. Sua consciência o estimula, conversando com ele: "Se esperar um pouco mais, e se conseguir agüentar-se por mais um momento, poderá apanhar o oficial, e isso faz toda a diferença".

Essa aceitação do caráter árduo da vida que exalta o esforço físico e cultua o estoicismo como condição do heroísmo é o que Hemingway, por meio de Jordan, resgata com a educação militar recebida do avô, fazendo com que possamos entrever a força com que a ideologia do período Theodore Roosevelt se coloca na configuração do protagonista de *Por Quem os Sinos Dobram*.

À beira da morte, o *partizan* se recorda do avô comandante de um batalhão negro, de sua pistola Smith & Wesson, calibre 32, que trazia o US impresso no coldre, sempre bem azeitada, das balas embrulhadas e do fato de que, quando foi necessário, o avô usou-a para matar. Eram essas as memórias que possuía sobre os primórdios de sua educação militar, e era a presença do avô que invocava nas dificuldades que o posto de comando lhe impunha.

Com menos facilidade recordava, também, do dia em que voltou da escola e soube que o pai se suicidara com a mesma arma. No dia seguinte, ao recebê-la das mãos do *sherif*, como se não conseguisse encarar aquela arma, símbolo da tradição mais nobre de coragem e idealismo norte-americano, como testemunho daquilo que o jovem considerava como atitude covarde e falta de virilidade, atira-a ao rio.

Essa dicotomia coragem/covardia vai muito além de um trauma balizado pelo fato de Hemingway realmente ter tido um pai que se suicidou e um avô que combateu na Guerra Civil Americana e instituiu o culto a essa memória no seio da família do escritor. A recuperação desse dado biográfico orienta-nos no sentido de levar em conta as referências ideológicas em jogo no período da infância e da juventude de Hemingway.

Como nos chama a atenção Reynolds:

> Naquela época, Roosevelt estava no próprio ar que Hemingway respirava. Suas idéias e atitudes haviam se dispersado como pólen, saturando o cenário americano. *The strenuous life* tornou-se um clichê nas bocas dos sacerdotes, professores e pais. Roosevelt incitava os pais a "criar seus filhos não para diminuir as dificuldades, mas para encará-las e ultrapassá-las", não para lutar arduamente por uma vida de ignóbil facilidade, mas para lutar para cumprir sua obrigação.

O homem que aplicou como ninguém a política do *big stick* e *manifest destiny* não poderia ter encontrado um discurso ideológico mais eficaz do que aquele que advogava que um homem tem de estar apto a se defender, sendo que esta defesa tinha que se apoiar na coragem física e moral, sem que a presença de um desses atributos anulasse a necessidade do outro.

Se sua filosofia de vida parecia contrariar os ensinamentos contidos no Novo Testamento, pois para Theodore Roosevelt o homem que é golpeado e não revida a agressão não é só um covarde, mas também "uma criatura desprezível", ela se ajustava perfeitamente aos interesses geopolíticos de uma nação que havia acabado de lutar na Guerra Hispano-americana e que adentraria o século XX se arrogando o direito de intervir a todo momento nos países da América Central.

Theodore Roosevelt foi um mestre na arte de fazer publicidade em torno de si mesmo, construindo habilmente um mito pessoal alicerçado na auto-suficiência, na força física, na coragem e na paixão pela aventura e pelo exótico que se confundia com o "espírito" da América e dos seus cidadãos, respondendo às necessidades do imperialismo norte-americano de então.

Não se pouparam meios para disseminar seu discurso ideológico. Theodore Roosevelt, o presidente, o caçador que ia à África, o explorador dos mistérios da América do Sul (inclusive o Amazonas brasileiro), o herói de San Juan Hill. O homem que escrevia em revistas populares como a *National Geographic* e a *Outlook* onde, ao detalhar suas aventuras, fazia a apologia da vida árdua. O conquistador destemido que, quando foi à África para colher animais para a *Smithsonian*, levou uma equipe de cinema para fazer um documentário, apresentado também em Oak Park, cidade natal de Hemingway, e assistido por ele quando criança, anunciado como sendo sobre um homem que "pelos árduos feitos, e particularmente pelos seus, era a figura mais influente desde Napoleão".

A mensagem moral da lenda criada por e em torno de Roosevelt era simples: um homem de fibra moral e resistência física pode fazer tudo o que ele consiga imaginar fazer.

Nada mais de acordo com o fundamento das atitudes de Robert Jordan, atitudes essas que ele enraíza nos ensinamentos do avô, símbolo mais potente da recuperação do ideário do "herói de San Juan Hill", que Hemingway traz à tona no seu único romance em que o protagonista se empenha numa luta pelo futuro da humanidade.

Paradoxalmente, Hemingway que em toda sua literatura dedicada ao tema da Primeira Guerra Mundial, negou todo esse arcabouço ideológico por meio de protagonistas como Jake Barnes de *The Sun Also Rises* (*O Sol Também se Levanta*, 1926) e Frederick Henry de *Adeus às Armas*, onde a experiência da guerra e o convívio com a violência justificam sua impotência e seu medo, movendo-os em direção à busca de uma *separate peace*, se reconcilia com ele no momento em que se propõe a lutar contra o fascismo em nome do futuro da humanidade no tempo da liberdade.

Lutar pelo mundo livre. Essa é a tradição que Jordan atribui à história dos homens que o educaram, ignorando ou ocultando todas as implicações ideológicas que acompanham tal grito (de guerra, na maior parte das vezes), e transformando a história em espírito movido por forças imanentes que configuram o norte-americano como essencialmente ligado ao direito à liberdade e justificam a participação de Robert Jordan no conflito em defesa da República, sem inseri-la no âmbito de qualquer projeto político claro, mas profundamente atrelada a um conjunto de ideais.

Ideais esses que se explicitam quando Jordan esclarece, num dos muitos diálogos travados com sua "consciência", que não tem uma concepção materialista da sociedade, pois

> Marxista sincero não é e bem sabe disso. Acredita em Liberdade, Igualdade e Fraternidade... Acredita na Vida, na Liberdade e na Busca da Felicidade (p. 305; p. 274).

Jordan retoma a Declaração de Independência dos Estados Unidos, que é profundamente marcada pela teoria política de Jefferson e, particularmente, pela expressão *busca da felicidade* ao lado dos outros direitos inalienáveis do homem (vida e liberdade).

Tal expressão, ao invés do termo *felicidade pública*, muito mais presente na literatura política da época da Independência dos EUA, segundo Hannah Arendt, é, conforme ainda a autora, o que tornou o documento em apreço impreciso no que se refere à distinção entre felicidade pública e privada, pois *busca da felicidade* guarda um duplo sentido que remete tanto à busca do bem-estar pessoal, quanto ao direito e à participação nos negócios públicos.

O termo *felicidade pública*, na época da Independência dos EUA, referia-se ao tipo de liberdade usufruída pelos colonizadores e que "consistia no direito de acesso do cidadão à esfera pública, em sua participação no governo [...] em contraposição aos direitos, amplamente reconhecidos, de serem os súditos protegidos pelo governo em busca de sua felicidade pessoal".

Muito embora se possa discordar do modo como a autora entende a história da Independência dos EUA, essa ambivalência entre o público e o privado é relevante para compreender mais um dos pontos da revisão de Hemingway relativa ao antifascismo do PC à luz de um dos segmentos mais importantes da teoria política norte-americana, o pensamento de Jefferson.

3.2.1. Causa x Indivíduo

Tanto em *A Quinta-Coluna* como em *Por Quem os Sinos Dobram* os protagonistas-militantes vivem a angustiante situação de ter que se dividir entre sua realização afetiva e o cumprimento de seu dever para com a humanidade.

A divisão não é do tipo de organização do tempo que pode ser dedicado a uma ou outra prioridade, mas um dilema propriamente dito, pois tanto para Philip Rawlings quanto para Robert Jordan qualquer uma das opções implica em entrega absoluta e exclusiva.

A escolha não é fácil. Nenhum dos dois acredita que o sacrifício pelo coletivo possa sanar suas necessidades individuais. Cansado de viver num ambiente circundado pela morte e pela destruição, com medo de ser ferido ou morto, Philip declara seu amor a Dorothy, pede-a em casamento e expressa seu desejo de sair da guerra.

Apesar de sua convicção, Philip não consegue justificar sua decisão em uma discussão com Max, porque a causa parece ainda falar-lhe mais alto do que suas aspirações pessoais. Diante de sua argumentação, Max lhe contrapõe:

> Você faz isso para que *todos* tenham um café da manhã como este. Você faz isto para que nenhum homem tema pela sua saúde ou pela sua idade, para que eles possam viver e trabalhar com dignidade e não como escravos.

Nesse ponto, recomeça o bombardeio contra Madri.

> Está escutando? Você faz isso por todos os homens. Você faz isso pelas crianças. Às vezes você faz isso até pelos cachorros. (pp. 76-77)

Philip resolve abandonar Dorothy. Dorothy não é comunista, não compartilha de sua causa. Ademais, ela só faz sentido no seu plano individual. Foi difícil, por um momento, mas não impossível fazer uma opção. Philip, como militante exemplar, pôde renunciar a si mesmo em nome da causa.

Sua vida não comporta o amor. Dorothy é inútil no seu mundo. "Para onde eu for agora, vou sozinho, ou com outros que forem para os mesmos lugares pelas mesmas razões que eu", diz ele na separação.

O mesmo não acontece com Jordan. Logo na abertura do romance, antes de conhecer Maria, o protagonista é descrito de modo a convencer o leitor da frieza do militante que, de antemão, adverte-nos da inexistência de tempo para mulheres em seu esquema de vida.

Mas durante as quase 72 horas de vida que Jordan desfruta com Maria é possível acompanharmos o percurso do abalo dessa certeza militante. Primeiramente, o protagonista deixa claro sua divisão. Depois de passar sua primeira noite com Maria, afirma que, com a vida que leva, não pode ter uma mulher. Porém, naquele agora ela seria sua esposa.

O primeiro abalo, portanto, de sua entrega à causa se configura pela delimitação de um espaço para sua vontade individual. Contudo, é quando Jordan descobre o quanto ama e necessita do amor de Maria que se torna claro que o conflito que sustenta o seu dilema é a discussão entre os limites entre o direito individual e a lei da maioria.

Enquanto Philip Rawlings, submetido aos princípios da ortodoxia comunista, não pode sequer pensar na legitimidade de suas aspirações pessoais, Robert Jordan percebe que a perda do direito individual implica a perda da crítica.

> Isso foi uma das coisas que dormir com Maria tinha feito. Chegou a ficar bitolado e obtuso como um Batista obstinado na sua convicção política, de modo que frases como inimigos do povo vinham à sua mente sem que as criticasse. Sua mente empregava qualquer tipo de *clichés*, revolucionários ou patrióticos, sem qualquer crítica. [...] Para ser fanático você tem que estar absolutamente seguro de que está certo e nada possibilita tanta certeza e segurança como a continência. Continência é o inverso de heresia.
> Quanto resistiriam essas premissas se ele as examinasse? Esta deveria ser a razão dos comunistas condenarem a boemia. Quem está bêbado, cometeu adultério ou procurou mulheres reconhece a falibilidade desse substituto para o credo dos Apóstolos que é a disciplina partidária. Abaixo a boemia, o pecado de Maiakovsky.
> [...]
> Maria havia sido um caso sério para seu fanatismo. Não chegara tão longe a ponto de afetar sua resolução, mas de boa vontade desistiria de terminar como um herói ou como um mártir. Não. Queria passar algum tempo com Maria. Essa era a mais simples expressão de tudo. Queria passar um longo, longo tempo com ela. (p. 164; p. 149)

A paixão por Maria reacende, assim, um dos pressupostos mais fundamentais do pensamento de Jefferson, claramente expresso em uma carta para Madison de 1787, onde afirmava que:

> Não tenho direito a nada que outro tenha o direito de me tirar [...] e uma carta de direitos é o que o povo está autorizado a ter contra todos os governos da terra, gerais ou particulares, e que o governo não deve recusar nem nela opinar.

Se a lei da maioria é a lei natural do homem em sociedade, a democracia impõe uma empreitada de equilíbrio entre ambas. Nesse sentido, Jefferson declara em seu discurso de posse, quando assumiu a presidência em 4 de março de 1801:

[...] Conquanto a vontade da maioria deva prevalecer em todos os casos, essa vontade, para ser legítima, tem que ser razoável: que a minoria possua direitos iguais, protegidos por leis iguais e que violá-los seria opressão.

Quando Jordan percebe que seu amor por Maria é subversivo, na medida em que o faz questionar o caráter opressivo de uma lei totalizadora, que se parece a um dogma religioso por não respeitar o direito individual, parece querer nos lembrar o pai fundador que dizia que "é completamente infundada a idéia de que, ao entrarmos na sociedade, renunciamos a qualquer direito natural".

Ao mesmo tempo, nos recorda que o objetivo da ciência política é conseguir, como pensava Paine, retomando Dragonetti, elaborar um "modo de governo que contenha a maior soma de felicidade individual com menor dispêndio nacional".

Talvez o mais interessante no pensamento de Thomas Jefferson seja a reflexão contínua sobre os limites entre os direitos do homem individualmente e em sociedade, atentando, particularmente, para o problema da tirania. Esses limites são pensados sob as duas perspectivas, ou seja, tanto pelo que o direito da maioria pode acarretar de opressivo, quanto pelo modo como a liberdade individual pode desembocar no despotismo.

Tal ambivalência da questão não é ignorada por Hemingway em *Por Quem os Sinos Dobram*. O conflito entre a causa e o indivíduo manifesta a problemática da tirania no que diz respeito à extensão do poder sobre a vida de um outro homem, introduzindo, no questionamento de Jordan e Anselmo sobre a legitimidade de matar um outro homem, o debate sobre o código ético do combate.

A possibilidade da morte do bando que o acompanha na ação da ponte obriga Jordan a questionar-se sobre a sua responsabilidade:

Todos os trabalhos que os *partizans* haviam feito sempre trouxeram azar e perigo para os que os acolhiam e trabalhavam com eles. E para quê? Para que eventualmente não houvesse mais perigo e o país se tornasse um bom lugar para viver. Essa era a verdade, não importa o quanto desgastada ela parecesse.
Se a República perdesse, tornar-se-ia impossível para os que nela acreditaram continuar a viver na Espanha. Seria mesmo? Sim, sabia que seria pelas coisas que já estavam acontecendo nos lugares que os fascistas já haviam conquistado. (pp. 162-163; p. 148)

Colocar a vida dos seus semelhantes em jogo justificava-se, portanto, por um bem maior, a transformação da Espanha num "bom lugar". Mas Jordan não se acalma. O tormento da morte dos outros sempre retornava, porque as demolições que havia presenciado e comandado pareciam arrastar consigo mais danos do que a legitimidade da luta poderia abarcar.

Por uma questão tática, estava sob a disciplina comunista enquanto a guerra durasse. Acreditava que só os comunistas possuíam um programa partidário aceitável na condução da guerra, mas "não possuía política alguma". Acreditava na República e no seu amor pela Espanha. As discussões sobre o planejamento da sociedade depois da guerra eram para os outros, não para ele.

Nesse sentido, seu problema e sua responsabilidade eram meramente técnicos. Nem tanto. Dialogando, mais uma vez com sua consciência, Jordan percebe que

> Uma vez aceita a idéia da demolição como um problema, a coisa passava a ser apenas um problema. Mas muitas coisas que não eram boas acompanhavam as demolições e só Deus sabe com que facilidade você as aceitou. Havia sempre o constante esforço para aproximar-me das condições do assassínio bem-sucedido que acompanhavam a demolição. Será que as grandes palavras faziam-nas mais defensáveis? Faziam o assassinato mais palatável? (p. 165; p. 150)

Jordan diz que "não tem nenhuma política", mas sempre que tenta se convencer da legitimidade de sua luta, traz à tona os princípios do republicanismo de Jefferson e os funde à preocupação com a ética de combate que já aparecia em seus estudos sobre a tauromaquia de *Death in the Afternoon* (*Morte na Tarde*, 1932). A crise de Jordan diante do corpo do jovem falangista de Navarra que revistava evidencia a relação:

> Mas não é tão fácil assim não pensar nisso. Quantos você já matou? Perguntou Jordan a si mesmo. Não sei. Acha que tem o direito de matar alguém? Não. Mas fui obrigado a fazê-lo. Quantos dos que você matou eram verdadeiros fascistas? Muito poucos. Mas eles são o inimigo a cujas forças estamos opondo a nossa. Mas você gosta das pessoas de Navarra mais do que qualquer outra região da Espanha. Sim. E mesmo assim você os mata. Sim. Não sabe que é errado matar? Sim. Mas mata? Sim. E continua a acreditar que sua causa é justa?
> É justa, disse a si mesmo, não muito convencido mas orgulhoso. Acredito no povo e em seu direito de governar-se como queira. Mas você não pode acreditar no direito de matar. Tem de fazê-lo como uma necessidade, não por direito. Se admite o direito de matar, então, está tudo errado. (pp. 304-305; p. 273)

No próprio corpo do pensamento republicano de Jefferson e, principalmente, no que ele foi retomado posteriormente por Jackson, se entende como Jordan pode falar ao mesmo tempo em não ter política alguma, acreditar na República e defender o governo. Segundo Jefferson esclarecia em carta a Rutledge, datada de 1787, a "abençoada" forma de governo norte-americana só poderia ser comparada com a dos índios, que a superava pelo simples fato de possuir ainda menos leis que a dos norte-americanos.

Nessa linha de raciocínio defende, ao contrário de Adams, a natureza de uma constituição honesta pelo modo como ela pode ser feita e desfeita, insistindo que a boa constituição é a que garante o direito do povo de disciplinar e controlar o governo.

Ampliando essas considerações, Jackson afirma uma crença absoluta na capacidade de autogoverno do "virtuoso" povo americano, não existindo, portanto, nenhuma necessidade prática de instituir-se diferenças entre governantes e governados.

Convém lembrar que é no âmbito desse corpo de premissas que Hemingway realiza sua relativização da disciplina em "Under the Ridge" e em *Por Quem os Sinos Dobram*. Valendo-se do princípio de que nenhum homem tem mais direitos do que os outros e que jamais o direito da maioria poderá sufocar a realização individual, não se justificam mais os métodos soviéticos defendidos pelo escritor durante a Guerra Civil Espanhola.

Contudo, resulta dessa curiosa equação jacksoniana de igualdade entre governantes e governados, onde toda distinção entre governo e sociedade é abolida, que o problema político é negado e o interesse público não precisa ser definido. "A sociedade não passava da soma de interesses individuais. A corrupção seria evitada negando-se o poder a qualquer indivíduo, ou grupo de indivíduos. Deixe cada homem livre de restrições externas e a boa sociedade surgirá espontaneamente"[7].

É dentro desse conjunto de pressupostos, portanto, que Hemingway pode em *Por Quem os Sinos Dobram* articular as idéias de causa republicana como causa que não passa pela discussão da política e muito menos da organização da sociedade, pois o que sustenta a idéia de autogoverno aqui é a de uma sociedade natural, espontaneamente gerada pela virtude de seus elementos constituintes.

Porém, cabem aqui as perguntas: Quem são os virtuosos que constituirão a República de Robert Jordan? Qual é o critério da virtude em *Por Quem os Sinos Dobram*? Como a multiplicidade do bando é retomada dentro desse universo? Como o problema da virtude aparece na obra de Hemingway como um todo e na produção literária da Guerra Civil?

---

7. John William Ward, "Pensamento Jacksoniano: 'Um Decreto Natural de Privilégios' ", em S. Coben e N. S. Ratner (orgs.), *op. cit.*, p. 92.

4. A República da Tourada

> *Teus ombros suportam o mundo*
> *E ele não pesa mais que a mão de uma criança.*
> *As guerras, as fomes, as discussões dentro dos edifícios;*
> *provam apenas que a vida prossegue*
> *e nem todos se libertaram ainda.*
> *Alguns achando bárbaro o espetáculo,*
> *prefiririam (os delicados) morrer*
> *Chegou um tempo em que não adianta morrer*
> *Chegou um tempo em que a vida é uma ordem.*
> *A vida apenas, sem mistificação.*
>
> Carlos Drummond de Andrade,
> *Os Ombros Suportam o Mundo*

4.1. DO REINO DE DEUS PARA O INFERNO DO MUNDO

Nascido em 21 de julho de 1899, em Oak Park, um subúrbio de Chicago que tinha tantas igrejas que recebeu o apelido de *Saint's Rest*, Ernest Hemingway viveu até os dezoito anos em uma atmosfera que não pode ser considerada das mais efervescentes em termos de cultura moderna.

Até a Primeira Guerra Mundial nenhuma família negra ou judaica morava nos limites da cidade, orgulhosa de seu governo próprio e de suas tradições puritanas, que orientavam a legislação pelos princípios da caridade cristã e a militância política em movimentos do tipo da Anti-Saloon League e determinavam que os cinemas e teatros permanecessem fechados aos domingos.

As bebidas alcoólicas eram proibidas na cidade desde 1870. Dentre as numerosas igrejas apenas uma não era protestante, a biblioteca pública não possuía um só título de literatura americana da época, mas vastas coleções de Shakespeare, literatura religiosa, Coleridge e outros autores ingleses.

Seus habitantes sempre votaram no Partido Republicano e contra a anexação da cidade a Chicago. O Reverendo William E. Barton, Reitor da Primeira Igreja Congregacionalista, biógrafo de Lincoln e pai de Clara Barton, fundadora da Cruz Vermelha, era o arauto dessa comunidade organizada em torno do Novo Testamento, do civismo pautado pelos ideais de Theodore Roosevelt e do *clean money*.

Verões em Wallon Lake, pescarias e caçadas com o pai, preces em todas as refeições, escola, participação no coro da igreja e nas palestras dadas na Associação Cristã de Moços sobre sexualidade parecem ter sido as atividades predominantes de Hemingway até a partida para Kansas City em outubro de 1917, onde trabalhou no *Kansas City Star*.

Como responsável pelo posto policial, pela estação de trem e pelo hospital, entrou em contato com aquele mundo contra o qual Oak Park se erguia como trincheira. Fazendo a cobertura jornalística dos crimes, personagens estranhas, celebridades, acidentes e mortes, perceberia que as aparências eram enganosas, que debaixo do verniz da cidade se alojavam a corrupção dos valores e as vítimas da violência urbana contra os quais os *Oak Parkers* procuravam se defender.

Sete meses depois da ida para Kansas City, partiu para a Europa como voluntário para ser motorista de ambulância, experiência que lhe desvendou o sabor da transitoriedade da vida moderna e a banalização da morte, que se tornaria uma das características mais sombrias das guerras do século XX.

The Cubist War, como a chamou Gertrude Stein, a Guerra de 1914, redimensionou os conceitos de tempo e espaço que desde o início da modernidade vinham sendo repensados. Nesse sentido, apesar de Isaac Newton ter definido em 1687 a natureza do tempo como absoluta, verdadeira, matematicamente estabelecida e com a qualidade de fluir homogeneamente, sem qualquer relação com o que é exterior a si, foi só depois da Primeira Guerra que esta percepção passou a constituir uma experiência cultural cotidiana.

As novas estratégias de ataque que caracterizaram o conflito internacional de 1914, separando os generais dos soldados, transformaram os relógios de pulso em equipamento militar imprescindível para maximizar o sucesso dos bombardeios e ofensivas e contribuíram para reverter a corrente cultural do pré-guerra, que explorava a multiplicidade dos tempos privados, como é patente em Bergson e Proust.

Não é só a natureza do tempo que foi recondicionada. Como assinalou Stephen Kern, também as noções de presente, passado e futuro foram reelaboradas a partir da experiência dos soldados.

Amputado de seu passado pelo enorme contraste entre a vida e a moralidade do período anterior à guerra, e a violência e o genocídio da guerra, o soldado da linha de frente experimentou o pânico num mundo que justificava os temores mais paranóicos. [...] Os anos da guerra foram enxertados no fluxo de sua vida como um pedaço de calendário grudado em uma colagem cubista.

Simultaneamente a esse desligamento do indivíduo do que antecedeu à guerra, o futuro para o soldado passou a existir como espera passiva do imediato, enquanto que o presente se delineava como metáfora cubista.

Um *front* na Turquia, outro no Mediterrâneo, um ocidental, outro oriental, choques navais no Canal da Mancha e no Atlântico, bombardeios e combates aéreos. Um comando-em-chefe que não se via atuava atrás de uma mesa, curvado sobre o mapa-múndi, encadeado com outros pontos da guerra por meios de comunicação eletrônica.

Milhões de habitantes testemunhavam de seus lares as lutas quase ao mesmo tempo em que elas se desenrolavam e viam e escutavam os mesmos fatos divulgados pelas agências de notícias nos jornais dos cinemas, na imprensa e no rádio. A trama do "aqui e agora" passava a se confundir com a do "lá e então", concorrendo para conferir precisão à metáfora de Gertrude Stein.

A juventude americana que voltava das frentes de batalha européia trazia consigo os temas de uma nova ficção, fundada na descoberta de que o mundo daqueles que pregavam *the strenuous life* estava morto[1].

---

1. As considerações que se seguem sobre o impacto da Primeira Guerra na juventude americana, criada sob os preceitos do rooseveltianismo, baseiam-se em Michael Reynolds, *The Young Hemingway*, Nova York, Basil Blackwell, 1987, pp. 1-64.

Cinqüenta mil dos americanos que partiram para a Primeira Guerra, levando consigo a coragem, haviam perecido. Os sobreviventes retornaram com a bagagem repleta de medos secretos e sérias dúvidas sobre a virtude dessa coragem. Haviam experimentado a quintessência da vida moderna, a violência da guerra.

As palavras de um homem como Theodore Roosevelt, que dizia não conhecer nada mais baixo do que um homem que "se diminui diante de suas obrigações como soldado", não faziam mais sentido. Quem poderia dizer alguma coisa a essa geração era alguém que, como Frederick Henry, protagonista de *Adeus às Armas*, afirmava que "sempre me senti constrangido pelas palavras sagrado, glorioso e sacrifício".

Sintomaticamente, os veteranos que retornavam para casa não queriam falar das batalhas, apenas escutar casos divertidos sobre elas ou que versassem sobre o pânico que provocavam.

No *Journal of the American Medical Association* discutia-se calorosamente o *shell shock*. O *shell shock* era um tipo de neurose que ninguém entendia muito bem, mas que se fazia patente no comportamento de vários veteranos de guerra. É verdade que muitos voltaram com sífilis, gonorréia, mas esses não eram assuntos sobre os quais se discutia nos artigos das revistas médicas dos EUA.

Profundamente marcado pela moralidade puritana dentro da qual havia sido criado, Hemingway também não tematizará esse tipo de problema. Sua rebeldia se expressa, em sua literatura dedicada à Primeira Guerra, pela personalidade de jovens como Nick Adams que sofriam intensamente o *shell shock*, tendo medo de dormir e convivendo com os fantasmas dos corpos destroçados que viram nos campos de batalha.

Na relação ambivalente que Hemingway mantém com os padrões morais vigentes durante sua infância e adolescência, elege como ponto central de sua obra o pânico frente à morte mecanizada, à distância, indiferenciada e em massa, que pauta a percepção do tempo e baliza a história pela dicotomia entre o permanente e o transitório.

Hemingway desembarcou na Europa em junho de 1918 em meio a um bombardeio alemão contra Amiens e, dois dias depois, já estava em Milão, integrado a um batalhão e encarregado de ir com o mesmo recolher os corpos mutilados no local onde uma fábrica de munição explodiu.

Essa primeira visão da guerra parece ter causado uma forte impressão no autor que em *Death in the Afternoon* (*Morte na*

Tarde, 1932) retomou-a na forma do conto "A Natural History of the Dead", mesclando-a com suas lembranças de correspondente na guerra Greco-Turca de 1922.

Acima de tudo o que chocou o autor foi o contato com a morte violenta, a ponto de ser descrita por Hemingway nesse conto como a especificidade por excelência da guerra, merecendo, por isso, um tratamento especial, "no nível dos grandes naturalistas", mesclando-se, assim, com a problemática estética.

O apelo ao naturalismo não é casual, nem meramente estilístico. Um dos pontos mais comuns nas discussões dos críticos literários norte-americanos é a constatação que o naturalismo literário recusa-se a morrer nos EUA e a tentativa de compreender por que ele sempre se renova na literatura do país[2].

O sucesso do naturalismo inicia-se nos EUA, no final do século XIX, no período que sucede à Guerra Civil Americana, em um contexto em que greves sangrentas e cortiços se multiplicavam nos principais centros urbanos, fazendo com que a profundidade dos conflitos sociais destituísse de sentido a retórica dos princípios democráticos de Jefferson e o idealismo dos transcendentalistas, calcados sobre "a nobre natureza humana" que iria concretizar o *American Dream*.

Os grandes naturalistas norte-americanos do século XIX e início do século XX (Hamlin Garland, Stephen Crane, Frank Norris, Jack London e Theodore Dreiser) não abolem a preocupação com o Sonho Americano do conjunto temático de suas obras. Ao contrário, por caminhos diferentes e com visões diferentes da natureza, posicionam-se frente à sociedade que retratam como médicos fisiologistas, a fim de curá-la dos seus males. Males esses que não deixam de se identificar com aquilo que corrompe a possibilidade do *American Dream* se efetivar.

Os naturalistas literários do período entre guerras, como Hemingway, Faulkner, Farrell, Thomas Wolfe e, de certo modo, Conrad Aiken, partem da convicção de que a vida urbana é prejudicial à integridade dos indivíduos, mas não abandonam a esperança de criar uma civilização melhor.

Escrevendo em um mundo em que as doutrinas do marxismo e os conceitos freudianos já estavam bem difundidos, os naturalistas norte-americanos do pós-Primeira Guerra, apesar de justificarem o caráter e as atitudes de suas personagens pela influência do

---

2. A respeito da persistência e renovação constante do naturalismo na literatura norte-americana, vide Willard Thorp, *Literatura Americana no Século XX*, Rio de Janeiro, Lidador, 1965, pp. 151-198.

meio, não são deterministas puros. Conseguem entrever "caminhos de salvação", seja pela emergência de uma nova sociedade, seja pela transformação de seus valores ou revalorização dos que contrariam o mundo supercivilizado.

Dentro desse conjunto de preocupações é que se entende os atributos que Hemingway dá aos seus heróis a partir de meados da década de 30. Ao contrário de Jake Barnes (*O Sol Também se Levanta*) Frederick Henry (*Adeus às Armas*) e Nick Adams (personagem central de seus contos) são homens de ação, fortes, valentes e pouco dados à meditação. São pessoas, acima de tudo, não corruptas e terrenas.

A incursão de Hemingway no naturalismo não poderia deixar de se voltar para o espaço da guerra, onde o fato bruto da morte e a indiferença da natureza se colocam com toda sua implacabilidade.

De fato, como chama a atenção Bradbury,

a guerra era uma imagem de vida crucial para o naturalismo; ela era real e existencial, um lugar onde as ilusões de heroísmo e poder eram postas à prova, um campo de luta e competição, que envolvia a anulação irônica do ser humano, o processo de redução mortal". É aí, na guerra, que o homem recebe "seu ferimento de iniciação, menos marca de heroísmo do que de admissão em um mundo moderno de vulnerabilidade.

É nesse sentido que Hemingway remete em "A Natural History of the Dead" à imagem das mulas mortas no cais de Smyrna que "pediam um Goya para pintá-las", e a dos corpos femininos ao redor da fábrica de munição que havia explodido perto de Milão:

[...] Sinceramente sou obrigado a admitir o choque que foi perceber que aqueles mortos eram mulheres e não homens. Naquele tempo, as mulheres ainda não haviam começado a usar cabelos curtos, como o vieram a fazer anos depois nos Estados Unidos e na Europa, e a coisa mais desconcertante, provavelmente devido a isso, era a presença, e mais desconcertante ainda, a ocasional ausência desse cabelo comprido[3].

Mais do que a indiscriminação sexual da guerra, o choque do autor com essas imagens mórbidas foi, talvez, com a capacidade de ação das tecnologias mortíferas que desfiguravam os corpos e os dividiam em fragmentos que se espalhavam em diferentes direções e a degradação do homem pelas condições em que sua

---

3. E. Hemingway, *Death in the Afternoon*, 4ª ed., Londres, Grafton Books, 1986, p. 122.

morte era tratada na guerra, onde mortos e semimortos eram amontoados em valas comuns, esperando, às vezes, dias até serem enterrados.

A iminência da morte mecanizada vivida pelo próprio autor em Piave, quando foi ferido por um morteiro e metralhado nas pernas[4], e as visões tanto dos campos de batalha na Itália como das mulheres que se agarravam aos filhos mortos em Smyrna, são correntes em sua obra. A constância dessas imagens parecem-nos profundamente ligada à necessidade de retratar o lado mais grotesco e sórdido da civilização moderna e à aceitação da transitoriedade da vida humana que caracteriza a obra hemingwayana, principalmente como uma das expressões mais bem-acabadas da persistência do naturalismo na literatura norte-americana.

Se com *O Sol Também se Levanta* Hemingway esperava escrever "uma tragédia maldita com a terra acabando com o papel de herói" (conforme assinalou em carta ao editor da Scribners, Maxwell Perkins, em 19 de novembro de 1926) acumuladas as experiências de combatente na Primeira Guerra, correspondente na Greco-Turca e o suicídio de seu pai, em *Adeus às Armas* ele incorporaria definitivamente a compreensão da história movida pelo conflito entre a natureza (o permanente) e a civilização (o transitório), assumindo a gratuidade da morte como inerente à vida.

"Durante o tempo em que estava escrevendo o primeiro rascunho", assinala o autor na introdução da edição de 1948 de *Adeus às Armas*, "meu segundo filho, Patrick, nasceu em Kansas City, por meio de uma operação cesariana, e meu pai, já quando eu estava reescrevendo, matou-se em Oak Park, Illinois. [...] Ao criar a paisagem, as personagens e as coisas que iam acontecendo, eu me sentia mais feliz do que me sentira antes. [...] O fato de o livro ser trágico não me deixava infeliz, visto eu pensar que a vida é uma tragédia e que só podia ter um final".

Frederick Henry e Catherine Baker, ele soldado e ela enfermeira, são os protagonistas de *Adeus às Armas*. Conhecem-se quando Henry é transferido para o hospital de Milão, ferido em uma batalha em Isonzo. Vivem uma história apaixonada, que transcende os horrores da guerra. A intensidade da paixão do casal, o sentimento de exterioridade em relação à guerra, os horro-

---

4. Em 8 de junho de 1918, lutando contra os austríacos em Piave, Hemingway foi seriamente ferido sofrendo 237 ferimentos nas pernas e no escroto quando carregava um soldado italiano às costas. Jeffrey Meyers, *Hemingway, a Biography*, Nova York, Harper & Row Publishers, 1985, p. 32.

res vividos por Henry na frente de batalha e a falta de perspectiva de paz levam à deserção do rapaz e à fuga do casal.

Vão para Montreaux. Catherine está grávida. As montanhas suíças contrapõem-se aos horrores de Isonzo, marcando a oposição profunda entre "o não-lar" da guerra e o "lar" dos Alpes. Subitamente, o idílio amoroso é interrompido e o romance volta à atmosfera sombria das planícies italianas. Tal ruptura ocorre em Lausanne, na maternidade que acaba sendo o local da morte do filho e de Catherine[5].

A morte da protagonista não é uma decorrência lógica do enredo. É um acidente biológico. Aconteceria, ou não, independentemente de qualquer contexto histórico, social ou afetivo. Ou melhor, como o coloca o próprio protagonista quando sabe da morte do filho, a morte chega *gratuitamente*. Seja na guerra, seja por doença. É uma regra da vida. "É só estar por aí que eles te matam."

A despeito da plenitude amorosa vivida pelo casal Henry e Catherine, a morte da parceira na seqüência do filho "que nem chegou a nascer" é engolida em seco. "Era como dizer adeus a uma estátua", conclui Henry depois de vê-la pela última vez, no final de *Adeus às Armas*.

Essa visão fatalista da vida, que desemboca inevitavelmente em morte trágica, e do destino irreversível da existência transitória, onde, como afirma Frederick Henry, estamos sempre à mercê de uma "armadilha biológica", é bastante diferente da que se apresenta nos contos ambientados no meio-oeste americano, onde Hemingway cresceu, como "The Three-Day Blow" ("Três Dias de Ventania"), publicado em *In Our Time* (*No Nosso Tempo*, 1925) nos faz perceber.

O conto aborda a separação entre Nick e sua namorada sob o prisma da regeneração. Homem e natureza se conjugam sob a lei da integração entre um e outro e da autotransformação.

---

5. Carlos Baker notou que a estética hemingwayana funda-se sobre o princípio do contraponto e uma de suas expressões simbólicas mais correntes é a oposição entre montanha e planície. No caso de *Adeus às Armas*, Baker afirma: "[...] A atividade abaixo da superfície em *Adeus às Armas* é organizada conotativamente em volta de dois polos. Por meio de um processo de acréscimo e coagulação, as imagens tendem a formar-se em volta dos conceitos opostos de Lar e Não-Lar. [...] O conceito de Lar, por exemplo, é associado com as montanhas, com tempo frio e seco, com paz e calma, com amor, dignidade, saúde, felicidade e vida boa; e com o culto ou, pelo menos, a consciência de Deus. O conceito de Não-Lar é associado com planícies rasas, com chuva e nevoeiro, com obscenidade, indignidade, doença, sofrimento, nervosismo, guerra e morte, e com irreligião". Carlos Baker, *Hemingway: O Escritor como Artista*, Rio de Janeiro, Civilização Brasileira, 1974, p. 119.

Como o vento que sopra e indica a mudança dos ciclos e das estações na natureza, também os homens passam por etapas e transformações (o conto marca o rito de passagem para a masculinidade adulta) e Nick, até então deprimido com a primeira separação amorosa, percebe que "não existe nada que seja irrevogável. [...] Nunca tudo estava perdido. [...] Sempre havia uma saída".

Enquanto para o pequeno Nick Adams em "Indian Camp" ("Acampamento Índio", outro conto ambientado no meio-oeste americano) a incapacidade de enfrentar a morte e a dor leva a criança a elaborar uma estratégia de defesa fundada sobre a idéia de que nunca morreria, os protagonistas que sucedem a Frederick Henry – todos marcados de alguma maneira pela guerra ou, pelo menos, pela experiência da morte – acatam o pressuposto de que a morte é inerente à vida e que, como esta é transitória, em um mundo em constante destruição, o valor de permanência só pode residir nas atitudes humanas frente à morte e na própria arte.

A sensação de que a guerra nunca acabará transmite a idéia do futuro como repetição, extensão do presente, ou como não-futuro. Frederick Henry conversa com Catherine e esta lhe conta que perdeu a infantilidade. Por três anos esperou que a guerra acabasse no Natal. Mas, agora, esperava que terminasse quando o filho já fosse tenente, ao que Henry contrapõe-se, aventando a hipótese de que talvez ele se tornasse um general.

Os soldados feridos que conversam no hospital em que se passa outro conto de *No Nosso Tempo*, "In Another Country" ("Em Outro País"), não parecem discordar de Henry e Catherine, como o Major que indaga ao companheiro: "O que você fará depois que a guerra acabar" e logo complementa "se a guerra terminar".

A exploração dos vínculos entre a redefinição das noções de passado, presente e futuro em virtude da experiência da guerra se aprofunda em *Por Quem os Sinos Dobram*, recuperando parte da produção de Hemingway durante a Guerra Civil como os três prefácios escritos para a edição das pinturas sobre a Guerra Civil de Luis Quintanilla, expostas em São Francisco, redigidos entre março e maio de 1938 em Madri.

Por não conseguir escrever o prefácio a ele requisitado, Hemingway acaba por nos legar um de seus mais sutis depoimentos sobre as complexidades emocionais a que um homem está submetido em um ambiente de destruição e violência como o de Madri em que ele se encontrava.

Dois dos prefácios foram concebidos e escritos numa situação bastante especial. Em um quarto de hotel, em meio aos bombardeios alemães contra Madri, encontrava-se Hemingway sem luz, sujeito a constantes tremores e imerso no som aterrorizador das explosões.

Todas essas circunstâncias faziam com que não conseguisse escrever o prefácio requisitado. Assinalava que a causa mais imediata era, sem dúvida, a escuridão e o barulho, mas havia algo mais profundo e esse algo era justamente a alienação que a guerra impunha, levando o homem a viver apenas em função do seu imediato e do circunstancial.

Por isso, mesmo os desenhos de um de seus melhores amigos, que teve parte de sua vida destruída pela guerra (Quintanilla perdeu seu ateliê e vários de seus trabalhos mais importantes, como os afrescos da Cidade Universitária, foram destruídos pelos bombardeios aéreos), não conseguiam ser mais importantes naquele momento do que sua fome e a ofensiva do Ebro.

O problema da alienação intensificava-se porque a destruição na guerra é muito mais poderosa do que a mera derrubada física de edifícios e monumentos. O que os bombardeios levavam consigo eram referências sociais e afetivas de modo que, em poucos segundos, todo um passado era convertido em migalhas.

A violência cotidiana dos bombardeios e ataques contra Madrid faziam com que cada dia apagasse o que passou e, de repente, Hemingway assinalava em um desses prefácios, a própria memória era convertida em algo semelhante aos edifícios após os bombardeios.

O belíssimo estudo da Prof ª Ecléa Bosi sobre a substância e a função social da memória expressa a preocupação da autora em fazer-nos entender como a recordação, enquanto experiência social, depende tanto da nitidez da relação do indivíduo com o seu passado, quanto com seu presente, e ilumina sensivelmente as angústias descritas por Hemingway em seus delicados prefácios à obra de Quintanilla.

Diz Ecléa Bosi:

[...] A faculdade de relembrar exige um espírito desperto, a capacidade de não confundir a vida atual com a que passou, de reconhecer as lembranças e opô-las às imagens de agora.
Não há evocação sem uma inteligência do presente, um homem não sabe o que ele é se não for capaz de sair das determinações atuais. Acurada reflexão pode preceder e acompanhar a evocação. Uma lembrança é diamante bruto que precisa ser lapidado pelo espírito. Sem o trabalho da reflexão e da localização, seria uma imagem fugidia.

Em *Por Quem os Sinos Dobram*, Hemingway amplia notavelmente essas considerações vinculadas à memória, abordando como são percebidas as relações entre o passado, o presente e o futuro pelos guerrilheiros envolvidos na Guerra Civil.

A maioria das referências dos membros do bando ao seu passado remete à própria guerra, como, por exemplo, onde estavam no início do movimento, a última ação de que participaram e, muito raramente, ao que faziam antes do conflito.

Desse modo, a Guerra Civil parece abortar a história pessoal do indivíduo de sua própria história. Ela é a própria referência de si mesma, uma ruptura no tempo que remete a uma instância em si e para si.

O caráter simbólico da destruição é tão potente, que todas as antigas referências das personagens são subitamente emaranhadas às ruínas de seu presente.

Joaquín e Jordan conversam despreocupadamente sobre touros. Joaquín pergunta-lhe se já os havia visto em Valladolid, sua bela cidade de origem. Subitamente, o tom descomprometido do diálogo muda, e a cidade se converte no local onde seus pais, sua irmã e seu cunhado foram fuzilados.

Jordan comenta consigo o incidente emocionado:

> Quantas vezes não observara como o diziam com esforço? Quantas vezes não lhes havia visto com os olhos cheios e a garganta empedernida pela dificuldade de dizer meu pai, minha mãe, ou minha irmã? Não conseguia nem lembrar quantas vezes ouvira se referirem daquele modo a seus mortos. E quase sempre o faziam como aquele rapaz falando agora, acidentalmente, a propósito da menção da cidade, e você sempre respondendo, "Que bárbaros". (p. 134; p. 120)

Na tentativa de livrar-se da opressão do presente, Jordan recorre ao absinto em busca de "tudo o que havia gozado e esquecido", como os jornais vespertinos, as viagens e passeios, as velhas tardes nos cafés, livrarias, e a possibilidade de relaxar.

Paradoxalmente, essa liberação reforça a idéia da Guerra Civil como tempo em si, desarticulado das experiências do indivíduo, pois a memória não tem ressonância sobre o agora, a recordação metaforiza-se em droga que funciona, no máximo, como sedativo para os horrores do presente.

O futuro aparece como tempo nebuloso. Em geral é tomado como a certeza da morte, o fim a que todos estão condenados pela guerra. Muito raramente vislumbra-se a retomada dos prazeres anteriores ao conflito e somente para as personagens que têm fé na causa, como El Sordo, Anselmo e Pilar, ele se confunde com o tempo da República.

Contudo, a própria estrutura trágica da obra dá muito menos espaço para esse tipo de elaboração do que para a certeza de que o sonho se converterá em pesadelo. A idéia mais presente é a do futuro como morte próxima, nos termos em que o melancólico Pablo coloca: "Que me espera pela frente? Ser caçado e morto".

A concentração da narrativa em menos de três dias e o amor entre Jordan e Maria possibilitam que o leitor participe, simultaneamente, da experiência do efêmero que marca a guerra e viva um tempo em intensidade que relativiza o tempo em extensão.

As reflexões de Jordan, atormentado entre a ameaça de morrer na sabotagem da ponte e o desejo de viver com Maria para sempre trazem à tona esse impasse, bem como do artifício criado pelo militante para contorná-las:

> Jamais imaginara que poderia sentir o que venho sentindo. Nem que isso poderia acontecer comigo. Gostaria de possuir esse sentimento para sempre. Você terá, a outra parte de si lhe disse. Terá. Você o possui *agora* e isso é sua vida inteira; agora. Não há nada além do agora. Não há nenhum ontem assim como não existe nenhum amanhã. [...] Há apenas o agora, e o agora é só dois dias. Portanto, dois dias é sua vida toda, e tudo estará nessa proporção. É assim que se vive uma vida em dois dias. Se você parar de reclamar e pedir o que nunca terá, você terá uma boa vida, porque não se mede uma grande vida pela extensão do tempo. (p. 169; p. 153)

Se o passado, para quem está na guerra, tem pouca ou nenhuma ressonância sobre o seu presente, para quem está fora, mas a viveu, é uma lembrança que atravessa o presente, como as cicatrizes do corpo do Coronel Cantwell, protagonista de *Across the River Into the Trees* (*Através do Rio, Entre as Árvores*, 1950).

Não só a guerra é capaz de esmagar as referências anteriores a si, como ela dificilmente abandona o presente de quem nela combateu, criando laços de solidariedade entre homens que trazem no corpo as marcas da guerra, como o Coronel Cantwell que, apesar de preferir que o amigo não possuísse um olho de vidro, só conseguia amar os que foram mutilados.

Como comenta o narrador a respeito do protagonista:

> Outras pessoas eram boas [...], mas só sentia verdadeira ternura e amor pelos que foram mutilados ou receberam o castigo que todos recebem por ter estado lá o bastante[6].

6. E. Hemingway, *Across the River Into the Trees*, 5ª ed., Londres, Grafton Books, 1985, p. 55.

É a presença, também, dos horrores do que viveu na Primeira Guerra que faz de Jake Barnes em *O Sol Também se Levanta* um homem impotente, transmitindo-nos a idéia de que a dúvida do major de "Em Outro País" é procedente.

Pelo menos no mundo hemingwayano, parece-nos que independentemente dos tratados oficiais, a guerra nunca acabou, pois é a experiência da guerra que condiciona as atitudes das personagens. É em torno da guerra que elas orientam suas relações, e é a partir dela, também, que a utopia da República é elaborada, já que passa pela introjeção de um código ético que garante a legitimidade do combate.

De *Adeus às Armas* em diante, a relação que Hemingway estabelece com a Guerra de 14 em sua obra é a de repensar a história sob o prisma de uma "parábola do desgosto e da desilusão do homem do século XX face o fracasso da civilização em atingir os ideais prometidos no decorrer do século XIX"[7].

No âmbito dessas tensões culturais, o tema da morte e seus desdobramentos em busca de um código ético para o ato de matar e de morrer, polarizados pelo estoicismo e pela estética da coragem e do combate ritualizado aliados ao vazio e à angústia que sua obra literária impõe ao leitor, remetem à violência da história. História pensada como história da guerra, onde, como dizia Benjamin, o "frágil corpo humano se debate em busca de um lugar que o redima da implacabilidade do progresso tecnológico, num campo magnético de correntes e explosões destruidoras".

Assumindo a morte violenta como a essência da história (a visão hemingwayana da história é metafísica), Hemingway reveste a morte eticamente conduzida e enfrentada de um valor de permanência e, por isso, capaz de relativizar a transitoriedade da vida.

É nesse conjunto de proposições que o ritual das touradas passa a fazer parte do cerne das preocupações hemingwayanas, pautando o modelo ideal do matador que, encarnando a virtude, não sucumbe à civilização tecnológica, não se rende às suas promessas transitórias e pode ser o germe da humanidade redimida.

---

7. Ray B. West Jr., "The Biological Trap", *The Sewanee Review* 45, 1945, em: C. Baker (org.), *op. cit.*, p. 139.

4.2. HAY QUE TOMAR LA MUERTE COMO SI FUERA ASPIRINA

Quando o líder guerrilheiro El Sordo pronuncia, em *Por Quem os Sinos Dobram*, as palavras que abrem esse tópico, sintetiza em uma frase o código de sobrevivência das personagens hemingwayanas, que não foram derrotadas pela civilização moderna.

A derrota pela civilização não significa morrer na guerra, mas render-se à banalização da morte e à transitoriedade da existência e, nesse sentido, o lema de El Sordo promove uma visão de mundo que ultrapassa os princípios de coragem embutidos na apologia da *strenuous life* de Theodore Roosevelt.

Hemingway não questiona a possibilidade da paz. Toma a guerra como dado inerente da história, tanto que a Guerra Civil pode ser entendida como momento de purificação da humanidade e a Espanha confundir-se com território do combate ético e, por isso, da humanidade redimida.

A compreensão de como vida, história e obra, por um lado, e tourada, Espanha e República, por outro, remetem-se uns aos outros talvez fique mais evidente se partirmos do entendimento da questão da violência na obra de Hemingway, já que esse é um dos aspectos mais constantes de sua produção literária, independentemente das obras versarem sobre o tema da guerra.

A violência aparece na literatura hemingwayana muito menos como violência física do que como violência de um mundo que, em si, é violento e traiçoeiro. A calma sufocante da vitoriana Oak Park não é menos ameaçadora para Krebs, o soldado de "Soldier's Home" ("O Lar do Soldado") do que o campo de batalha o é para Nick Adams em "Now I Lay Me" ("Agora eu me Deito").

Como o assinalou Jackson J. Benson, o incômodo de Krebs ao retornar para casa não se deve ao fato de que a guerra tornou-o incapaz para viver a normalidade, mas à paradoxal conclusão de que a chamada "vida normal" também era "anormal e insuportável".

Krebs descobriu que seu desconforto não era fruto de ter consciência de que mentia sobre suas proezas de guerra, mas sim da percepção de que vivia imerso em um mundo de mentiras, de relações pseudo-inocentes, de falsa harmonia.

A insônia de Nick Adams transmite a mesma sensação de angústia e desconforto. Nick não consegue dormir no escuro depois que foi ferido em uma explosão durante certa noite na guerra. Daí em diante, quando fechava os olhos, a escuridão recordava-lhe a sensação de morte vivida na frente de batalha[8].

Ambas expressões refletem indiretamente sobre a dicotomia permanente/transitório, pois essa problemática não se resume à materialidade da vida, ou seja, do corpo. O permanente, no sentido hemingwayano, é o verdadeiro e só o que é absolutamente verdadeiro é eterno; é a antítese da transitoriedade da vida e da civilização moderna.

A violência do mundo reside justamente no seu jogo de aparências, que afastam o homem dos valores permanentes. Tanto Krebs quanto Jake Barnes (o protagonista de *O Sol Também se Levanta*) são vítimas de um mundo de mentiras, sejam elas as mentiras do "Reino de Deus", ou da falsa alegria dos jovens fúteis e modernos que vivem em Paris nos anos 20 e são as personagens de *O Sol Também se Levanta*.

Contudo, a partir de *Adeus às Armas* essa conspiração deixa de ser uma conspiração de segmentos sociais ou tendências culturais particulares e passa a ser concebida como ameaça da civilização tecnológica moderna.

Vários contos de *No Nosso Tempo* já discutiam a violência inerente à vida que subjuga as personagens à "armadilha biológica" (um preâmbulo do naturalismo hemingwayano), de modo que a discussão não se esgota em uma ordenação cronológica das tensões em função das datas de publicação ou criação. O que se coloca de diferente na literatura posterior a *Adeus às Armas* é o modo como as personagens enfrentam a violência inerente não mais a grupos particulares, mas à civilização.

A percepção hemingwayana do mundo como armadilha, da presença oculta de uma emboscada que surrupiará as certezas do ser, se aproxima muito do desencanto com o outro lado do paraíso presente em Fitzgerald e do movimento de perseguição e destruição dos ideais, decorrente da descoberta de um aspecto do ser

---

8. E. Hemingway, "Now I Lay Me", *The Complete Short Stories*, Nova York, Charles Scribners' Sons, 1987, p. 279; *As Aventuras de Nick Adams*, Rio de Janeiro, Artenova, s.d., p. 128. A sensação de morte e ressurreição é descrita identicamente por Frederick Henry quando é ferido por um morteiro: "I tried to breathe but my breath would not come and I felt myself rush bodily out of myself and out and out and all the time bodily in the wind. I went out swiftly, all of myself, and I knew I was dead and that it had all been a mistake to think you just died. Then I floated, and instead of going on I felt myself slide back. I breathed and I was back". *A Farwell to Arms*, Nova York, Charles Scribners' Sons, 1987, p. 54 e *Adeus às Armas*, São Paulo, Cia. Ed. Nacional, 1982, p. 52.

social que ainda não havia vindo à tona, que acompanha a obra de John dos Passos.

Essa temática não é comum apenas aos escritores norte-americanos que se auto-exilaram em Paris nos anos 20. Mas, se nos lembrarmos que uma das questões que a pintura de Magritte coloca é justamente o jogo de cumplicidade de equívocos entre o externo e o interno, que a presença de um mundo sinistro, sempre à espreita, pronto a trair uma suposta consciência da realidade é patente em várias pinturas de De Chirico, e que uma das características do cubismo é a confusão entre o fundo e o objeto, desfazemos essa suposição apressada e passamos a compreendê-la como um aspecto de uma mesma experiência cultural onde a presença das "armadilhas" sejam elas do olhar, dos conceitos, das aparências, são constantes[9].

É portanto dentro desse espectro de tensões que a questão da aceitação do mundo como armadilha presente em *Adeus às Armas* se desloca e a obra de Hemingway, enveredando definitivamente para o naturalismo, passa a expressar a busca de algo – um lugar que se contraponha à transitoriedade da vida, sem deixar de pautar-se pelo que está no cerne dessa constante ameaça: a guerra.

Convicto de que a essência de seu tempo era a transitoriedade, Hemingway, conforme afirma em *Morte na Tarde*, se entrega à tarefa de aprender a "escrever de um modo suficientemente verdadeiro a ponto de ser válido para sempre" e incorpora definitivamente a perspectiva aristotélica da arte, que já se anunciava na incursão no gênero trágico de *Adeus às Armas*, assumindo que o verdadeiro é a natureza própria das coisas, ou seja, *physis*, aquilo que faz o Ser ser o que é, podendo a arte, assim, ser mais verdadeira do que aquilo que mimetiza.

A perspectiva de história de Hemingway é essencialmente romântica. Aceita a idéia do progresso – entendido como putre-

---

9. Sobre De Chirico e Magritte, v. Simón Marchán Fiz, *Contaminaciónes Figurativas – Imágenes de la Arquitetura y de la Ciudad como Figuras de lo Moderno*, Madri, Alianza, 1986, pp. 119-130. Sobre o cubismo, no sentido em que destacamos, v. S. Kern, *op. cit.*, p. 8.

Obviamente que a pintura de Magritte, de De Chirico e o cubismo sugerem muito mais reflexões do que as considerações por nós apontadas. Contudo, uma análise aprofundada dos desdobramentos dessas questões foge das propostas de nosso trabalho e as referências feitas cumprem apenas o propósito de inserir algumas tensões hemingwayanas no âmbito da criação cultural do pós-guerra, sem com isso querer comparar a sua literatura aos pintores destacados, ou investi-la das preocupações e soluções estéticas dos autores citados.

fação dos valores que acompanha a civilização tecnológica –, esgotando-se em um conflito evolutivo entre as forças do bem (natureza) contra as do mal (civilização).

Tomando a morte violenta e a vida em combate como a verdade de seu tempo, vai procurar nas touradas os pressupostos estéticos e éticos capazes de dar conta de suas inquietações, convertendo a Espanha no espaço imaculado, onde simplicidade e natureza (valores permanentes para o autor) convivem integralmente a despeito da violência tecnológica.

4.3. A MORTE ÉTICA

À convicção presente em *Adeus às Armas* de que a regra para sobreviver no mundo civilizado, constantemente em guerra, era interiorizar a transitoriedade, transformando as perdas em estátuas, sucede a busca pelas coisas de valor permanente.

Tal busca que a partir de *Morte na Tarde* pautar-se-á, estética e tematicamente, de forma definitiva pelo "espetáculo trágico" das touradas, já se anunciava desde a publicação das vinhetas que interceptam os contos de *No Nosso Tempo* e pela polarização entre o modelo de integridade do toureiro Pedro Romero e da futilidade da juventude montparnassiana de *O Sol Também se Levanta*.

Na qualidade de símbolo da luta entre a vida e a morte, as *corridas de toro* operam como um antídoto para o desespero de personagens frágeis como Jake Barnes, Frederick Henry, o velho solitário de "A Clean Well-Lighted Place" ("Um Lugar Limpo e bem Iluminado") e Nick Adams.

Como o notou Lawrence Broer, as touradas permitem a Hemingway não só um alívio catártico contra a morte, como também, pela ritualização da violência, possibilitam que a morte adquira um sentido que se contrapõe ao vazio da vida transitória.

Fundamentalmente, Hemingway procura diferenciar a morte nas tardes espanholas da morte na frente de batalha. Para tanto, imprime um caráter ritual à primeira que, supostamente, por aproximar o indivíduo de uma forma de combate dotada de igualdade entre as partes, a sacraliza e confere à segunda um caráter mecânico, que, na sua ação maciça e impessoal, a banaliza.

A concentração temática e estética no espetáculo da morte sublinha as carências que o naturalismo procura suprir. Nesse sentido, Lukács assinalou que a perplexidade diante do presente que não se compreende faz com que essa inabilidade do artista em lidar com os problemas de sua época acentue uma tendência estética, onde as ações das personagens, dissociadas das forças históricas que as impulsionam, se concentram na descrição da brutalidade de seus processos.

Nada é mais pertinente, portanto, ao realismo naturalista do que a idealização das touradas presente na obra de Hemingway, que confere à Espanha o papel de território imaculado, não contaminado pelos "descaminhos da civilização tecnológica".

É no âmbito do desespero de um Flaubert, por exemplo, diante de seu presente, que o movia em direção ao mundo distante e estranho de Cartago, que se entende o deslocamento de Hemingway em direção às touradas e à Espanha.

O escritor norte-americano que tinha no autor de *Salammbô* um de seus referenciais mais importantes, conforme o afirmam seus biógrafos e ele mesmo em diversas ocasiões, reproduz as principais características de seu mestre, inclusive suas limitações quanto à compreensão da história.

O escritor francês, salientou Lukács, revela-se um mestre na descrição dos detalhes, sendo capaz de retratar todos os componentes de uma casa, não deixando escapar sequer minúcias como portas e fechaduras, sem que se note em nada a presença do arquiteto que a construiu.

Hemingway, na sua desolação frente àquilo que considerava como o traço mais profundo de sua época – a morte mecânica – também procura um outro mundo que não se insere dentro de nenhuma relação histórica.

A precisão das descrições das paisagens espanholas, o tom amarelado da poeira, o cheiro de cebola e de azeite, os trajes dos camponeses são apenas o cenário inerte em que se move o mundo dos homens que não compactuam com o genocídio mecanizado em *Por Quem os Sinos Dobram*.

A Espanha imaculada de Hemingway, que permanece à margem da civilização tecnológica, em nada dialoga com o tipo de imobilismo das relações sociais que sua estrutura agrária impunha. Ela é apenas primitiva em si mesma, uma contra-imagem da vida civilizada, cotidiana e odiada por ele.

Dentro de uma intelecção da "História da Civilização" como "História da Guerra", em que a vida, como o autor assinalava no conto "The Capital of the World" ("A Capital do Mundo"), é fugaz e deixa o corpo "como a água suja de uma banheira quando se esvazia", somente a morte eticamente conduzida e enfrentada pode dar à existência de alguém um sentido de permanência.

Em torno dessa dicotomia permanente/transitório, toda historicidade da temática da morte mecânica é subtraída. A autenticidade da descrição, que tinha Goya como parâmetro, conforme Hemingway declarava em *Morte na Tarde*, seja da morte na guerra, seja na arena de touros, se transforma, assim, em abstração, uma vez que as mediações históricas são excluídas em detrimento das leis eternas que condicionam o conflito entre a essência e a aparência, o vício e a virtude, a morte ética e a morte mecânica.

A morte ética, na perspectiva de Hemingway, é a morte estética. Supõe, idealmente, a igualdade de condições entre as duas partes, a união de ambas por meio da arma que as transforma em um mesmo corpo. É, para o autor, morte ritualizada, que obedece princípios capazes de colocar touro e toureiro, republicanos e franquistas, pescador e peixe sob as mesmas condições de sobrevivência ou morte.

Em *Morte na Tarde*, o manual de tauromaquia escrito depois de dez anos de intensa observação do espetáculo, Hemingway, ao tentar deixar claro a dinâmica de uma "verdadeira" tourada – leia-se ideal –, acaba por esclarecer o que é uma morte ética e em que ela se diferencia da morte mecânica da guerra tecnológica.

Nessa obra Hemingway esclarece que na tourada existem regras precisas que garantem a honra do combate. O *matador* não pode dar fim à vida do touro de qualquer maneira. Só pode fazê-lo de frente para o touro, cravando sua lança exatamente entre a cabeça e os ombros do animal. Contudo, só pode consumar esse ritual da morte quando o touro estiver com a cabeça abaixada, de modo que o *matador*, necessariamente, terá de curvar-se sobre o dorso do animal para executá-lo.

> Matar um touro pelo pescoço ou pelo flanco, de modo que ele não possa se defender, é assassinato. Matá-lo pela parte superior, cravando a espada entre suas costelas, demanda habilidade e precisão calculada, em virtude do perigo que tem de ser enfrentado. Se o homem utiliza essa habilidade para fazer a execução apropriada, penetrando a espada tão seguramente quanto possível, expondo seu corpo e o protegendo por meio de sua destreza com sua mão esquerda, então ele é um bom *matador*. (p. 217)

É justamente essa ética do combate que Robert Jordan defende em *Por Quem os Sinos Dobram*, e é em nome dela que o protagonista coloca em questão a idoneidade da luta na Guerra Civil Espanhola.

Já no quinto capítulo, quando Pablo, o líder do bando guerrilheiro que auxiliará Jordan na sabotagem da ponte, recusa-se a participar da ação, o código de *matador* do partizan se anuncia.

A despeito da importância estratégica da ação – a explosão da ponte na Sierra de Guadarrama impediria o deslocamento dos franquistas e, conseqüentemente, possibilitaria a tomada de Segóvia pelos Republicanos – e do apoio do cigano Rafael, Jordan nega-se a matar Pablo para garantir o sucesso do plano.

A atitude de Jordan acentua a problemática do código de ética para o ato de matar pelo momento da Guerra Civil que é retratado no romance. Em maio de 1937, além das redefinições políticas abordadas em "A República Soviética", ocorre o avanço franquista em direção ao norte da Espanha. A fim de diminuir sua pressão sobre Bilbau, o governo republicano promoveu duas ofensivas, uma contra Huesca e a outra, iniciada no dia 31 de maio, contra Segóvia.

Bilbau foi conquistada e ocupada pelos franquistas no dia 19 de junho de 1937. Ocupação esta que não só pôs fim à liberdade basca, como favoreceu belicamente os franquistas e, posteriormente, os alemães, devido à riqueza das minas de ferro e toda a estrutura de altos fornos e oficinas de laminagem que existiam em Bilbau e que permaneceram intactas, apesar dos combates.

A despeito do significado estratégico e militar da ação, Jordan se porta como um *matador*, inserindo a ética de combate nos fundamentos da causa republicana. Rafael tenta instigá-lo a matar Pablo imediatamente. Jordan recusa-se; diz que isso seria assassinato. O cigano retruca que o assassinato é muito melhor, pois minimiza o perigo. "Repugna-me", responde Robert Jordan, "não é maneira de agir em favor da causa".

O ideal da República é profundamente ligado ao código ético das touradas. Só a causa justifica a morte de um outro homem. A crise de Jordan, sua dúvida sobre a legitimidade da luta remete, justamente, à consciência da matança indiscriminada na Guerra Civil, que transformava a certeza inabalável na luta pelos "pobres do mundo inteiro" em um banho de sangue que banalizava a morte e comprometia a viabilidade da utopia de uma nova civilização pela qual Jordan pensava estar lutando.

A morte em massa, indiscriminada, é inerente à guerra e é isso que a transforma em uma pesada "conta de açougueiro", como diz o Coronel Cantwell em *Através do Rio, Entre as Árvores*, e dá margem, segundo afirma esse protagonista, aos "enganos que nunca mais deixam um ex-combatente dormir em paz".

Já a tourada é trágica. Se implica morte certa para o touro, implica, também, um grande perigo para o homem, explica Hemingway em seu manual de tauromaquia. Mas, além do perigo equivalente, o que marca a tourada, ainda segundo o autor, é que na arena jamais a morte será impessoal. Ao contrário, ela exige a fusão de dois participantes, o apagamento dos limites entre os corpos e nunca – no plano ideal em que Hemingway se orienta, é lógico – poderá responder às determinações de uma ação friamente calculada como um ataque, ou chegar aos resultados de uma catástrofe natural.

É justamente por considerar que as touradas se distinguem por essa união entre os combatentes, por essa personalização da morte, que Hemingway atribui às touradas um cunho sagrado, acreditando que, em decorrência daquelas características, a luta na arena não desemboca no simples assassinato ou na ignóbil carnificina a que se referia o Coronel Cantwell.

Dentro dessa perspectiva, onde a reflexão sobre a morte se encontra com o conflito entre a natureza e a civilização, é que se compreende a insistência de Hemingway, enquanto correspondente de guerra, em frisar a diferença entre o que significava sucumbir em decorrência de um ataque tecnológico, e morrer em conseqüência de uma catástrofe da natureza. Fundamentalmente, a diferença entre os dois tipos de morte em massa era que o primeiro tipo caracterizava-se por ser uma ação friamente calculada, enquanto que o segundo era resultado de um acidente da natureza.

No despacho enviado de Madri em 26 de março de 1937, o escritor dizia:

> Não existe nada mais sinistro do que o rastro de um tanque. Um furacão tropical deixa uma trilha de destruição horrível, mas os sulcos paralelos de um tanque na lama vermelha marcam as cenas com o horror característico da morte planejada, pior do que qualquer furacão.

Em contrapartida a essa morte banalizada pelo genocídio, Hemingway idealiza uma outra fundada na idéia de comunhão na morte, de contigüidade entre esta e a vida, o tipo de morte executada pelo *matador* Pedro Romero em *O Sol Também se Levanta* e que aparece novamente em *The Old Man and the Sea* (*O Velho e o Mar*, 1952), aproximando Santiago desse universo de matadores éticos e o diferenciando dos tubarões assassinos e do mundo impuro da morte mecânica.

Para o velho pescador, a questão ética não reside no ato de matar em si. "Tudo mata tudo, de uma maneira ou de outra. Pescar mata-me tal como me faz viver". O problema ético reside, como na tourada idealizada de Hemingway, na igualdade de forças dos combatentes, no respeito e no amor que um sente pelo outro.

O ato de Santiago, no universo hemingwayano, é honrado porque ele "não matou o peixe apenas para conservar-se vivo e vendê-lo para alimento. Matou-o por orgulho e porque é um pescador. Amava o peixe quando estava vivo e, afinal, ainda amava-o morto. Se o ama, com certeza não foi pecado matá-lo"[10].

A equivalência de condições entre as duas partes determina, para Hemingway, não só os princípios éticos para matar como também implica um código de honra para o ato de morrer. Como sintetizou o velho Santiago, fundindo paradoxalmente o código do *matador* ao do *self-made man*, "o homem não foi feito para a derrota. [...] Um homem pode ser destruído, mas nunca derrotado".

Ser derrotado é, dentro desse conjunto de proposições, não saber matar nem morrer com dignidade e, nesse sentido, a morte de Harry Morgan em *Ter e Não Ter* não o impossibilita de ser um herói hemingwayano. Sem dúvida que foi destruído pela sociedade, mas manteve sua dignidade até o fim da vida.

Harry Morgan é a vítima por excelência de um mundo industrializado e falido. Com a Depressão dos anos 30 é obrigado a dispor de seu barco para o contrabando de bebidas, transporte ilegal de imigrantes e de guerrilheiros cubanos. Em uma dessas travessias, perde o barco, a carga e um braço durante um tiroteio. Daí em diante, luta como pode para sobreviver, pois não se dava por derrotado.

Pela primeira vez na obra literária de Hemingway, o tema da luta pela sobrevivência sai do plano da integridade pessoal para situar-se no âmbito das relações sociais. As forças em jogo são definidas no âmbito da luta de classes, a legitimidade de matar, a honra, o conceito de *pundonor*, a dicotomia coragem/covardia exigem a referência ao abismo social entre os *have* e os *have not* no contexto do *New Deal*.

Harry é um pária social. Vive e age ilegalmente, mas é honrado, dentro do conjunto de pressupostos hemingwayanos, porque enfrenta o perigo, é estóico e viril. Seus atos não corrompem sua integridade porque sua luta é digna. Em suma, Harry incorpora a idealidade do modelo de *matador* a partir do qual Robert Jordan será construído.

10. E. Hemingway, *The Old Man and the Sea*, Londres, 19ª ed., Grafton Books, 1981, pp. 90-91 e *O Velho e o Mar*, Civilização Brasileira, 1971, p. 111.

A morte ética, até *Ter e Não Ter*, discutida nos termos de uma alternativa individual à violência da civilização tecnológica, será discutida ao longo de sua obra (jornalística e literária) de 1935 a 1940, em confronto com a violência social.

Anthony Burgress situa bem essa mudança. Enquanto uma das características principais da obra de Hemingway até *Ter e Não Ter* era a possibilidade do homem redimir-se por si mesmo, dispondo do recurso de Frederick Henry (concluir *a separate peace*),

o Hemingway do final da década de 30 já não parece tão seguro dessa filosofia. Morgan diz a uma certa altura: "Não tenho barco, nem dinheiro, nem educação... Tudo o que possuo para vender são os meus *cojones*", mas suas tão citadas palavras na hora da morte são: "One man alone ain't got no bloody fucking chance".

Harry Morgan não redime sua espécie, mas sua descoberta antecipa a epígrafe de John Donne utilizada em *Por Quem os Sinos Dobram*, onde se apresenta pela primeira e única vez a possibilidade de purificação da espécie humana como um todo, sem que se abandone o mito do Bom Selvagem, o papel e as funções a ele atrelados no que diz respeito à possibilidade de salvação dos homens.

4.4. DA LUTA CONTRA O NADA À LUTA POR TODOS

Nos primeiros romances de Ernest Hemingway, *The Torrents of Spring* (*As Torrentes da Primavera*, 1926) e *O Sol Também se Levanta*, predomina a luta das personagens contra o vazio deixado pela guerra. Nelas o Bom Selvagem aparece como o homem simples, que, pela sua proximidade à natureza, é capaz de indicar uma possibilidade de regeneração àqueles indivíduos que se dispõem, por vontade própria, a abdicar da civilização e de seus males.

Em *As Torrentes da Primavera* encontramo-nos em um ambiente dominado por homens e mulheres atônitos em meio à redefinição dos valores que os circundam, pessoas que buscam um horizonte na atmosfera sinistra do governo Coolidge e da *Weltpolitik*, indivíduos perplexos diante da descoberta de que a guerra havia se tornado um "grande negócio"[11].

---

11. E. Hemingway, *The Torrents of Spring*, Nova York, Charles Scribners' Sons, 1987, p. 23, e *As Torrentes da Primavera*, Lisboa, Edições Livros do Brasil,

Enquanto Scott Fitzgerald em seus preciosos retratos dos EUA do pós-guerra tematiza o desencanto interrogando-se onde foi que o *American Dream* se perdeu, Hemingway, em seu registro dessa mesma América, desenvolverá o tema do desencantamento do mundo pelo prisma da falta de perspectiva de pessoas que não têm mais sonho algum.

As Torrentes da Primavera é a história de indivíduos que estão a esmo na vida, gente que perdeu os braços na guerra, que foi abandonada pela família, personagens que nada têm em comum além de terem sido traídas pelo insólito da história. A única identidade entre Scripps, Yogi, Diana, os índios é o seu desterro, sua falta de esperança, sua solidão.

Segundo o próprio autor, *As Torrentes da Primavera* é "uma novela romântica em nome de uma grande raça que morreu". A grande raça em questão é uma raça mítica de indivíduos que não foram contaminados pela civilização e que pela sua pureza imaculada podem provocar o encontro dos homens consigo mesmos.

O resgate de si mesmo aparece assim condicionado ao "Bom Selvagem" que, imune à civilização, é capaz de regenerar a espécie, abrir as comportas para o jorro das torrentes da primavera.

A *squaw* nua que detona o rearranjo do mundo íntimo das personagens não tem nada a ver com os índios que aparecem durante todo o desenvolvimento da narrativa do romance em questão. Estes não são índios idealizados. São representantes de uma etnia subjugada e vivem a situação degradante dos índios que moram em um subúrbio de Chicago. Trabalham com os brancos, mas sob condições diferentes. Odeiam os brancos e sobrevivem oscilando entre momentos em que sua cidadania era conveniente para o governo, como na época da guerra, e a discriminação.

Estes índios não são capazes de desfazer a dúvida do narrador: "Mas então, já não há mais *squaws*? O que foi feito de nossas *squaws*? Teremos perdido na América as nossas *squaws*?"

---

s.d, p. 43. O romance foi escrito como paródia satírica de *Dark Laughter* (1925) de Sherwood Anderson, o iniciador de Hemingway na arte literária e o promotor de seu encontro com Gertude Stein, Sylvia Beach e Pound em Paris.

O romance de Anderson procurava evidenciar a "paralisia da mente industrial" dos brancos, utilizando-se, para tanto, do riso macabro dos empregados negros. Zombeteiramente, Hemingway interceptou os capítulos de sua paródia com risos vermelhos (dos índios). Entretanto, a crítica literária exagera muito o tom satírico de Hemingway nesse romance. Analisando essa obra com o conjunto da literatura do escritor, nota-se que ele não supera a visão do caráter regenerador das raças não brancas, trabalhando as diferenças étnicas numa perspectiva essencialmente romântica, contrapondo o "primitivo" ao "civilizado".

Somente a índia nua que levava uma criança nas costas, que entra súbita e silenciosamente na Feijoaria Brown, é virtuosa o bastante para ser capaz de redefinir o destino das personagens. Até o momento de sua aparição, todas as personagens estão concentradas em si mesmas, ninguém fala com ninguém. Quando entra, todo o clima da feijoaria se transforma.

A *squaw* é expulsa aos gritos e atirada na neve, os índios ficam impassíveis, Yogi paralisado, as criadas cobrem o rosto, Scripps treme. Yogi sente que algo se quebrara dentro dele. Reencontra o desejo perdido na guerra. Regenera-se.

> Algo estalara quando a *squaw* entrou na sala. Invadira-o uma sensação que ele julgara perdida para sempre. Perdida. Desaparecida para sempre. Sabia agora que tinha errado. E agora acertara. Conseguira-o por mero acaso. Em que ainda estaria pensando se aquela *squaw* nunca tivesse entrado na feijoaria? Que pensamentos negros não lhe teriam enchido a imaginação. Estivera à beira do suicídio. Autodestruição. Matar a si mesmo. Aqui nesta feijoaria. Que erro não teria sido. Sabia-o agora. Que disparate poderia ter feito da vida. Matar-se. Agora podia vir a primavera. Que viesse. Por depressa que fosse, não o seria suficientemente. Que a Primavera viesse. Estava pronto para ela. (p. 79; p. 123)

Enquanto isso, do outro lado do balcão, o casamento de Scripps com sua segunda esposa, Diana, terminava. Ela parte. Ele se casa com Mandy, imediatamente, ali mesmo, mas sabe que não poderá ser feliz com ela. Com o aparecimento da *squaw*, descobrira a fragilidade de sua luta contra a solidão, a falta de conteúdo de suas relações, o vazio de seus valores pseudo-intelectuais e de suas preocupações artísticas.

Yogi vai embora com a índia. Caminham pela estrada de ferro. Ele se despe. Seus dois amigos índios recolhem suas roupas para vendê-las ao Exército da Salvação. O *chinook*, vento quente e seco que sopra nas Montanhas Rochosas e que anuncia a primavera, chega. Os dois índios também se regeneram, descobrindo o que realmente querem.

O encaminhamento romântico das tensões é notório. O reencontro das personagens consigo, sua regeneração, é fruto do súbito aparecimento da *squaw*. Todos os problemas são solucionados no encontro com a Boa Selvagem, que resolve os conflitos sociais metafisicamente no plano dicotômico da aparência (a civilização que desencaminha o homem) e a essência (a natureza que redime os desajustados levando-os ao encontro da essência do ser).

O desespero das personagens, seus desencontros não dizem respeito à América, a Chicago, a Petoskey, à colonização, ao pós-guerra. São fruto da distância em relação a uma essência atemporal, entendida como vínculo com a natureza, com o permanente, com o autogoverno, portanto a própria virtude, que permanece resguardada naquela *squaw*.

Ela é a pureza original, a inocência perdida, a sobrevivente de "uma grande raça que morreu". Uma raça mítica que é a portadora do sentido do ser, da vida. Ela é a essência da regeneração do homem, por isso anuncia a primavera, porque ela é a própria primavera.

Essa temática do indivíduo desajustado socialmente pela guerra, que se redime individualmente a partir da equação entre a essência x a aparência (ou seja, permanente x transitório, natureza x civilização, virtude x vício) prossegue nos quase dez anos que sucedem *As Torrentes da Primavera*.

Contudo, entre *Adeus às Armas* e *Ter e Não Ter*, desaparece, praticamente, toda e qualquer crença das personagens. O Nada é o grande entrave filosófico que os sufoca e angustia. Enquanto em *O Sol Também se Levanta* ainda podemos entrever a resolução dos conflitos por meio de um Bom Selvagem, a partir do momento que a história passa a ser pensada como História da Guerra, a agonia do homem que não vê alternativas para a sua desilusão domina o campo de tensões temáticas da obra de Hemingway.

Em *O Sol Também se Levanta*, Hemingway estabelece o mesmo tipo de contraponto presente em *As Torrentes da Primavera*, opondo a ética e integridade do toureiro Pedro Romero (o natural) ao vazio existencial de sua geração (a civilização) representada no livro pelo grupo de jovens montparnassianos que vão à *Feria de San Fermín* (6 a 12 de julho, Pamplona).

A estrutura circular da narrativa garante a fecundidade da epígrafe bíblica (Eclesiastes) que abre o livro e sua preponderância sobre a frase célebre atribuída a Gertrude Stein. A integridade moral de Pedro Romero indica a possibilidade de regeneração daquele grupo de jovens destroçados pela guerra, por uma história que traiu suas expectativas de um futuro melhor sem com isso anunciar a perspectiva de redenção.

"Vocês são uma geração perdida", teria dito Gertrude Stein, mas Hemingway parece que acredita mesmo é na hipótese de Eclesiastes, "uma geração passa e outra vem, mas a terra perdura para sempre... O sol se levanta sempre, e o sol sempre se põe, e se precipita para o lugar onde se levanta. O vento dirige-se para o Sul e volta-se para o Norte; sopra continuamente, e o vento retorna novamente de acordo com seus circuitos..."

A última cena é quase idêntica à primeira em que Jake Barnes e Brett aparecem juntos. Mas tudo mudou. A estonteante Lady Brett Ashley já não é mais a mesma mulher prostituída e incapaz de amar do início do romance. Depois de seu *affair* com Romero, parece ter-se libertado de seus "vícios".

- Ah, Jake, poderíamos ter passado um tempo tão bom juntos.

Adiante, um policial montado, de uniforme cáqui, dirigia o trânsito. Levantou seu cassetete. O carro diminuiu a velocidade de repente, comprimindo Brett contra mim.

- Sim, eu disse. Não é bom pensar assim?

FIM

Esse tipo de recurso, onde a última cena nos remete novamente ao corpo do texto, nos lança dentro de um emaranhado onde se anuncia a possibilidade de tudo começar outra vez e daí a idéia de regeneração pessoal não anunciar a redenção.

O corte abrupto estabelecido pelo "FIM" faz com que as palavras de Jake se repitam infinitamente, negando o final do romance e remetendo-nos à promessa de seu título. "Tanto quanto o sol se levanta, o sol se põe, e somente a terra – não os heróis, nem seu sucesso ou seu fracasso – permanece para sempre"[12].

No entanto, o contato com Pedro Romero, se não é capaz de mudar o curso de um destino marcado – note-se como a história é eclipsada pela perspectiva teológica da existência –, é suficientemente potente para regenerar o ícone do vício que é Brett em *O Sol Também se Levanta*, e, ao mesmo tempo, instigar o reencontro de Jake com sua sexualidade, visto que o caso de Brett com o toureiro é viabilizado por Jake, que rompe, assim, o círculo de assepsia sexual que cerca o universo rigidamente masculino dos *aficcionados*.

Diz Bradbury:

[Em *O Sol Também se Levanta*] [...] prevalece um novo romantismo, o romantismo da dor administrada e estóica, que nasce da dor e da capacidade para se exibir força e exatidão, para descobrir ocasiões de prazer e alegria no mundo da experiência potencialmente falsa, sem abdicar do sentido do trauma moderno ou cruzar a fronteira da emoção corretamente despendida. No desempenho limpo e econômico da tauromaquia de Romero na Espanha, na limpa e momentânea alegria natural da viagem de pesca, aparecem as imagens da exatidão, as pequenas essências de uma existência caótica.

---

12. Arnold E. Davidson e N. Cathy, "Decoding the Hemingway Hero" em: Linda Wagner-Martin (org.), *New Essays on the Sun Also Rises*, Cambridge, Cambridge University Press, 1987, p. 103.

Acompanhando o modo como Hemingway retrata Romero, entendemos que ele não é um homem. É uma encarnação transcendente, dentro dos parâmetros que o autor constrói, do símbolo máximo da masculinidade e da virtude essencial. Ele é aquele que treinou anos a fio para enfrentar um touro criado para desafiar a capa que ele manipula. É o *matador* que se expõe ao máximo, o homem que mais do que enfrentar o perigo, desafia-o. Pelas imagens descritas por Hemingway, conclui-se que Romero, mais do que subjugar o animal é aquele que se funde plasticamente com ele, criando a imagem do "homem-fera". "Por um momento ele e o touro eram um".

Por fundir a animalidade com a humanidade, por respeitar as etapas de um ritual de combate, pela pureza de suas linhas na exposição máxima ao perigo é que Romero pode, no universo hemingwayano, regenerar os civilizados de sua vida de vícios, todos semeados pela experiência da guerra.

A guerra, mundo da violência tecnológica, feriu Jake e fez dele um homem impotente. A guerra, mundo da violência indiscriminada, fez de Brett uma vítima, enviuvando-a e lançando-a na prostituição.

A guerra, portanto, é o caos moderno que Hemingway, incorporando seus pressupostos naturalistas à sua economia emocional puritana, procura corrigir por meio do universo das touradas.

Romero, o Bom Selvagem do universo onde a violência é controlada por regras que transformam a morte em um sacrifício ritual, pode reaproximar essas vítimas de sua essência, regenerando-as, porém sem salvá-las, sem redimi-las do Nada que as envolve.

É antológica, nesse sentido, a passagem do conto "A Clean Well-Lighted Place" ("Um Lugar Limpo e Bem Iluminado") em que o idoso que não quer ir embora do café desperta a compreensão do garçom mais velho do lugar. Sabia que não era por medo que o velho solitário queria continuar ali onde estava. O problema do velho solitário era o "Nada". (Não traduziremos essa passagem, visto que a mescla de idiomas inglês e espanhol parece-nos fundamental.)

Some lived in it and never felt it but he knew it was all nada y pues nada y nada y pues nada. Our nada who art in nada, nada be thy name, thy kingdom nada thy will be nada in nada as it is in nada. Give us this nada our daily nada and nada us our nada as we nada our nadas and nada us into nada but deliver us from nada; pues nada. Hail nothing full of nothing, nothing is with thee.

Segundo Emily S. Watts, o tema do Nada em Hemingway repercute a mesma atmosfera emocional de "Waste Land" de Eliot e da antifilosofia de Tzara, uma vez que remete à reflexão sobre a morte espiritual.

Pelo menos no que diz respeito a Hemingway, a afirmação é inegável. É como morte espiritual que o Nada hemingwayano se ergue e se contrapõe ao "algo" que ele atribui à morte ritual das touradas e é a partir desse tipo de morte que o dilema essência *x* aparência é estabelecido e resolvido metafisicamente pelo reencontro com a pureza original primitiva onde se aloja a virtude.

Será apenas a partir da publicação do artigo "Who Murdered the Vets?" ("Quem Assassinou os Veteranos?", 1935) que Hemingway passa a equacionar a problemática da agonia do homem do ponto de vista da violência social.

Nesse artigo denuncia:

> Durante a guerra, tropas – e às vezes os soldados sozinhos – que ganhavam a antipatia de seus oficiais superiores eram enviados a posições de perigo máximo até que deixavam de constituir um problema. Não creio que alguém enviaria, conscientemente, veteranos norte-americanos a semelhantes lugares em tempo de paz. No entanto, levando em conta a quantidade de vítimas registradas durante a construção da ferrovia Florida East Coast na temporada ciclônica – os mortos chegam quase a mil – os *keys* da Flórida podem ser classificados como uma posição de máximo perigo, e o desconhecimento nunca foi aceito como desculpa para justificar o crime ou o homicídio involuntário.
>
> Quem enviou quase mil veteranos de guerra, muitos dos quais homens fortes, trabalhadores, para quem simplesmente a sorte havia sido adversa, ainda que muitos eram quase casos patológicos, a viver em cabanas nos *keys* da Flórida durante a temporada ciclônica?
>
> Por que não foram evacuados no domingo, ou, no mais tardar, na segunda pela manhã, quando um furacão ameaçava assolar os *keys* e *a evacuação era a única via de escape possível*?

Esses veteranos, dizia o autor, eram sobreviventes de um tipo de guerra onde ainda podiam contar com o fator sorte, com a habilidade e astúcia que garantiam a sobrevivência. "Mas, agora, sabe-se que, quando ricos filhos da puta decidem fazer a guerra, a sorte não existe. O azar persiste até que todos os participantes pereçam."

Tão degradada era a situação dos veteranos que por um dólar podia-se urinar em suas barbas, em Nova York. Incomodavam porque seu desespero era tão profundo que não tinham mais nada a perder. Por isso tinham que ser exterminados, explica um veterano a Richard Gordon em *Ter e Não Ter*.

Nessa obra, Hemingway amplia a discussão sobre a violência

social do *New Deal*, focalizando a trajetória dos fracassos de Harry Morgan e sua paulatina destruição na luta pela sobrevivência.

Desde o primeiro parágrafo, o leitor é inserido em um contexto de miséria e violência que se torna mais nítido e mais cruel à medida que Hemingway passa a contrapor as preocupações da população nativa de Key West, os *Conchs* (assim chamados por sua capacidade de sobreviver alimentando-se exclusivamente de mariscos), às da burguesia americana que lotava os iates ancorados no cais, intercalando os dois extremos sociais com *flashes* sobre a condição dos *vets*.

Usando as palavras de McLendon

> De certo modo, os personagens do romance apenas representavam a luta dos *have-nots* (pobres) contra os *have* (ricos). Usando os *vets*, Hemingway deslocou-se do fenômeno local dos *Conchs* para o nacional da brecha entre os *have* e os *have-nots* que a Depressão criou na América[13].

Na luta em que homens esfomeados, submetidos a salários ínfimos, são esmagados por quem só tem como angústias existenciais tomar ou não pílulas para dormir ou como sonegar impostos, todos os atos em nome da sobrevivência são legítimos.

Como vítima do sistema, a dignidade de Harry Morgan reside na sua capacidade de resistir. Ele é um herói hemingwayano porque não se submete. Mata, faz contrabando, transporta imigrantes clandestinos, perde o braço, o barco, a carga, a própria vida, mas não aceita a imposição de ter que morrer de fome.

Diz Morgan:

> Olhe para mim. Eu costumava fazer trinta e cinco dólares por dia na estação levando pessoas para pescar. Agora, levei um tiro e perdi um braço e meu barco transportando uma carga de bebida que dificilmente vale tanto quanto minha embarcação. Mas, deixe eu lhe dizer uma coisa, meus filhos não vão abrir esgotos para o governo por menos dinheiro do que o suficiente para alimentá-los. De qualquer modo, eu, agora, nem posso mais cavar. Eu não sei quem faz as leis, mas sei que não existe nenhuma lei que obrigue você a morrer de fome[14].

Dentro dos parâmetros de Hemingway, a falta de escrúpulos de Harry torna-se sua marca de decência, de virtude, quando colocada lado a lado com o conformismo da população de Key

---

13. James McLendon, "The Have Among the Have Nots", em: *Tropic/Sun Herald*, 12 de outubro de 1972.
14. E. Hemingway, *To Have and Have Not*, Nova York, Charles Scribners' Sons, MacMillan Publishing, 1987, p. 96.

West, uma multidão silenciosa cujos estômagos roncam, "mas que jamais fariam um só movimento. Apenas sentiriam, a cada dia, um pouco mais de fome".

A descoberta de Harry na hora da morte de que um homem sozinho não tem nenhuma chance não resolve as tensões do romance, não redime a sociedade, pois não indica que a política de *less grits* e *more grunts* deixaria de existir, mas indica um reposicionamento do desempenho do Bom Selvagem / *matador*, que agora se orienta em direção ao homem entendido como humanidade e nesse sentido reconfigura a equação do conflito entre a natureza e a civilização.

Em *Por Quem os Sinos Dobram*, essa equação não deixa de ser romântica, continua transposta para um plano metafísico onde o conflito entre valores permanentes e transitórios determina o destino da história. O que muda nessa equação é a luta que não é mais colocada no plano do indivíduo em confronto com o Nada da vida. Ele luta é pela redenção da humanidade, pela transformação do todo. Tem fé na supremacia da virtude sobre o vício. Acredita na regeneração da humanidade pelo sacrifício individual.

A visão do Bom Selvagem/*matador* que faz de Pedro Romero um ser transcendente é substituída por um outro modelo de *matador*, onde a sua integridade não reside mais na sua proximidade da pureza original, mas na legitimidade de sua causa pelo bem universal.

Por um lado, o romance sobre a Guerra Civil Espanhola retoma uma das temáticas mais caracteristicamente hemingwayanas ao condicionar a dignidade do combate ao código ético decalcado da idealização das touradas, fazendo do modo como o homem se posiciona frente à morte (a sua e a de seu semelhante) um de seus eixos temáticos mais importantes para a compreensão de quem são os virtuosos homens componentes da República que está por vir. Por outro lado, a própria utopia republicana diferencia essa discussão do conjunto da obra, ao acatar a idéia de possibilidade de redenção universal, recomeço, e de justificar a luta pela salvação do todo.

O código do *matador* que faz Jordan entrar em crise no encontro com o jovem morto de Navarra é o mesmo que atormenta o velho Anselmo, que não se convence de que matar não seja pecado, que imagina que haverá algum tipo de penitência na República "que nos limpe das matanças feitas", mas que não duvida:

Uma coisa tenho certeza, porém, que nenhum homem, nem nenhum Deus pode arrancar-me: tenho trabalhado duramente pelo bem que compartilharemos todos mais tarde. Foi assim desde o começo do movimento, e nada fiz até agora de que me envergonhe. (p. 197; p. 179)

O sacrifício individual pelo bem de todos que aparecia em *A Quinta-Coluna*, ligado a uma organização partidária, agora é inserido em uma ordem mística, onde os critérios de legitimidade passam pela ética que orienta o posicionamento dos homens frente ao ato de matar e de morrer.

Matar só se justifica pelo bem comum e nesse sentido a violência deixa de ser uma abstração como em *Adeus às Armas*, ou uma violência de classe, como em *Ter e Não Ter*, e passa a ser identificada com a própria guerra e os homens que encarnam o mal, devendo ser, por isso, combatidos para que a humanidade seja purgada.

Dentro da visão de Hemingway, a morte legítima, digna, é aquela que ocupa um lugar hierarquicamente superior em sua escala de valores éticos e morais. Por isso ela não se comunica, nem se equipara com as formas de violência inerentes aos atos mecânicos, ao poderio bélico, à arbitrariedade, característicos, segundo o autor, do modo de vida da civilização tecnológica moderna.

Jordan e Anselmo são os símbolos do novo homem porque mais do que matar em nome da causa estão prontos a morrer para que toda a humanidade possa viver.

Dentro da mesma linha de raciocínio, estão excluídos dessa comunidade utópica os homens como André Marty, "que mata mais do que a peste bubônica"; o cigano Rafael, que considera o assassinato melhor do que o confronto porque oferece menos perigo; Pablo, que desacreditou a luta porque tem medo de morrer; os fascistas que matam civis indiscriminadamente, militares, e todos aqueles para quem o ato de matar e de morrer não remeta a um fundamento que lhe confira dignidade, conteúdo ético.

A República se configura como "República da Tourada", na medida em que estabelece como pressupostos de legitimidade da causa princípios decalcados das *corridas de toro*, que a remetem ao conjunto da obra de Hemingway sobre a Espanha e à compreensão das touradas como antítese da banalização da morte impingida pela civilização tecnológica.

Contudo, a incorporação de um sentido redentor na discussão de uma ética de combate redefine completamente a visão da Espanha na obra de Hemingway, levando-nos, então, a interrogar: Em que contexto discursivo a Espanha adquire um novo sentido na obra de Hemingway?

5. A República do Apocalipse

> *Esses artistas da ansiedade não podem, evidentemente, nos ajudar a viver, pois viver já lhes é extremamente difícil, mas sua missão é fazer-nos partilhar suas obsessões. Nisso, mesmo que eventualmente sem querer, eles nos ajudam a nos conhecermos melhor, o que constitui um objetivo fundamental de toda obra de arte.*
>
> François Truffaut, *Hitchcock/Truffaut*

5.1. A REPÚBLICA, HORIZONTE EM ABERTO

Em *Literatura como Missão*, Nicolau Sevcenko destaca uma das características mais interessantes da literatura moderna. A de se ter convertido no proscênio dos desajustados, colocando-se como um campo privilegiado para a apreensão dos projetos que poderiam ter ocorrido, mas que foram impossibilitados de se concretizar.

No que diz respeito à Guerra Civil Espanhola e aos escritores estrangeiros nela envolvidos a afirmação é indiscutível. A seleção arbitrária de alguns registros desse conflito, sejam eles romances, poesias, memórias, artigos de jornal ou pronunciamentos em congressos, deixa o observador seguro de que se encontra diante de diferentes expectativas de mudança do presente, muitas das quais profundamente marcadas por uma visão romântica da

Gerra Civil, mas que não podem ser tomadas como uma totalidade homogênea.

O poeta W. H. Auden lutou pela vitória da República como voluntário para dirigir ambulâncias e como propagandista. Dentre diversos artigos para a imprensa, escreveu o poema "Spain 1937", cujos rendimentos foram doados para o Spanish Medical Aid.

Nesse poema de Auden, a vitória republicana confunde-se com um divisor de águas que reiniciaria a história da civilização. A "construção da cidade justa" seria o resultado que justifica o "pacto suicida", a "morte romântica", a participação em uma luta onde não se identificam os conteúdos partidários.

Em *Dialogues with Death*, Artur Koestler revela um confronto político-econômico, no contexto de intrigas internacionais, matizado pelas diferenças entre os armamentos e o profissionalismo dos exércitos republicanos e franquistas, destacando as implicações da Política de Não-Intervenção na Guerra Civil Espanhola e, implicitamente, colocando a impossibilidade da concretização da vitória republicana naquela conjuntura.

O confronto entre Auden e Koestler poderia levar à falsa suposição de que a distância entre suas compreensões do conflito foi determinada pelo tipo de engajamento de cada um. Ou seja, que a grande diferença entre os dois depoimentos assenta-se no não-envolvimento partidário do primeiro e na posição de militante do segundo.

A conclusão é apressada. Está certo que Koestler foi à Espanha como correspondente do *News Chronicle* de Londres na condição de militante do Partido Comunista. Contudo, esse fato não é suficiente para explicar sua leitura da Guerra nos termos em que esta é retratada em *Dialogues with Death*.

Alvah Bessie também foi à Espanha como militante do Partido Comunista, mas suas memórias da Guerra Civil trazem conteúdos bastante diferentes dos apontados por Koestler. A fatalidade da derrota não faz parte da compreensão de Bessie.

Para o brigadista norte-americano, a idéia de uma *comunidade de destino* irmanada pelo sofrimento comum unifica os camponeses espanhóis e os voluntários numa mesma luta.

Bessie vê a Guerra Civil sob as lentes da luta de classes e das etapas necessárias para transformar a revolução em realidade. No entanto, tal visão do conflito não ilude o autor quanto à distância entre essa leitura e a dos espanhóis.

Apesar do conteúdo partidário marcante, onde a vitória republicana torna-se sinônimo da revolução comunista, Bessie não se omite sob a superfície tranqüila das ideologias que tomam a revolução como consumação de um processo mecânico.

Dois momentos são particularmente importantes nesse sentido: quando expõe o despreparo dos espanhóis (para além do potencial bélico e do profissionalismo militar) ao serem integrados às Brigadas Internacionais, sem reclamar a necessidade da disciplina soviética, e quando admite o conflito causa/indivíduo sem considerá-lo como uma atitude "herética".

Bessie descreve os espanhóis, em *Men in Battle*, como garotos com quem era difícil ficar bravo, olhando-os jogar futebol nos abrigos antiaéreos e imaginando seus rostos imberbes desfigurados por um bombardeio, ou mortos.

> Pareciam não ter idéia daquilo em que haviam entrado, ou se a possuíam colocavam as coisas em termos de uma "boa ação". Escreviam inúmeras cartas para casa, decoradas com desenhos sentimentais – uma pomba carregando uma carta era o mais comum – iluminados pelas tintas coloridas. (Enviavam seus poucos cigarros e todo o dinheiro que tinham para os pais.)

O impacto que a experiência da Guerra Civil Espanhola teve em suas vidas é bastante diferente. Para Bessie, como deixa claro no prefácio da edição de 1975 de *Men in Battle*, a luta que o mobilizava em prol da causa republicana durante a Guerra Civil Espanhola nunca acabou. Continuava na sua militância contra a intervenção norte-americana no Vietnam.

Já para Koestler, a experiência de prisioneiro de guerra, ameaçado pela sentença de morte, descortinou-lhe outra dimensão do humano, distante das categorias racionalistas do militante que, antes de ser preso, falava quase que cartesianamente sobre a situação dos republicanos e sobre Málaga em *Dialogues with Death*.

Esse livro é apenas uma parte de *Spanish Testament*, que foi escrito entre julho e agosto de 1937, no período relativo aos 96 dias em que o autor esteve preso e incomunicável, logo após a tomada de Málaga pelos franquistas. Entretanto, depois da ruptura de Koestler com o PC, o escritor não permitiu que a obra fosse republicada na sua totalidade.

Um dos pontos mais interessantes de *Diálogos com a Morte* é a diferença entre a objetividade que marca as reflexões de Koestler anteriores à sua captura pelos franquistas e a emotividade, a perda do compromisso para com as declarações articuladas, quando o frio militante, na prisão, descobre que "Morrer – ainda que a serviço de uma causa impessoal – é sempre um assunto pessoal e íntimo".

Na parte do livro dedicada às memórias do cárcere, sua narrativa passa a centralizar-se sobre as estratégias de sobrevivência de um condenado que aguarda o momento da execução.

[...] Descobri que o espírito humano é capaz de dirigir-se a certos mecanismos de auxílio que, em circunstâncias normais, não teria conhecimento. Atuam, no caso desta situação particular, tanto como narcóticos misericordiosos quanto como estimulantes extáticos. A técnica que desenvolvi sob a pressão da sentença de morte consistia na exploração habilidosa desses auxílios.

Outro intelectual bastante ativo na defesa da República espanhola foi o poeta britânico Stephen Spender. Simpatizante do Partido Comunista durante a Guerra Civil Espanhola, participante freqüente das "Conferências de Escritores" e autor de uma série de artigos entre 1936-1939 que defendiam a legitimidade do governo republicano espanhol, tais atitudes não fizeram com que sua poesia se resumisse em material de propaganda de qualidade duvidosa.

Na introdução que escreveu a *Poems for Spain*, fica claro que a despeito do posicionamento político-partidário nos anos do conflito espanhol, a Guerra Civil, para Spender, é, em si, uma luta poética. Combatia-se pela República, por um "amanhã com poesia", "pelas condições sem as quais a escrita e a leitura da poesia são quase impossíveis na sociedade moderna".

Esses eram os motivos que levaram tantos homens à Espanha em guerra.

Spender identificava defesa do princípio democrático, internacionalismo, tragédia e heroísmo com a luta pró-República e esta com a própria poesia. O fato de que grande parte da produção poética escrita durante o conflito pertencia a homens que a descobriram na luta o impressionava muito[1].

Distintamente a vê Simone Weil para quem a vivência no Batalhão de Buenaventura Durruti fazia senti-la que a luta "era mesmo a Revolução [...] esses períodos históricos acerca dos quais se lêem livros, que nos fizeram sonhar desde a infância, 1792, 1871, 1917"[2].

---

1. Stephen Spender e John Lehman (orgs.), *Poems for Spain*, Londres, The Houghart Press, 1939, p. 8
2. Simone Weil, "Diário de Espanha", em: Ecléa Bosi (org.), *A Condição Operária e Outros Estudos*, Rio de Janeiro, Paz e Terra, 1979, p. 149.
Simone Weil voltou para a França ferida, após dois meses de permanência

Ainda sob outro enfoque a relembra John Sommerfield, que, na travessia para a Espanha, relatada em *The Journey*, redescobre uma "tristeza cubista" que o colocava em contato com uma "luta de classes imemorial"[3].

Já para Victor Serge esta guerra confirmou a amarga constatação de que o sonho revolucionário havia desmoronado e, para Hemingway, tomou a dimensão de uma aposta final na espécie humana, o momento definidor de uma nova era, purificada pela luta redentora.

Vale a pena ainda mencionar que não foi por acaso que judeus do mundo inteiro foram engrossar as fileiras das Brigadas Internacionais, fazendo com que se dissesse que aí "a língua oficial era o ídiche". Por um lado, como homens que viviam a experiência do desenraizamento nacional, a defesa da República, por intermédio do engajamento nas Brigadas, se confundia com a própria possibilidade do cosmopolitismo que transcende o Estado Nacional. Por outro, na qualidade de vítimas potenciais do regime nazista, "as Brigadas Internacionais tornaram-se o veículo por meio do qual os judeus puderam oferecer a primeira *resistência armada organizada* ao fascismo europeu"[4].

Ao recusarmos a discussão sobre literatura pró-republicana estrangeira como apenas o campo das expressões político-partidárias dos escritores que nela se envolveram, circunscritas ao tempo cronológico e ao espaço físico da Guerra Civil, outras dimensões simbólicas do conflito emergem.

Em diversas páginas legadas por escritores, jornalistas e combatentes sobre o mesmo, independentemente do fato de apoiarem republicanos ou franquistas, identifica-se que seus autores crêem que a luta social da qual participam é única em importância na história, diferente de tudo que a antecedeu, um cataclismo do qual a humanidade emergirá totalmente transformada e redimida.

---

na Espanha, contra a sua vontade. No entanto, ao se dar conta de que a Guerra Civil se distanciava do que imaginava ser um processo revolucionário, convertendo-se em uma guerra entre potências, onde o terror igualava as facções em jogo, institucionalizando o genocídio e esvaziando o sentido da luta, decide não retornar mais à Espanha. Cf. "Carta a Georges Bernanos", em: M. A. Sperber (org.), *And I Remember Spain*, Nova York, MacMillan Publishing Press, 1974, pp. 259-263.

3. John Sommerfield, *The Journey*, em M. A. Sperber (org.), *op. cit.*, pp. 17-19.

4. Mordechai Richler, *Yoshua, Então e Agora*, Rio de Janeiro, Livraria Francisco Alves, 1980 e Albert Prago, "Jews in the International Brigades" em: Alvah Bessie e Albert Prago (orgs.), *Our Fight*, Nova York, Monthly Review Press with the VALB, 1987, pp. 94-103.

5.2. A GUERRA CIVIL COMO DIVISOR DE ÁGUAS DA HISTÓRIA

Entre as várias linhas que tecem a trama discursiva da República espanhola na literatura antifascista, chama a atenção as que configuram aquele momento como ponto de ruptura da história.

Poucos registros da Guerra Civil transmitem com tanta eficiência estética a idéia do caráter daquela luta como momento de definição dos destinos da humanidade como o poema "Spain 1937" de W. H. Auden.

Combinando imagens da antigüidade com as da contemporaneidade, característica compartilhada pelos outros jovens poetas do chamado Grupo de Oxford – Cecil Day Lewis, Stephen Spender, Louis Mac Neice –, Auden situa a Guerra Civil no âmbito de uma curiosa mítica marxista[5].

Auden contrapõe três tempos encadeados pela lógica tese-antítese-síntese, que pontuam a história no seu movimento orientado para a redenção.

A tese, conforme Spender, equivale à Espanha medieval, passado europeu, o ontem, isto é, Franco.

> Ontem a abolição de fadas e gigantes;
> A fortaleza, águia imóvel a vigiar o vale,
> A capela construída na floresta.
> Ontem a talha de anjos e gárgulas medonhas;
>
> O julgamento dos heréticos entre colunas pétreas;
> Ontem disputas teológicas em tascas
> E a cura milagrosa junto à fonte;
> O Sabá das Bruxas ontem, Hoje porém a luta.

Nesse "Hoje", a antítese, ponto intermediário entre o passado e o futuro, é que se fundem, como em Hemingway, as idéias de morte sacralizada e Espanha como território da causa sublime, preparando a síntese, a vitória republicana e a revolução.

> "Qual a tua proposta? A Cidade Justa? Sim.
> Concordo. Ou é um pacto de suicídio, a morte

---

5. Vide, a esse respeito, as considerações de José Paulo Paes na introdução que fez à edição dos poemas de Auden, por ele organizada e traduzida. "Vida e Poética de W. H. Auden", em *W. H. Auden - Poemas*, São Paulo, Cia. das Letras, 1986, pp. 10-11. A tradução utilizada do poema de "Spain, 1937" pertence a essa edição.

Romântica? Muito bem, aceito, pois
Sou tua escolha, tua decisão: sim sou Espanha."

O caráter sagrado da causa, naquele momento identificada com "Espanha", é fruto da compreensão do amanhã como momento do desabrochar da humanidade purificada, livre da "adoração dos doidos" e da "sempre clássica palestra sobre a origem da Humanidade".

"Amanhã o amor romântico descoberto outra vez; / A fotografação de corvos; o divertimento todo à / Sombra magistral da Liberdade." Esses anseios justificam o sacrifício momentâneo do indivíduo, visto que a liberdade é o fruto da resignação do combatente às forças imediatas da necessidade.

> Amanhã, para os jovens, poetas explodindo feito bombas,
> O passeio à beira do lago, o inverno de perfeita comunhão:
> Amanhã a corrida de ciclistas
> pelos subúrbios nas tardes de verão; hoje porém a luta.
>
> Hoje o inevitável aumento das chances de morrer
> A cônscia aceitação da culpa no fato do assassínio;
> Hoje o dispêndio de poderes
> No enfadonho, efêmero panfleto e no comício chato.
>
> [...]
>
> As estrelas estão mortas; os animais não vêem;
> Estamos sós com o dia que nos coube, o tempo é curto e a
> História para os derrotados
> Pode dizer um ai mas não pode absolver nem ajudar[6].

Além da Guerra Civil Espanhola como ponto de decisão do destino da humanidade, justificada pelo futuro grandioso de justiça e felicidade, Auden compartilha com Hemingway dos dilemas que acompanham a necessidade de matar e a própria noção de morte como sacrifício pelo bem comum.

O mesmo tema se apresenta em outro poeta, materialista, cujas ligações com o Partido Comunista eram muito mais sólidas do que a aceitação de sua necessidade momentânea, o peruano Cesar Vallejo.

Na poesia de Vallejo percebe-se com clareza como o pacto suicida audeniano e a sacralização da morte pela causa, similar-

---

6. Modificamos a tradução da edição utilizada apenas no penúltimo verso que, no original, é "History to the defeated" e foi traduzido por José Paulo Paes por "História em vias de derrota".

mente a Hemingway, sublinham o caráter apocalíptico da Guerra Civil e a identificam como momento de transição rumo à era messiânica.

> Construtores
> agrícolas, civis e guerreiros,
> da ativa, formigante eternidade: estava escrito
> que vocês fariam a luz, entornando
> com a morte seus olhos;
> que, à queda cruel de suas bocas,
> virá em sete bandejas a abundância, tudo
> no mundo será subitamente de ouro
> e o ouro,
> fabulosos mendigos, de sua própria secreção de sangue,
> e o ouro mesmo será então de ouro![7]

Nesse futuro grandioso e predestinado, porvir da comunhão absoluta, Vallejo retoma quase que literalmente as profecias bíblicas de Isaías, assegurando que "todos os homens se amarão" e que "só a morte morrerá! / A formiga trará pedacinhos de pão ao elefante encadeado à sua brutal delicadeza; / voltarão / as crianças abortadas a nascer perfeitas, espaciais / e trabalharão todos os homens / engendrarão todos os homens / compreenderão todos os homens!"

A concretização dessa aurora messiânica passa, no entanto, pela sagrada missão da classe operária, que tem a incumbência de levar adiante a purgação dos homens. "Operário, salvador, redentor nosso, perdoe-nos, irmãos, nossas dívidas!", clama Vallejo no poema citado.

A compreensão mítica do conflito se acentua quando se evoca nada mais nada menos do que a redenção como grito de guerra e justificativa para a chamada dos voluntários do mundo todo a participarem desse momento definidor do futuro, em que se conclama os justos a morrer pelo bem comum: "Na Espanha, em Madri, estão chamando a matar, voluntários da vida!"

Não só a morte é sacralizada pelo porvir da humanidade redimida, como o próprio novo tempo é o resultado do conflito entre forças opostas que se embatem na guerra: "Voluntários, / pela vida, pelos bons, matem / a morte / matem os maus! / Façam-no pela liberdade de todos".

---

7. Cesar Vallejo, "Himno a los Voluntarios de la Republica" em: *Obra Poetica Completa*, Caracas, Biblioteca Ayacucho, s.d., pp. 195-199. Todos os poemas citados de Vallejo provêm dessa edição.

Luta-se não só pelo todo, como também pela regeneração desse todo. No poema "Batallas", nesse sentido, afirma:

> Lutar por todos e lutar
> para que o indivíduo seja um homem
> para que os senhores sejam homens,
> para que todo o mundo seja um homem e para
> que até os animais sejam homens.

O embate entre tendências antagônicas, que em Vallejo aparecem como as forças do mal e do bem, e em Auden como as do ontem e as do amanhã, são retomadas no poema "La Guerra" (1936) de Pablo Neruda, onde as oposições presentes nos poetas citados se fundem, mantendo a orientação de encaminhamento da história para o final redentor.

> Espanha, envolta em sonho, despertando
> como uma cabeleira com espigas,
> vi você nascer, talvez, entre os matagais
> e as trevas, lavradora,
> levantar-se entre os carvalhos e os montes
> e percorrer o ar com as veias abertas[8].

Em oposição a essa Espanha portadora do sonho, diretamente ligada à luta pela terra e às entranhas da natureza, se ergue uma outra, o passado a ser superado, profundamente marcada pela ilegitimidade, a religião católica, as práticas inquisitoriais e os atos taciturnos.

> [...] te vi atacada nas esquinas
> pelos antigos bandoleiros. Iam
> mascarados, com suas cruzes feitas
> de víboras, com os pés metidos
> no glacial pântano dos mortos.

Metáforas que colocam a Espanha republicana e a franquista em campos radicalmente contrários, como as imagens de luz / trevas, natural / artificial, novo / velho, sonho / pesadelo, nascimento / morte, se superpõem ao longo do poema de Neruda e orientam a Guerra Civil, segundo o mesmo movimento mítico do materialismo histórico atribuído por Spender a Auden, em direção ao seu final redentor, numa perspectiva de história onde a

---

8. Pablo Neruda, "La Guerra", em *Canto General (Yo Soy)*, México, Ediciones Oceano, 1952, p. 544.

luta não só é momento de transição como condição necessária para a superação de um determinado estado.

> Eu vivi com tua aurora de fuzis,
> e quero que de novo povo e pólvora
> sacudam as ramagens desonradas
> até que o sonho estremeça e se reúnam
> os frutos divididos na terra.

Mas não é só na poesia, e muito menos entre os que apoiavam a República, que se faz presente a visão da Guerra Civil como um marco definidor do futuro da história e da legitimidade da causa sacralizada pelo caráter redentor da luta, que assegura o desabrochar do tempo da humanidade purificada de seus males.

Também nas manifestações em apoio aos franquistas encontraremos a expressão maniqueísta da Guerra Civil Espanhola e a compreensão daquele momento como apocalíptico e de cujos resultados depende a "salvação" universal.

A polarização que se estabelece entre os ideais da "civilização" contidos na vitória de uma tendência, em contraposição à "barbárie" que, fatalmente, resultaria no caso de sua derrota, explicita a coincidência entre os argumentos usados em prol da República e a favor dos franquistas.

A partida do contingente dos Camisas Azuis Irlandeses que foram à Espanha lutar ao lado das tropas de Franco é abençoada pelo Rev. Monsenhor Ryan, porque se entende que sua mobilização é feita "para que a destruição da civilização possa ser impedida, para que Cristo viva e reine, e para que o comunismo e o poder de Satã na terra possam ser destruídos"[9].

A luta da cristandade contra o comunismo, traduzida por luta da civilização contra Satã, é também o argumento do voluntário inglês Douglas Jerrold que, em *Georgian Adventure*, destaca os vínculos entre a causa franquista e a causa divina.

Jerrold assinala que os franquistas "jamais seriam fascistas porque eles são acima de tudo por Deus". Protestavam "contra a era da máquina" e combatiam para "salvar a alma de uma nação", para impedir que "a Espanha se tornasse Rússia, porque se assim ocorresse, então, o mundo inteiro poderia tornar-se Rússia"[10].

---

9. Eoin O'Duffy, *Crusade in Spain*, em M. A. Sperber (org.), *op. cit.*, p. 32.
10. Douglas Jerrold, *Georgian Adventure*, em M. A. Sperber (org.), *op. cit.*, pp. 7-8.

Uma forma semelhante de encaminhamento dessa dicotomia aparece no poema "Flowering Rifle" de Roy Campbell, constante da referida antologia, que é exemplar na construção de imagens onde bárbaros "Reds" se empenham, violentos, em trazer seu espectro de morte e escuridão, destruindo, implacavelmente, as mais belas construções da cultura universal[11].

A visão do conflito entre a civilização e a barbárie se reapresenta na argumentação pró-República, recuperando os ideais da Ilustração.

Justifica-se, assim, a adesão pelo impedimento da continuidade da "Era das Trevas na Espanha, onde a Igreja e os soldados controlam a riqueza e o bem-estar escravizando a maior parte do povo", nas palavras de Theodore Dreiser em *Writers Take Sides*, e no âmbito do papel social do intelectual, como o fez Julien Benda.

Em sua colocação no primeiro dia do Segundo Congresso Internacional de Escritores para a Defesa da Cultura (1937), Benda explicita a identificação da guerra como choque entre os ideais da civilização e a barbárie fascista.

[...] Digo que o intelectual está perfeitamente enquadrado no seu papel quando sai de sua torre de marfim para defender os direitos da justiça contra a barbárie. [...] Não fazemos mais do que [...] continuar na direção do verdadeiro intelectualismo, contribuindo com toda nossa alma, o tributo de nossa adesão ao governo da Espanha republicana, sobre o qual recai hoje a trágica honra de representar a causa da Justiça e da Liberdade contra as eternas potências do obscurantismo[12].

Os termos em que Benda equaciona o conflito reaparecerão ao longo de todo o congresso em colocações de intelectuais marcantemente distintos como Alexis Tolstoi, Stephen Spender, Willi Bredel e Tristan Tzara.

As diversas polarizações que caracterizam o conflito se repetem na argumentação pró-República e na pró-Franco, configurando-o como a luta do Amanhã contra o Ontem, do Bem contra o Mal, da Civilização contra a Barbárie, do Natural contra o Artificial e assim por diante. Entretanto, varia muito o que se entende por cada um desses termos.

11. Roy Campbell, *Flowering Rifle*, em M. A. Sperber (org.), *op. cit.*, pp. 155-159.
12. *II Congreso Internacional para la Defensa de la Cultura (1937) – Actas, Ponencias, Documentos y Testimonios* (Manuel Aznar Soler e Luis-Mario Schneider, orgs.), Valência, Conselleria de Cultura, Educació i Ciència, 1987, vol. III, pp. 22-23. Todas as nossas citações desse Congresso provêm da obra citada acima.

A luta que se direciona para o Amanhã da justiça e da liberdade, marcado pela superação da política em Auden e Hemingway, não conflui para a aspiração do retorno à ordem espontânea do "Ontem" de George Santayana.

Em uma carta a Robert Shaw Barlow, Santayana argumentava que desde o triunfo da cristandade, e, principalmente, depois da Reforma e das Revoluções Inglesa, Americana, Francesa, e, por último, a Bolchevique, o mundo passou a ser governado por "teorias e seitas universalistas".

Entretanto, frisava, essas teorias "não-biológicas", por serem "artificiais", precisavam ser impostas a partir de uma moral.

Nesse sentido, a Guerra Civil Espanhola fazia com que pensasse se o mundo não estaria em vias de retornar para uma época, deixada de lado há dois mil anos, em que a moral era conseqüência das ambições ditadas pelo que é "espontâneo nas nações", a "vida agrícola, militar e artística"[13].

É preciso, portanto, ser extremamente criterioso na percepção de como algumas imagens e idéias são compartilhadas na produção cultural do conflito, a fim de não criar falsas ilusões sobre supostas visões antagônicas da Guerra e/ou sobre o caráter totalitário de todos os intelectuais engajados na guerra Civil Espanhola.

Foge às limitações desse trabalho uma análise detalhada da produção cultural de não-espanhóis voltada à defesa das tropas franquistas durante a guerra, mesmo porque ela é bastante pequena, resumindo-se, basicamente, às declarações de pouquíssimos escritores nas enquetes feitas na Inglaterra, *Authors Take Sides*, e nos EUA, *Writers Take Sides*, e, segundo os analistas consultados, aos autores aqui citados.

Contudo, é necessário frisar como a percepção da história como luta, imanente ou dialética, entre termos opostos, é um dos aspectos essenciais para a compreensão da expressão cultural da Guerra Civil, inserindo-se nesse contexto a interpretação apocalíptica do conflito, dentro do qual ele assume o papel de ponto intermediário de passagem para a redenção, uma imagem corrente no âmbito da produção engajada na defesa da República.

Dentro dessa visão do conflito espanhol enquanto encruzilhada histórica e da vitória da República como condição e tempo da humanidade redimida é que as mobilizações em torno da

---

13. Carta de George Santayana a Robert Shaw Barlow, Hotel Bristol, Roma, 3 de novembro de 1936, em M. A. Sperber (org.), *op. cit.*, p. 229.

Guerra são conclamadas, identificando a luta da Espanha com a luta pelo futuro mundial.

Na resolução publicada pela Associação de Escritores para a Defesa da Cultura em Paris, no início de novembro de 1936, os intelectuais deixam claro que concebem o perigo fascista como ameaça ao homem entendido como categoria transcendente e universal:

> De Madri, dessa Madri onde o povo defende sua independência, sua liberdade, que o fascismo destruidor ameaça, o Secretariado da Associação de Escritores para a Defesa da Cultura chama a todos os intelectuais, artistas, cientistas, seja qual for nesse instante seu campo de atividade, para essa luta que põe todos em jogo. Pois essa luta põe em jogo a cultura e, com ela, a liberdade, a independência, a dignidade humana, condições de toda a criação. É absolutamente necessário que os intelectuais sigam este combate, onde se forja de uma maneira heróica o porvir da inteligência.
>
> [...]
>
> Quem afirma que essa luta em que combatem os espanhóis não afeta mais do que a eles mesmos estenderá o domínio da falsidade e trairá a dignidade humana, já em grave perigo.
>
> [...]
>
> Pedimos que os escritores de todo mundo compreendam que a luta do povo espanhol não põe somente em jogo o porvir de um país, mas o porvir do homem[14].

A mesma preocupação em esclarecer o fundamento do engajamento na defesa da República espanhola como defesa da humanidade em si aparece na reflexão do então jovem Octavio Paz sobre Pablo Neruda, durante a Guerra Civil:

> "Se se perde a Espanha, se perderá o homem", não será apenas a derrota política das democracias; será a quebra universal da qualidade de ser homem. É nesse sentido último e decisivo que se há de entender a Espanha. E entendendo assim o que acontece agora, poderemos depois entender, com plenitude e desespero, o que ocorrerá logo com o homem. E isso, temos que repetir, não é episódio, propaganda ou política, mas tragédia e ruptura irreparável[15].

---

14. Assinam o documento: Rafael Alberti, José Bergamín, Antonio Machado, Ilya Ehrenburg, Mikhail Koltzov, Aragon, André Malraux, George Soria, André Viollis, Louis Fischer, Gustav Regler, Ludwing Renn, Kurt Stern. *Apud* M. Aznar Soler, *II Congreso Internacional para la Defensa de la Cultura (1937) – Literatura Espaola y Antifascismo (1927-1939)*, València, Conselleria de Cultura, Educació i Ciència, 1987, vol. II, pp. 130-131.

15. Octavio Paz, "Pablo Neruda en el Corazón", *Ruta*, nº 4, 15 de setembro de 1938. *Apud* M. Aznar Soler, *op. cit.*, p. 165.

Como movimento de defesa do homem, o antifascismo adquire não só a propriedade de, como se torna a própria condição da "salvação da alma", como literalmente o definiu Thomas Mann no panfleto "Spain", produzido pela Aliança Socialista das Mulheres Suíças em Zurique em 1936. Nesse texto, Mann sublinha o caráter de luta do "bem contra o mal" da Guerra Civil Espanhola[16].

O que diferencia substancialmente as manifestações de apoio aos campos que se embatem na Espanha é o sentido que se dá ao tempo da vitória.

Apesar de o fim da guerra ser imaginado como o reinício tanto nos registros pró-República como nos pró-Franco, esta idéia aponta no primeiro caso para um princípio capaz de romper com toda a história anterior e, no segundo, para o retorno para um tempo passado da história, porém, também, idealmente descrito.

Nesse sentido, comentava Salvador Dalí:

> Os desastres da guerra e da revolução nos quais meu país foi mergulhado apenas intensificaram a violência inicial e completa de minha paixão estética, de modo que quando meu país se interrogava sobre a morte e a destruição, eu interrogava aquela outra esfinge do iminente "porvir" da Europa, a da RENASCENÇA. Sabia que depois da Espanha, toda a Europa submergiria em uma guerra conseqüente das revoluções comunistas e fascistas, e que do colapso e da pobreza de todas as doutrinas coletivistas, emergiria um período medieval que recobraria os verdadeiros valores individuais, espirituais e religiosos. Dessas iminentes épocas medievais eu queria ser o primeiro dotado de uma compreensão total das leis da vida e da morte da estética, para ser capaz de proferir a palavra "renascença"[17].

Ora, esse reinício como retorno em nada dialoga com o olhar de Puig, personagem de *L'Espoir* (*A Esperança*) de André Malraux, contemplando "Barcelona grávida de todos os sonhos de sua vida" e de Negus, também personagem desse romance, que explicava a Pradas a ruptura essencial da experiência da Guerra Civil na qualidade de experiência da liberdade.

– [...] Quando os homens saem da prisão, nove vezes em dez seus olhos não se fixam mais. Não olham mais como homens. No proletariado também há muitos olhares que não se fixam. Pra começar, é preciso mudar isto. Está entendendo?

16. Thomas Mann, "Spain", em John Miller (org.), *Voices Against Tiranny*, Nova York, Charles Scribner's Sons, 1986, p. 63.
17. Salvador Dalí, "Premonition of the Spanish Civil War", em John Miller (org.), *op. cit.*, pp. 209-210.

… A REPÚBLICA DO APOCALIPSE

[...]

Se formos esmagados, aqui ou em Madri, os homens terão vivido um dia segundo o coração. Está compreendendo? Apesar do ódio. São livres. Nunca haviam sido. Não falo de liberdade política, hein, falo de outra coisa! Está compreendendo?[18]

No confronto dessas idéias de reinício, enquanto retorno "à era anterior à máquina", ao tempo sem teorias artificiais sobre o qual nos falava Santayana, e enquanto ruptura absoluta, pode nos surgir a interrogação sobre em que medida a interpretação hemingwayana da Guerra não se aproximava mais do ideário presente nas expressões culturais pró-franquistas do que das republicanas.

Contudo, essa ambivalência não é suficiente para que esgotemos a discussão aí, por dois motivos. Primeiramente porque a interrogação crítica da produção cultural da Guerra Civil Espanhola remete à compreensão de que o antagonismo radical entre fascismo e antifascismo é uma elaboração dos atores do período. Nesse sentido, apesar dos projetos políticos contidos em ambas tendências visarem objetivos distintos, isso não implica que antifascistas não possam incorporar categorias de pensamento e formas de expressão artísticas designadas como fascistas.

Em segundo lugar, porque se Hemingway compartilha a idéia do tempo da vitória como retorno a um passado mítico, este passado redentor está muito mais próximo das visões de comunhão universal presentes na literatura republicana do que nos registros pró-Franco analisados.

5.2.1. A Guerra como Comunhão

A especificidade de *Por Quem os Sinos Dobram* no conjunto da obra de Hemingway como único romance do autor que privilegia o sacrifício individual pelo coletivo, evidenciando a fé na humanidade, não pode ser isolada dos registros sobre a Guerra Civil, em que se nota tanto a afirmação da necessidade do sacrifício da vida pela salvação do todo, como a idéia de confluência entre o momento da eclosão da guerra, o da tomada de consciência de ser pertinente ao todo da humanidade e o engajamento na luta antifascista.

Como relembra Ilya Ehrenburg em suas memórias:

18. André Malraux, *A Esperança*, Curitiba, Guaíra, 1940, p. 215.

No dia 14 de julho [de 1936] mais de um milhão de parisienses tomou parte em uma manifestação. [...] Foram queimadas as efígies de Hitler e Mussolini. [...] Viam-se passar os retratos de Lenin, Stalin, Górki. Gritava-se aos espanhóis: "Bravo! Morte aos fascistas!"

[...]

Para alguns a vida se partiu em duas a 22 de junho de 1941, para outros a 3 de setembro de 1939, para outros ainda a 18 de julho de 1936. No que já contei da minha vida há certamente capítulos muito dissemelhantes das experiências dos meus contemporâneos: houve tempo em que todos nós tínhamos destinos diferentes, temas diferentes. Mas a partir da noite de que estou falando a minha vida começou a assemelhar-se muito à de milhões de outros homens: uma variação individual sobre o mesmo tema[19].

No âmbito dessa confraternização entre os homens despertada pela sua experiência comum da guerra e da ameaça do nazifascismo, insere-se a identificação do momento revolucionário (assim definido pela maior parte dos participantes) com o da celebração coletiva que transforma a Guerra Civil na comemoração da liberdade.

As imagens que associam Guerra / Revolução / Festa da Liberdade, ou Guerra / Revolução / Sentido de Pertinência à Comunidade Universal, que aparecem no romance de Hemingway, reaparecem em *A Esperança*, onde o tempo da Guerra oscila entre experiência da fraternidade e experiência da liberdade.

Nesse sentido, o espetáculo da revolução em Madri, festa da liberdade, é interpretado pela personagem Shade como "as férias da vida", reencontro com o espírito infantil.

Há aqui alguma coisa que aprecio: os homens são como os guris. [...] Olhe-os: todos eles soltam a criança que escondem por hábito: milicianos fazem farra aqui, enquanto outros morrem na Sierra, e dá tudo na mesma... Na América imagina-se a revolução como uma explosão de cólera. Aqui o que domina é o bom humor[20].

Já Ramos introduz na experiência da revolução em curso a experiência da fraternidade, enquanto que outra personagem da mesma obra, Jaime, entende essa fraternidade pela perspectiva do dever para com a humanidade.

Para Jaime, que tinha 26 anos, a Frente Popular era essa fraternidade na vida e na morte. Das organizações operárias nas quais depositava tanto mais es-

---

19. Ilya Ehrenburg, *Memórias – A Europa sob o Nazismo (1933-1941)*, Rio de Janeiro, Civilização Brasileira, 1966, vol. IV, pp. 105-107.
20. A. Malraux, *op. cit.*, p. 50.

perança quanto não depositava nenhuma naqueles que há vários séculos governavam seu país, conhecia principalmente esses "militantes de base" anônimos e que aparecem em todas as ocasiões, que eram na Espanha a própria expressão do devotamento; nesse sol ardente debaixo das balas dos falangistas, carregando essa trave enorme que levava para frente o companheiro morto, combatia com todo o coração[21].

Em função dessa consciência de "ação pelo bem comum", os combatentes do romance de Malraux esforçam-se por abolir suas diferenças, conscientes, como Manuel, da situação de emergência de sua ação, que minimizava o valor de qualquer bem pessoal ou afetivo.

E de repente, Manuel percebeu que aquele automóvel tinha se tornado indiferente para ele. Não havia mais automóvel nenhum; havia só esta noite carregada de uma esperança ameaçada e sem limites, essa noite em que cada homem tinha alguma coisa a fazer sobre a terra[22].

Dentro dessa mesma perspectiva, André Chamson na sessão matutina de 10 de julho no Congresso de Escritores de 1937 fundia o despertar da consciência coletiva à tarefa do escritor dedicado a iluminar as atitudes de seu público.

De minha parte, queria que me fosse dada a força suficiente para pronunciar um testemunho tão ressoante, unido ao de todos os meus camaradas, que amanhã, em todas as cidades do mundo que ainda estão seguras, em Paris, Londres, Nova York, cada vez que a aurora desperta, na hora em que sobre Madri se desencadeiam os criminosos *raids* aéreos, não haja uma só mulher, nem um só homem que não deixe de sentir que sobe, desde o fundo de seu coração, uma grande angústia. Em meio a esta angústia universal, unicamente Madri, insensível à prova e sorridente na sua resolução, permanecerá ao abrigo da angústia e do temor.
Mas que esta angústia e este temor se transformem inteiramente em vontade de por fim a esta guerra que vocês sofrem por nós, e que não pode acabar senão com o triunfo da verdade e da justiça.

Nesse contexto, a guerra adquire, na perspectiva de seus participantes, o caráter de momento de transição rumo ao reinício. Reinício este que aparece nos diversos registros pró-republicanos, pautado pela experiência da justiça, da liberdade, da consciência do outro e da comunhão, de onde resultará o novo sentido da humanidade.

21. *Idem, Ibidem*, p. 46.
22. *Id., Ibid.*, p. 20.

Entendida como marco divisor entre duas civilizações, ponto de transição e ruptura da história, a Guerra Civil pôde ser legitimada nos termos que colocou Juan Marinello em sua comunicação apresentada no dia 11 de julho de 1937 em Barcelona, durante o II Congresso Internacional de Escritores para a Defesa da Cultura:

> Já não cabem dúvidas de que a Espanha é o ponto culminante do mundo e que em seus campos e cidades está se decidindo não só o destino de um povo, mas o da liberação definitiva do homem.

A causa republicana, como baluarte do antifascismo, aproxima-se de um ideal transcendente, dotado de natureza imortal. Algo que poderia ser momentaneamente abalado pela morte física levada a cabo pelos potentes armamentos de que dispunham os franquistas, mas que devido à consciência dos combatentes e principalmente porque, como assinalou Jef Last, "eles jamais conseguirão lograr nossos corações", nunca seria derrotada[23].

É a crença em um porvir mais justo e humano dos que perante a "consciência universal" lutam contra o fascismo o que garante a indestrutibilidade da causa republicana e transforma o defensor da República em um homem distinto, afirmava Tristan Tzara no discurso pronunciado no dia 4 de julho de 1937 em Valência, durante o Congresso Internacional de Escritores para a Defesa da Cultura.

As palavras de Juan Marinello, falando em nome da delegação hispano-americana presente no mesmo congresso, na sessão de 10 de julho de 1937, que ocorreu em Valência, dão o mesmo sentido para a participação na luta em defesa da República, destacado por Tzara em seu discurso. Dizia Marinello:

> O homem que vem a Madri é dono de uma experiência decisiva, mãe de sua evidência e sustento de uma fé explicada pelos fatos. Não é homem de partido, senão que de justiça. Vem para Madri – para a Espanha – porque sente em si mesmo o caso espanhol; porque vê na obra dos sitiadores, dos opressores, um atentado contra o homem; está com os heróicos sitiados de Madri, com os defensores da Espanha, porque descobriu que seu lutar é um esforço de realização do homem. Os que sitiam Madri, os que – como vimos – usam a noite para despedaçar carnes inocentes, querem a manutenção de diferentes injustiças, de opressões cruéis. E como a ânsia pela libertação (o dizia há séculos, insuperavel-

---

23. Jef Last, *Battle Accounts from Spain*, em M. A. Sperber (org.), *op. cit.*, p. 55.

mente, uma grande figura da Igreja Católica) é a única que identifica todas as criaturas, o mundo que querem os sitiadores de Madri é de antemão um mundo corrupto e violentado por uma disputa entre os que oprimem e os que libertam. Nesse mundo, um homem que seja homem de verdade é um ser tão sitiado como o madrileno de hoje, um homem que empregará suas energias, as poucas que lhe deixem vivas o opressor, em buscar para sua vida uma realidade melhor.

Nas últimas reflexões de Manuel em *A Esperança*, Malraux chama a atenção para as relações entre o engajamento na defesa da República espanhola e a "elevação" do homem marcado por essa "experiência decisiva", a partir da qual atinge-se a condição de homem justo. Contudo, essa superioridade espiritual conflui com o reencontro do Ser consigo mesmo, com o essencial absoluto da natureza.

Percorrendo as ruas silenciosas de Brihuega, Manuel descobre que um dia haveria paz e que ele seria então um outro homem, diferente do soldado em que se transformara no início da guerra e do Manuel de antes da mesma.

O mesmo ocorreria com os outros que participaram da mesma luta que ele e com a própria Espanha que ressurgiria, depois de drenado todo o sangue derramado, consciente de si mesma.

Pela primeira vez Manuel estava escutando a voz que causa um misto de respeito e temor maior do que o sangue dos homens e mais enigmática até do que suas presenças sobre a terra – as infinitas possibilidades de seus destinos. Sentiu que essa sua nova consciência estava ligada ao som das águas que corriam na rua e ao som dos passos dos prisioneiros, profunda e permanente como as batidas de seu coração[24].

Seja como divisor de águas da história da humanidade, como experiência fundadora do novo, orientada para a redenção universal e salvação do homem como humanidade, passando pela própria regeneração individual, a defesa da República aparece na literatura antifascista da Guerra Civil associada à idéia de reinício.

Reinício esse que assume seu caráter apocalíptico tanto pela crença dos participantes de que vivem um momento sem precedentes na história e ao qual sucederá um tempo messiânico, quanto pelas imagens escatológicas que transformam a Guerra no próprio "Juízo Final mecanizado" a que se referia Robert Jordan, indicando mais um nível do diálogo entre Hemingway e os escritores pró-republicanos.

24. A. Malraux, *op. cit.*, p. 541.

5.2.2. O Juízo Final Mecanizado

Allen Guttman chamou atenção para a maneira pela qual Hemingway e os escritores norte-americanos em geral dramatizaram a luta contra o fascismo como luta dos homens contra as máquinas[25].

O problema levantado por Guttman extrapola em muito as dimensões de uma problemática literária nacional. Aparece tanto em descrições minuciosas sobre a nova aparência da morte, como em cenas que descrevem imagens próximas da própria idéia de consumação do tempo e da história, cumprindo o propósito de revelar o potencial destruidor da barbárie fascista e o aspecto apocalíptico da Guerra Civil como Juízo Final mecanizado.

De fato, imagens como as que aparecem em *A Esperança* de Malraux, "uma mulher carregava uma menina com apenas dois anos de idade, a qual faltava o maxilar inferior. Mas a criança ainda vivia, e com os olhos muito abertos, parecia perguntar quem lhe havia feito aquilo", seguida de "Uma mulher atravessou a rua – a criança em seus braços não tinha mais cabeça..."; ou ainda: "seu rosto, sempre apoiado na coronha, estava cortado de uma orelha a outra, a parte de baixo do nariz estava dependurada, e o sangue que ainda estava correndo, mas que havia esguichado em grossos borbotões, coagulava-se por cima do capote de couro de aviador"[26], procuram chamar a atenção não só para o horror dos corpos desfigurados mas para a implacabilidade dessa violência que impõe a morte em massa.

Vítimas de uma guerra não só entre ideais mas entre potenciais bélicos, monstros semi-humanos passam a povoar as cidades bombardeadas, transformadas em cenário do fim do mundo, como o que nos apresenta John dos Passos no seu artigo para a *Esquire* de janeiro de 1937.

> O efeito casa de bonecas é o mais comum. A frente ou a lateral da casa cortada revela salas de estar, quartos, cozinhas, salas de jantar, camas de ferro retorcido bamboleando, candelabros inclinados no vazio, um armário de cozinha ainda com as louças sobre as prateleiras e um espelho com moldura dourada refulgindo sobre uma massa de destroços onde tudo o mais foi destruído.

---

25. A. Guttman, "Mechanized Doom: Ernest Hemingway and the Spanish Civil War", *The Massachusetts Review 1*: 541-561, maio 1960.
26. A. Malraux, *op. cit.*, pp. 400 e 506.

Uma violência que, como chamava a atenção Hemingway em seus prefácios à edição das pinturas de Quintanilla, transforma os referenciais do indivíduo em migalhas e reaparece em John dos Passos como única certeza concreta do cotidiano.

> Deitei na cama para ler um livro, mas ao invés disso fiquei olhando para o teto e pensei na camareira que limpou meu quarto de manhã e colocou tudo em ordem. Ela vinha todos os dias fazer o mesmo trabalho desde o início do cerco de Madri, do mesmo modo que o fazia nos dias de D. Alfonso e pensei que [...] no dia seguinte quando viesse trabalhar, talvez houvesse aquele ruído agudo e impaciente e a rua estaria cheia de poeira e pedra esmoída e, ao invés de vir trabalhar, a mulher seria apenas uma massa de sangue e tripas, pronta para ser colocada em um caixão e despachada. Então, esguichariam um pouco de água sobre o pavimento e as mortes de Madri prosseguiriam[27].

A mesma temática reaparece no espanto de Antoine de Saint-Exupéry:

> Na mesma tarde presenciei um bombardeio na cidade. Toda a força daquele estrondo explodiu na Gran Via a fim de desenraizar a vida humana. Pedestres limparam a poeira de suas roupas enquanto outros correram apavorados, mas quando a fumaça se dissipou, o namorado que escapou milagrosamente sem um arranhão encontrou, aos seus pés, sua *novia* cujo braço momentos antes estava enlaçado ao seu, transformada numa esponja cheia de sangue, em uma trouxa de carne e trapos. [...] Nada mais ali estava do que um punhado de muco. Todo traço de humanidade havia desaparecido[28].

Muitas vezes esse tipo de descrição aproxima-se mais ainda das presentes em *Por Quem os Sinos Dobram* e nas reportagens de Hemingway sobre a guerra, por meio do confronto que sublinha as diferenças entre a inocência e a pureza do combatente republicano em relação ao potencial bélico e à razão técnica assassina das tropas alimentadas pela Alemanha e Itália.

Nesse sentido, o seguinte poema de Stephen Spender é exemplar.

> As armas soletram a razão máxima do dinheiro
> Em letras de grafite sobre a encosta primaveril
> Mas o rapaz morto deitado sob as oliveiras
> Era muito jovem e muito tolo

---

27. John dos Passos, "Room and Bath at the Hotel Florida", em J. Miller (org.), *op. cit.*, pp. 20-32.
28. Antoine de Saint-Exupéry, *Wind, Sand and Stars*, em J. Miller (org.), *op. cit.*, pp. 71-72.

Para ter sido notado pelos seus olhos importantes.
Ele era um alvo melhor para um beijo.

[...]

Considere sua vida que era sem valor
Em termos de emprego, livros de registro de hotéis, novos arquivos.
Considere. Uma bala em dez mil mata um homem.
Pergunte. Tamanho desperdício estaria justificado
Pela morte de um homem tão jovem e tão tolo
Deitado sob as oliveiras, Oh, mundo, Oh, morte?[29]

Se as descrições das conseqüências do uso dos instrumentos bélicos inserem-nos em um cenário marcado pela violência e pela disparidade de condições armamentistas, remetendo-nos à reflexão sobre o potencial destrutivo do homem e de sua fragilidade física perante tais máquinas, as reelaborações dos ataques impõem-nos a visão escatológica da Guerra Civil, dispondo de recursos estéticos muito semelhantes aos utilizados por Hemingway nos despachos de guerra e principalmente na descrição do bombardeio aéreo contra o bando de El Sordo em *Por Quem os Sinos Dobram*.

Visões de uma Espanha "salpicada de sangue e tormento", "pesadelos com que Goya jamais sonhou; o céu explodia com as discórdias do mundo", no comentário de Ilya Ehrenburg, e paisagens que se tingem rapidamente, com sangue humano e chamas, de vermelho, alaranjado, amarelo e o negro da fumaça dos bombardeios mortais. Escombros, gritos, êxodo em massa. Cheiro de carne queimada, poeira, cacos e restos. Marcas da passagem de *raids* aéreos pelas cidades, vilarejos, impressas na retina dos escritores que compartilham da sensação de experiência de juízo final mecanizado a que se referiu Robert Jordan. Pesadelo existencial que povoa de mortes o presente de quem o viveu, ecoando a angústia do jovem Joaquín em *Por Quem os Sinos Dobram* no poema de Kenneth Rexroth.

Vejo os livros que não foram escritos, os experimentos não testados,
As pinturas que não foram pintadas, as vidas interrompidas
Enterradas dentro de túmulos cobertos com bandeiras vermelhas
Vejo os cérebros velozes e cinzentos, quebrados e cobertos com sangue coagulado
Cada qual reduzido à sua própria escuridão,
inúteis no interior da terra

---

29. S. Spender, "Ultima Ratio Regum", em M. A. Sperber (org.), *op. cit.*, p. 147.

Só, no cume de uma montanha em São Francisco subitamente
Sou tomado por um pesadelo, a carne morta
Cobrindo mais da metade do globo se comprime contra mim[30].

Descontrole da população, explosões espontâneas dos trabalhadores, execuções de supostos partidários dos Nacionalistas, incêndios de igrejas. Atos que confundiam homens que, como relata Buñuel em suas memórias, "sempre desejaram ardentemente a subversão", se viam agora "no meio de um vulcão" e sentiam medo.

O império da destruição e da confusão, invertendo todos os referenciais de tempo e espaço costumeiros, arrancando árvores, fazendo o solo se revolver em chafariz, destruindo lares, deformando corpos, criando a atmosfera tétrica que descreve Malraux.

Todo o céu cor de borra de vinho pesava no aposento escuro. Por cima do Centro e da Gran Via, acumulavam-se cúmulos vermelhos, escuros e negros, tão espessos que pareciam poder ser agarrados com as mãos. [...] O chão da rua brilhava: não, era o asfalto brilhante que se avermelhava debaixo do reflexo de pequenas chamas. Um bando de cães abandonados começou a uivar, absurdo, irrisório, exasperador, como se reinasse naquela desolação de fim de mundo[31].

Acentuando a atmosfera apocalíptica desse fim de mundo onde, como no poema de Kenneth Rexroth ou em vários de Stephen Spender, sempre se recorda o que se perdeu antes que se pudesse conquistar, deixa-se implícito também os vínculos entre a extinção de um mundo e um outro que emergirá de suas cinzas. Nesse sentido, o poema de Spender ao poeta espanhol Manuel Altolaguirre é uma referência contundente sobre a questão:

Pela janela, você fita o vazio
de um mundo explodindo,
Pedras e cascalho como fontes arremessados para o alto
Pelo vento varridas para o lado.
Toda sensação, exceto a de estar só
Drenada de sua mente.
Não havia mais nenhum objeto fixo sobre o qual o olhar pudesse se fixar.
Você se tornou uma criança de novo
Que vê pela primeira vez como as piores coisas acontecem.

[...]

---

30. Kenneth Rexroth, "Requiem for the Spanish Dead", em J. Miller (org.), *op. cit.*, p. 91.
31. A. Malraux, *op. cit.*, p. 422.

Tudo no quarto se quebrou.
Mas você permaneceu inteiro,
Sua própria imagem permanece sem quebrar na sua alma de vidro.

[...]

Seu coração olha através das costelas quebradas –
eixos lubrificados por entre raios giratórios
Sangue inquebrantável da roda veloz
Você fita através dos ossos centrífugos
O mundo que gira e se dissolve[32].

***

Nesse jogo de imagens elaboradas sobre a Guerra dentro da qual a história se decompõe e se reconstrói, é possível perceber algumas problemáticas comuns.

Vista como momento sem precedentes, marco divisor entre o bem e o mal, a civilização e a barbárie, o passado e o futuro, a Guerra Civil é transformada, na literatura antifascista internacional, em ritual de passagem para a comunhão universal que sucederá a derrota do nazi-fascismo a partir da vitória da República espanhola.

Não obstante, do mesmo modo que para Hemingway, essa fé no reinício da história e a certeza de que a defesa da República se justifica pela salvação do Homem, sacralizando a morte como um sacrifício individual pelo coletivo, não relativizam o horror que a tecnologia bélica causava, direcionando o sentido apocalíptico também para o âmbito do Juízo Final mecanizado.

Contudo, ainda que seja já possível entrever em *Por Quem os Sinos Dobram* algumas linhas do tecido discursivo elaborado sobre a defesa da República e da Guerra Civil é preciso, todavia, indagar: esse contexto explica como o significado da Espanha é reenquadrado na sua obra? Como entender as especificidades desse romance sem ceder à hipótese da literatura como suplemento da história, fonte que só confirma um já dito e já sabido?

---

32. S. Spender, "To a Spanish Poet", em J. Miller (org.), *op. cit.*, pp. 161-162.

6. A República Redentora

Quando roja meu corpo sobre a terra,
Quando me aflige a dor,
Minha alma aos céus se eleva como o incenso,
Como o aroma da flor.

E eu bendigo o teu nome eterno e santo,
Bendigo a minha dor,
Que vai além da terra aos céus infindos
Prender-me ao Criador.

Bendigo o nome teu, que uma outra vida
Me fez descortinar,
Uma outra vida, onde não há só trevas,
E nem há só pensar.

GONÇALVES DIAS, *Sofrimento*

6.1. A GUERRA CIVIL, UM RITUAL DE PURGAÇÃO DA ESPÉCIE HUMANA

Uma das mais célebres críticas a *Por Quem os Sinos Dobram* é, sem dúvida alguma, "Not Spain But Hemingway" do intelectual espanhol Arturo Barea[1]. Sua interpretação da obra se reveste de

---

1. Arturo Barea, "Not Spain But Hemingway", *Horizon* 3, maio 1941, em C. Baker, *op. cit.*, p. 205.

crucial importância para nossa análise não porque é citação quase que obrigatória de quase todas as reflexões sobre o romance em questão, mas por discutir a relação entre *Por Quem os Sinos Dobram* e a Guerra Civil Espanhola pela perspectiva da história. Segundo Barea, Hemingway pecou pela falta de realismo. Sua falta de compreensão histórica do conflito incapacitou o autor de escrever "the war we have been fighting".

Apesar da solidez de vários de seus argumentos e da legitimidade de suas considerações sobre a fragilidade da compreensão da cultura espanhola por parte de Hemingway, não podemos nos esquecer que "a Guerra Civil Espanhola não foi uma, mas várias guerras". Guerra civil entre classes, entre aspirações regionais e religiosas distintas, guerra que só se compreende nos últimos cem anos de história da Espanha, que remete às disputas internacionais da primeira metade do século XX e às principais tensões culturais da década de 30 – haja vista a intensa participação de intelectuais no conflito, bem como a vastidão da produção literária sobre o mesmo –, e guerra, hoje em dia, como deixou claro Preston, historiográfica acima de tudo.

Barea afirma que ao colocar camponeses oriundos de *pueblos* de Ávila em um grupo de guerrilheiros comandados por duas personagens provenientes do mundo das touradas, Pablo e Pilar, Hemingway demonstrou ignorar as especificidades do particularismo cultural espanhol e "bloqueou seu acesso à realidade da Guerra Civil", pois aqueles camponeses jamais se submeteriam à autoridade de uma cigana que havia sido amante de um toureiro e de um traficante de cavalos que servia o mercado das *corridas*.

Ainda dentro da esfera da questão tourada-história-Guerra Civil, o intérprete salienta que outra falha grave do romance reside na metaforização das touradas com momentos da guerra, que demonstram a total incompreensão do escritor do "verdadeiro caráter da violência do espanhol".

Implicitamente, Barea não reconhece que a literatura é história e isto porque não admite a história como multiplicidade. Não pode partir do próprio romance para tentar entender quais as questões que estavam em jogo na reelaboração da Guerra Civil presentes em *Por Quem os Sinos Dobram*, porque supõe a história como o campo do real e o real como uno e homogêneo, oposto às "versões" da ficção.

Não existe nenhuma tentativa de compreender por que Hemingway teria escolhido duas personagens relacionadas com o universo da *corrida de toros* para liderar o bando guerrilheiro, ao invés de simplesmente recusar essa proposição a partir de um raciocínio fundado sobre a história empírica, ou por que, em um nível mais simbólico, a cena que descreve o início do movimento republicano em um *pueblo* de Ávila ocorre justamente em uma arena de touros.

Parafraseando o analista espanhol, que considera que, ao ignorar as especificidades do particularismo espanhol e do "verdadeiro caráter da violência do espanhol", Hemingway bloqueou seu acesso à realidade do conflito, poderíamos dizer que, ignorando a problemática da experiência literária, resumindo a obra à materialidade de um volume, Barea bloqueou seu acesso a uma das dimensões simbólicas da Guerra Civil, aquela que a percebe enquanto possibilidade de reinício da história e, por isso, passível de começar no contexto de uma celebração.

Esse vínculo entre a Guerra Civil Espanhola e a celebração coletiva é um aspecto essencial para a demarcação do contexto mítico que Hemingway imprime a esta guerra.

Ao apontar a dependência do mundo das touradas presentes na narrativa de *Por Quem os Sinos Dobram* Barea passa por um dos pontos nevrálgicos da visão que o escritor tem da Guerra Civil. É a partir dessa relação que se elaboram tanto as discussões sobre a ética do combate de quem luta por um ideal – quando matar é um ato legítimo e como morrer "com dignidade" – quanto a própria idéia da ponte como "esquina do futuro", a qual é mediada pela do conflito como celebração ritual, religiosa e popular.

É antológica, nesse sentido, a cena em que Pilar descreve a Jordan o início do "movimento" em Ávila, quando os fascistas da cidade são executados na praça, a qual tem suas saídas bloqueadas com carroças por Pablo, como para uma *capea* (tourada de amadores).

Toda a ferocidade da "luta de classes imemorial" de que fala John Sommerfield em suas memórias de voluntário das Brigadas Internacionais (*The Journey*) vem à tona nessa única cena em que Hemingway coloca proprietários e camponeses frente a frente, transformando a luta pela liberdade em celebração coletiva, num esforço bastante distinto, diga-se, de "incompreensão do verdadeiro caráter da violência do espanhol".

Conta Pilar a Jordan:

<small>Se você nunca viu o início da revolução em uma cidade pequena, onde todos se conhecem e sempre se conheceram, então nunca viu nada. Nesse dia, a</small>

maioria dos homens na fila dupla que cortava a praça, tendo vindo apressadamente para a cidade, vestia suas roupas de trabalho no campo, mas alguns, não sabendo como se vestir para o primeiro dia do movimento, vestiam suas roupas de domingo e dias santos. (p. 106; p. 96)

Dentro dessa perspectiva os despachos que reportam a vitória republicana sobre os italianos em Guadalajara recordavam ao correspondente os dias de *fiesta* em Pamplona.

No despacho enviado de Valência no dia 17 de março de 1937, Hemingway enfatizava:

> Os recrutas de 21 a 26 anos estavam sendo convocados e suas namoradas e famílias celebravam seu alistamento e a vitória sobre as tropas regulares italianas em Guadalajara, caminhando de braços dados, cantando, tocando acordeão e violões. Os botes de passeio de Alicante estavam lotados de casais de mãos dadas, passeando pela última vez juntos. Mas na costa, onde os recrutas se amontoavam nas linhas que se formavam nas ruas, a atmosfera era de uma celebração selvagem.
>
> Ao longo de toda costa de Valência, passamos pelas multidões que comemoravam e que me recordavam mais dos velhos dias de *fiestas* e *férias* do que dos de guerra.

Acentuando o clima de comemoração, festa popular, que consagra a Guerra Civil como rito de passagem, Pablo organiza, em *Por Quem os Sinos Dobram*, o espaço da execução dos fascistas da cidade como se preparasse a praça para uma *capea*; Jordan se refere ao momento da explosão da ponte como o da "realização da festa"; e o despacho enviado de Madri em 9 de outubro de 1937 chama a atenção para a idéia da guerra como reinício, por meio da imagem de regeneração, implícita na descrição da paisagem após um bombardeio:

> Voltando para casa ontem à noite [...], pensei que a impressão mais marcante do dia não havia sido a dos bombardeios. [...] Era como se naquele terreno amarelo e vazio, carpetes de flores púrpuras como açafrão brotassem onde o trigo havia sido queimado pelas balas incendiárias.

É no âmbito desse aspecto mítico do conflito, onde este se transforma em cerimônia que marca a entrada em uma nova ordem, perpassada pelo símbolo da revivificação, que a derrota pode ser compreendida como tragédia, a vitória como celebração ritual e aquela guerra como momento de purgação da humanidade, por meio do embate entre a natureza e a civilização no contexto do Juízo Final mecanizado.

Esse tom apocalíptico de *Por Quem os Sinos Dobram*, que se

ergue como seu eixo fundamental, marca profundamente toda a produção do escritor sobre a Guerra Civil Espanhola.

Ocorre, porém, que o clima teológico de *Por Quem os Sinos Dobram*, onde guerra e redenção se confundem, e sua própria natureza literária libertam-no da necessidade da referência objetiva do jornalismo e do otimismo da propaganda. Os aviões alemães podem, então, aparecer como as "aves de mau agouro", "a própria fatalidade mecanizada", como dizia a cigana Pilar, e funcionar como os presságios que a estrutura trágica necessita para antecipar seu desfecho.

O fato de funcionarem como sinal que prenuncia a desgraça, ou de seus poderes destruidores aproximarem-se mais de uma descrição bíblica do que do horror goyesco que, por vezes, prevalece nos despachos, não fazem do romance algo mais próximo do "individualismo infantil" de Hemingway anterior a *Ter e Não Ter* e afastado de uma suposta leitura universalizante presente em sua obra de 1937 a 1939.

As imagens do bombardeio aéreo que dizima o bando de El Sordo em *Por Quem os Sinos Dobram*, e as que aparecem no despacho em que Hemingway reporta as condições em que o documentário *Terra Espanhola* estava sendo filmado são extremamente semelhantes.

No romance, o autor descreve que "um assobio rasgou o ar e, num rubro clarão, a terra abriu-se sob os seus joelhos e depois ergueu-se violenta, chofrando-o com um jato de solo esmoído de fragmentos de pedra". (p. 321; p. 289)

Na reportagem enviada para a *NANA* de Madri, em 9 de abril de 1937, o descarregamento dos aviões faz com que sejam vistas "porções das trincheiras de barro desaparecendo na fumaça negra que se torreava florescendo a morte".

Em ambos os momentos, portanto, nota-se o mesmo apelo à consumação final do presente que insere o leitor em um clima genuinamente escatológico.

Mais próxima, ainda, da imagem da Guerra Civil como limite entre o final dos tempos e início de outro é um artigo nunca publicado por Hemingway na primavera espanhola de 1938. Provavelmente programado para o 1º de maio de 1938, o artigo em questão não só se refere à Guerra Civil como guerra purgatória, como permite concluir que, ao apocalipse tecnológico, sucederá a era messiânica da nova humanidade redimida.

Hemingway afirmava no referido despacho que a Espanha se encontrava dividida em duas civilizações, a da frente, jovem, determinada e destemida, e a da retaguarda. "[...] As duas civilizações [...] estão se fundindo. Conforme a frente se aproxima da retaguarda seu efeito purificador é sentido. E na purificação dessa fusão, reside a esperança de vitória definitiva da Espanha"[2].

Robert Jordan retoma essa idéia quando fala sobre o "êxtase purificador da batalha", mas é a ponte que se planeja explodir, "pivô dos destinos da humanidade", nas palavras do protagonista, o símbolo mais potente desse caráter expiatório da Guerra Civil.

Além de sua importância estratégica, a ponte é a própria rota a ser cumprida no roteiro que compreende a viagem entre o passado – civilização tecnológica, destruição – e o futuro – natural, redimido, puro. Como afirma o protagonista: "Há uma ponte que pode ser uma esquina do futuro da humanidade. Como pode definir também o rumo de tudo o mais nessa guerra". (p. 43; p. 39)

Os bombardeios aéreos e a tecnologia bélica alemã, mais do que reforçarem a idéia da Guerra como divisor de águas da história, polarizam ainda mais a discussão entre a morte ética (a que se apóia na defesa da causa) e a morte mecânica (o assassinato).

Se os despachos já anunciavam a visão da Guerra Civil como guerra purgatória, não podemos ignorar a íntima relação entre as imagens dantescas dos resultados da ação dos *Junkers* que aparecem em *Terra Espanhola*, onde a câmera não poupa o espectador da visão dos corpos mutilados, da devastação de Madri e da destruição de monumentos históricos, e o pânico e desespero vividos pelo bando guerrilheiro de El Sordo submetido ao cruel bombardeio dos mesmos aviões no romance.

Hemingway-correspondente, em seus despachos enviados de Madri nos dias 10 e 24 de abril de 1937, observa minuciosamente os ritmos sonoros dos bombardeios, descreve a transformação súbita dos edifícios, antigas referências, em uma "nuvem de fumaça branca e alaranjada". Transmite com requintes goyescos as imagens das vítimas das explosões como a de uma anciã repentinamente convertida em "um monte de roupa negra" no caminho de volta do mercado, e o chofer que transitava pelo local que, ao abaixar-se sobre o volante, deu-se conta que o couro cabeludo pendia sobre seus olhos.

---

2. E. Hemingway, Despacho sem local, sem data, provavelmente programado para o 1º de maio de 1938 em algum órgão da imprensa operária, segundo estudos do Prof. Watson. É necessário ainda acrescentar que diferentemente de *Por Quem os Sinos Dobram*, no artigo, Hemingway condiciona essa fusão / purificação ao envio de armas para os republicanos, enquanto que, no romance, a dimensão mítica da Guerra supera as circunstâncias concretas das dificuldades enfrentadas.

Em *Por Quem os Sinos Dobram*, nas poucas cenas em que retrata batalhas entre os guerrilheiros e os bem-armados corpos dos franquistas e seus aliados, prevalece o mesmo tipo de descrição.

El Sordo, esperando a morte que tomará como uma aspirina, do alto da montanha que "parece um cancro", sentido-se como o "próprio pus" do mesmo, reflete sobre o jovem oficial que liderava o grupo agressor, o qual havia matado há pouco, com uma granada.

> No clarão amarelo e rugido cinza da fumaça, viu o oficial mergulhar para frente, na direção em que agora se encontrava deitado, como uma trouxa de roupa velha, pesada e estraçalhada, marcando o ponto mais longínquo a que o assalto havia chegado. (p. 310, p. 279)

Contudo, enquanto nos despachos de guerra e na intensa militância do escritor prevalece o otimismo em relação à causa republicana, em *Por Quem os Sinos Dobram*, desde o início, somos assegurados da vitória da morte mecânica sobre a morte ética, ainda que, ao mesmo tempo, a fé na República, por parte dos combatentes íntegros (como Jordan, Pilar, El Sordo, Anselmo), permaneça inabalável.

A República não se converterá em realidade, no romance, porque naquele momento o genocídio se institucionalizou na Guerra Civil, mas ela não deixa de ser a utopia que permanece a despeito do fim da narrativa porque são os valores que a sustentam que serão capazes de redimir a humanidade.

6.1.1. Morte Moral x Nobreza Natural

A idéia de Guerra Civil Espanhola como momento de purgação coletiva passa, em *Por Quem os Sinos Dobram*, pela diferenciação das personagens que lutam pela redenção da humanidade e as que se orientam por conceitos transitórios de República. O tipo de luta em que estão envolvidas as personagens é definido em função do caráter dos combatentes, sua própria virtude, seu corpo de valores permanentes.

Esse debate entre o permanente e o transitório perpassa toda a obra de Hemingway e é elaborado com maestria em *The Snows of Kilimanjaro* (*As Neves de Kilimandjaro, 1936*), onde Hemingway elabora de modo lancinante o conflito, balizando-o pelos valores pessoais.

Conta-se que Kilimandjaro é a mais alta montanha da África. Ela vive coberta de neve e seu pico do lado oeste é chamado de

Ngàje Ngai, Casa de Deus. Perto desse pico, há uma carcaça seca e congelada de um leopardo. Ninguém conseguiu explicar o que este leopardo estava procurando a tal altitude.

Com esse verbete, Hemingway abre o conto, onde um escritor de sucesso, Harry, espera a morte, contemplando a perna ferida e refletindo sobre o seu sucesso. Agora que a gangrena estancara a sua dor, percebia que o que mais lhe atormentara durante toda a vida (a morte) chegava como se fosse uma espécie de cansaço. Descobria que já estava morto, que mentia porque já não tinha mais verdades para contar.

> Teve sua vida e ela já terminara e, então, começou a vivê-la de novo, com pessoas diferentes e mais dinheiro, com o melhor dos mesmos lugares e alguns novos.
> Parou de pensar e foi ótimo. [...] Agora que não conseguia mais trabalhar, concebeu uma atitude do tipo que não dava a mínima para o trabalho que fazia. Mas, no seu íntimo, dizia que escreveria sobre essas pessoas, sobre os muito ricos, que nunca fora um deles de verdade, mas um espião em seu país, que o deixaria, e escreveria sobre ele o que, de uma vez por todas, seria escrito por alguém que sabia sobre o que escrevia. Mas não o faria nunca. Cada dia de não-escrita, de conforto, de ser o que desprezava, embrutecia sua capacidade e diminuía sua habilidade, até que, finalmente, ele deixou de trabalhar[3].

A África era o lugar onde fora feliz e agora para lá voltara a fim de começar tudo de novo. Chegou mesmo a ter a ilusão de que recobraria aí suas forças, mas já era impossível, pois "o talento se assenta no modo como se vive".

> Ele vendeu sua vitalidade, e de certo modo, toda sua vida, pois mesmo quando o que lhe importava não estava totalmente em jogo, dera muito mais valor ao dinheiro. Resolvera o problema, mas não poderia escrever agora também. (p. 45)

As histórias que guardara para escrever um dia voltaram todas à sua mente, as imagens que o atormentaram durante toda a vida vieram à tona. Horrores de guerra, divagações sobre a morte, tudo que poderia ter sido a grande literatura que abandonara pelo dinheiro fácil. Sentia a morte se aproximar e deitar-se com ele sem provocar dor ou tristeza.

Harry já estava morto há muito. Era a morte moral que, como uma gangrena, foi aos poucos impedindo a circulação de sua criatividade. Somente diante das alturas inconquistáveis de Kilimandjaro, no solo da África que desafiou o assim chamado pro-

---

3. E. Hemingway, "The Snows of Kilimanjaro", *op. cit.*, p. 44.

gresso, o escritor vendido conseguiu entender como perdera sua nobreza natural e, assim, morrer com mais dignidade do que aquela com que vivera.

Esse sentido de nobreza atávico, que reside numa capacidade de manter a dignidade a qualquer custo, a honra, o *pundonor* que faz de Harry Morgan um herói em *Ter e Não Ter*, que aproxima o homem da essência do permanente da qual os subprodutos civilizados o afastam é provavelmente o que o enigmático leopardo buscava nas alturas da Casa de Deus e que homens mistos de natureza animal e mineral como o velho Anselmo de *Por Quem os Sinos Dobram* e Hipólito de "Os *Chauffeurs* de Madrid" trazem em sua fibra de *matadores* idealizados.

Hipólito, que parecia ter sido destacado de um bloco de granito, desafiava a própria capacidade dos equipamentos bélicos que devastavam Madri e enchia o correspondente da certeza da vitória, pela sua fé inquebrantável na República.

Anselmo, camponês castelhano que nunca acreditou no direito de matar um semelhante, mas que sabia que sua causa era tão boa que justificava seu sacrifício, dava a Jordan a certeza de contar com o espírito inato da democracia.

Dentro da perspectiva hemingwayana, o que causa a gangrena de Harry é o que destruiu implacavelmente a vida do velho de "Old Man at the Bridge" ("O Velho na Ponte", 1938), a violência do mundo civilizado que, mesmo quando não destrói um homem fisicamente, o arruína moralmente.

Esse conto, escrito durante a Guerra Civil, foi enviado para a revista *Ken* em meados de abril e, conforme algumas anotações de Hemingway encontradas pelo Prof. Watson na Biblioteca John F. Kennedy (Boston, EUA), diz respeito às impressões registradas pelo correspondente no domingo de Páscoa de 17 de abril de 1938[4].

A referência ao momento em que o conto foi escrito não se justifica aqui por um pretenso foro de verdade que gostaríamos de imprimir a "Old Man...", mas porque a reflexão sobre a situação das forças republicanas e franquistas em abril de 1938 ilumina sensivelmente o espectro de tensões que se abrigam no interior deste conto, principalmente no que tange ao conflito entre nobreza espiritual e morte moral nos termos da dicotomia natureza (o permanente) e civilização (o transitório).

---

4. W. B. Watson, " 'Old Man at the Bridge' The Making of a Short Story", em W. B. Watson (org.), *op. cit.*, pp. 152-163.

Desde que as tropas nacionalistas romperam as linhas de defesa republicanas no *front* de Aragão na segunda semana de março de 1938, o objetivo das forças sob o comando do general Franco era dividir a zona republicana em dois, acelerando o fim da guerra.

Já na segunda metade do mês, o objetivo parecia bastante próximo, com a piora da situação das tropas republicanas, que eram pressionadas em direção ao Mediterrâneo e se retiravam rumo à Catalunha.

Em 15 de abril de 1938, sexta-feira santa, finalmente, os franquistas tomam a cidade portuária de Vinaroz, sob o comando do general Alonso Vega à frente da divisão navarresa, conseguindo dividir a Espanha republicana em dois, enfraquecendo-a sensivelmente.

No dia seguinte, Chamberlain concluiu o pacto anglo-italiano, pelo qual ambos os países concordavam em manter o *status quo* no Mediterrâneo e que a Itália sairia da Espanha quando a guerra terminasse.

Na medida em que o pacto legitimava o intervencionismo italiano, ao mesmo tempo em que a Inglaterra mantinha nominalmente sua política de não-intervencionismo, ele despertou toda a sorte de reações contrárias.

O *Pravda* denunciou a cumplicidade de Chamberlain com o fascismo, enquanto que Churchill, paradoxalmente, viu-se obrigado a fazer eco das posições soviéticas, assinalando que o pacto significava "o triunfo completo para Mussolini, que ganha a nossa cordial concordância para a sua política de se fortalecer no Mediterrâneo contra nós, para a sua conquista da Abissínia e para a sua ação violenta na Espanha"[5].

É no âmbito, portanto, do avanço das tropas nacionalistas e da evidência da falácia das democracias ocidentais que mantinham a República condenada a, praticamente, sua própria sorte, sem equipamentos suficientes e, agora, também à mercê da aprovação formal do intervencionismo nazi-fascista, que a fragilidade, o desespero passivo e a inocência do velho que esperava na ponte aparecem como símbolos das vítimas que a civilização tecnológica faz por onde passa e se efetiva.

Hemingway, neste conto que é considerado a sua obra-prima sobre a Guerra Civil, transmite poderosamente toda a violência da Guerra ao colocar o problema da destruição para além das ce-

---

5. *Apud* H. Thomas, *op. cit.*, p. 431.

nas povoadas por cadáveres insepultos e corpos desfigurados, pois o que a solidão do velho impõe ao leitor é a reflexão sobre a morte espiritual que se abateu sobre ele.

Uma multidão de refugiados atravessa a ponte e um velho de roupas empoeiradas contempla o movimento sem se mexer. Sorri uma única vez, quando o correspondente lhe pergunta de onde vem. " 'De San Carlos', ele disse e sorriu. Era sua cidade natal e lhe deu prazer mencioná-la. Então, sorriu."

Conta que tomava conta de animais e que foi o último a deixar a cidade. Eram vários animais e o velho sentia-se culpado por ter sido obrigado a abandoná-los. Eram duas cabras, um gato e quatro casais de pombos, explica ao interlocutor e justifica que foi obrigado a deixá-los porque o capitão dissera que ele tinha de ir embora por causa da artilharia.

O velho não tinha família, não conhecia ninguém em Barcelona, não tinha "nenhuma política". Tinha setenta e dois anos e os animais. Sabia que o gato se arranjaria, mas e os outros? Não podia deixar de pensar nos outros.

O correspondente tenta convencê-lo a andar, procurando fazê-lo acreditar que os animais ficariam bem. Por um momento o velho parece se tranqüilizar. O correspondente vai embora. Olha para trás. O velho está no mesmo local. Novamente lhe diz que os animais ficariam bem, mas o velho parece não acreditar. "O que eles farão sob a artilharia, se me mandaram sair por causa da artilharia?", pergunta atônito.

Mais uma vez o correspondente tenta demonstrar que eles se darão bem, visto que a gaiola dos pombos estava destrancada e eles certamente voariam quando o combate começasse. Mas o velho sabe que ainda haviam os outros e não consegue sossegar. Fica dando voltas no local e acaba se sentando.

O correspondente vai embora, certo de que não havia como convencer o velho, sua nobreza natural superava até mesmo a morte espiritual que a artilharia trouxe consigo. A civilização o destruíra roubando-lhe seu mundo, mas não o faria deixar de pensar naqueles que o simbolizavam e para quem vivera.

É justamente esse tema da fidelidade que será retomado em três contos sobre a guerra, escritos entre a primavera e o outono de 1938 em Key West, onde se opõem os valores permanentes e transitórios a partir da contraposição entre a nobreza natural e a morte espiritual que ronda a civilização, pela oposição fidelidade/traição.

Como destacou Stanton, em "The Denunciation" ("A

Denúncia"), "The Butterfly and the Tank" ("A Borboleta e o Tanque") e "Under the Ridge" ("Sob a Cordilheira") – o último dos quais não voltaremos a discutir agora –, o tema da traição emerge como o ponto crucial. São amigos que traem amigos, chefes que traem soldados, estrangeiros que traem espanhóis, e a guerra que trai todos os homens.

Contudo, o tema da traição remete sempre às ilusões do mundo civilizado e a conseqüente morte moral que seus tentáculos introduzem no espírito de quem se deixa levar pelo seu fascínio transitório, ou de quem manteve sua inocência para além dos limites suportáveis pela racionalidade que exige que todos sejam iguais.

Assim, "A Denúncia" opõe a justiça "civilizada" do Partido Comunista ao princípio da lealdade máxima à família e aos amigos. Escrito logo após o retorno de Hemingway de sua segunda viagem à Espanha, momento de avanço stalinista no domínio do governo republicano, o conto parece relacionar-se com a execução de José Robles Pazos, velho amigo de John dos Passos, por parte das forças de segurança da República, que, como outros tantos, foi assassinado sob a acusação de colaboracionismo (um sinônimo no dicionário stalinista de dissidência, lembre-se).

Como já dissemos em "A República Soviética", a aprovação fria do assassinato político por parte de Hemingway, nos termos de uma necessidade de guerra, foi o fim da amizade entre ele e Dos Passos, marcando a diferença de opções políticas que, no momento, orientavam os dois escritores norte-americanos.

Porém, a sensação amarga que o conto deixa na boca dos leitores e na do próprio narrador evidencia que o reposicionamento de Hemingway, em relação aos métodos stalinistas, passava também pela relativização de sua pretensa racionalidade de guerra, no próprio contexto do conflito e já sob a perspectiva romântica que opõe natureza e civilização.

O conto em apreço relata o caso de um correspondente de guerra que descobre que um velho amigo espanhol, piloto e companheiro de caçada, disfarçava-se de oficial republicano, sendo, na verdade, um quinta-colunista.

Conforme os estatutos vigentes na Guerra, ícone máximo da civilização tecnológica na obra de Hemingway, o quinta-colunista, seja quem for, tem de morrer. O piloto, no entanto, valendo-se do passado comum com o correspondente, consciente da profundidade de sua amizade, da camaradagem cultivada nas mesas de bar, está seguro de que, por lealdade, jamais será denunciado.

Levando-se em conta o contexto em que o conto foi escrito e o clima de dúvida que o narrador instaura ao final do mesmo, o leitor ficará para sempre com uma incógnita. Até que ponto o suposto quinta-colunista não era apenas mais um dissidente, vítima de uma racionalidade autoritária capaz de justificar quaisquer meios para atingir os seus fins, oposta a um código imemorial de valores, dentro da visão do escritor tomados como permanentes, como a lealdade entre os amigos?

O diálogo entre Jordan e o jornalista soviético Karkov – uma clara alusão a Mikhail Koltsov – em *Por Quem os Sinos Dobram*, onde o segundo procura demonstrar a validade do assassínio político para destruir o "horror e a vilania das hienas bukharinistas e de escórias humanas como Zinoviev, Rykov, Kamenev e seus asseclas", "verdadeiros demônios, rebotalhos da humanidade, generais traidores e miseráveis almirantes falsos à sua fé"[6], confirma a hipótese de "A Denúncia" refletir mais o questionamento da suspeita de colaboracionismo do que a defesa da execução do piloto.

"A Borboleta e o Tanque" leva às últimas conseqüências esse confronto entre natureza e civilização discutido pela perspectiva da traição. Um patético homem, cujo único erro foi ter-se portado de modo diferente em um bar freqüentado por militares, é fuzilado sem maiores justificativas, além da de espirrar água nos clientes do bar com um sifão, rir muito e dançar.

Pedro, um inocente, morreu por ser uma borboleta entre tanques. O que o traiu foi sua alegria, sua inocência, que o transformaram em vítima de um espaço onde os homens se orientam pela voz da violência mecânica, pelo assassinato covarde, pelos valores transitórios de força armada e, paradoxalmente, se sentem ameaçados pelo que não é seu espelho. Ele os desafiou por ser diferente, onde a lei só permite que o múltiplo seja idêntico a si mesmo.

Mais do que das armas que lhe tiram a vida, Pedro é, dentro do universo hemingwayano, como o velho da ponte e o piloto denunciado, uma vítima a mais da violência que comanda a guerra, é uma vítima da civilização.

Em *Por Quem os Sinos Dobram*, o tema da traição reaparece marcando a oposição entre a nobreza natural de Jordan e a morte espiritual de Pablo pelo parâmetro da fé na causa. Diferentemente dos contos, o tema da traição não remete à racionalidade in-

---

6. E. Hemingway, *op. cit.*, pp. 244-245; pp. 220-221. O jornalista Mikhail Koltsov foi assassinado pela polícia política de Stalin pouco tempo depois de retornar da Guerra Civil Espanhola.

trínseca à guerra como fenômeno da civilização tecnológica, mas ao confronto de valores que fazem da luta pela República uma luta da virtude pela humanidade redimida.

Desde o primeiro capítulo, Pablo, até então o líder do bando que auxiliará Robert Jordan na explosão da ponte, aparece como um homem marcado pelo desânimo, pela tristeza e pelo processo de corrupção de seus ideais, em virtude do medo de morrer e de seu fascínio por cavalos, que o levam a apegar-se mais aos despojos de guerra do que à causa republicana.

Enquanto para sua mulher Pilar que afirma ser "pela República e a República é a ponte", para ele a ponte não tem significado simbólico nenhum. É apenas uma atividade bélica que o incomoda no seu plano pessoal, pois entende a explosão como suicida.

Já entre o quarto e o quinto capítulo evidencia-se que *la mala leche* de Pablo pode reverter em traição com conseqüências, dado o plano da narrativa, universais, pela premonição que se anuncia no ódio de Pilar que subitamente se transformou em tristeza, funcionando para a cigana como uma intuição do futuro.

Pablo sente muita culpa pelos que matou e muito medo de morrer, em oposição a Jordan, que só tem medo de não cumprir com seu dever, e Anselmo que teme não conseguir purgar-se do pecado de fazer mal a outro homem.

O antigo líder do bando perdeu o entusiasmo que o fizera comandar o massacre dos fascistas em Ávila, perdeu a convicção na luta pela República. Tornou-se um bêbado, um incômodo para seus correligionários que suspeitavam de sua traição. Por duas vezes se deu a ocasião para que Jordan o executasse em nome da ação na ponte e com o apoio do bando, mas o sentido ético do *partizan* não chegou a considerar que os atritos tivessem sido suficientemente fortes para justificar a morte de Pablo.

Na última vez em que os dois se enfrentam publicamente, o bando chega a votar a execução do ex-líder quando este sai para ver os animais. Misteriosamente, ao voltar, Pablo está completamente transformado. Mudou de personalidade junto com o clima. Diz que está confiante e quer ajudar na ação da ponte.

A dúvida de Jordan com relação ao sucesso da explosão em oposição à aparente certeza de Pablo de que tudo correrá bem deixam o leitor inquieto, impondo um clima de ansiedade com o desenvolvimento dos fatos.

A inquietude não é fortuita. A evidência da traição se consuma. Na madrugada que antecede à ação, Pablo rouba o detonador, parte da dinamite e foge, abandonando a República, equivalente da ponte em *Por Quem os Sinos Dobram*, à sua própria sorte.

Jordan, cuja nobreza natural não o permitiu matar Pablo, com todas as condições favoráveis, que colocava sua própria felicidade em jogo em nome de um sacrifício pelo todo, que odiava a injustiça e lutava pelos pobres do mundo inteiro, fora ludibriado pelo destino por não confiar em seu instinto, pois sabia "que no momento em que Pablo se mostrasse camarada é que estaria traindo".

Mesmo quando Pablo retorna, ainda a tempo para auxiliar o bando no plano da ponte, sem munição mas com cavalos e homens, Hemingway deixa claro o caráter transitório de seu envolvimento na luta. Pablo voltou por solidão, não por sentir-se culpado em trair a República.

Jordan sabe por que está na Espanha. Conhece sua motivação para dedicar-se à causa em detrimento de sua felicidade pessoal. Seu engajamento não se resume à sua existência concreta. Sabe que as vitórias estão muito distantes, mas o tempo cotidiano não orienta seu empenho, porque ele se move por valores permanentes de justiça e felicidade, os quais caracterizam sua República como tempo da humanidade redimida.

Acentuando a falta de quesitos morais em Pablo para que ele pertencesse à comunidade redimida republicana, Jordan o associa com certos líderes políticos espanhóis, Lerroux, Prieto e Miaja.

Como se sabe, o governo Lerroux (dezembro de 1933 a setembro de 1935) foi sustentado por uma coligação de direita. Nesse período, a CEDA (Confederación Española de Derechas Autónomas) ocupou seis ministérios, as medidas reformistas iniciadas no governo Azaña, principalmente as relativas à situação dos camponeses, foram revogadas e estimulou-se a conspiração militar, anistiando os implicados no golpe de Sanjurjo (1932) e passando o controle dos principais postos do Estado-Maior para os articuladores do levante militar que se deu em 1936.

Prieto, líder da ala moderada do PSOE, rival de Largo Caballero, defendia a política de "desrevolucionização" da República Espanhola (fim da coletivização das fábricas e das expropriações no campo) como forma de conseguir o apoio das democracias ocidentais.

Miaja foi o general do Exército a quem foi confiado o comando militar da Junta de Defesa que governou Madri depois da transferência do governo para Valência. Teoricamente composta por membros de todos os partidos políticos, a Junta foi, efetivamente, dominada pelos comunistas. Afinado com os altos escalões militares soviéticos, Miaja promoveu a campanha de propaganda do PC, depois da derrota dos franquistas em Madri (1936). Assumida pelos comunistas como obra sua e da URSS, a defesa de Madri, ajudou a consolidar sua imagem e fortalecer, perante a opinião pública, o terror político levado a cabo pelo seu partido.

Miaja notabilizou-se, também, por não ter obedecido ao pedido de Largo Caballero de armas para os camponeses de Estremadura.

Hemingway alinha políticos de tendências distintas, que são impossíveis de se agrupar sob uma identidade comum, a não ser que se recorra ao critério vago usado pelo autor no romance, onde são designados como traidores da República.

O encadeamento promovido entre Lerroux, Prieto, Miaja e Pablo, apesar de não identificar as "causas" da CEDA, do Partido Radical de Lerroux, do Partido Comunista e dos socialistas moderados como uma proposta política única, não deixa de impor um conteúdo ideológico bastante forte à ação de Pablo, uma vez que o insere no contexto da desestabilização do processo revolucionário em curso na Espanha, aqui diretamente vinculada às diretrizes soviéticas e aos interesses dos latifundiários espanhóis.

Essa generalização tampouco faz com que Jordan assuma uma proposta política articulada contraposta à "traição" de Pablo. Ao contrário, por meio da identidade criada entre aqueles líderes políticos espanhóis e Pablo, reforça-se a idéia da luta presente na Guerra Civil como um conflito de valores éticos e morais, situando a política no campo da "morte espiritual".

A possibilidade da República como marco redentor da humanidade em *Por Quem os Sinos Dobram* passa pelos valores pessoais de quem luta na guerra, de modo que o conflito entre o permanente e o transitório, que atravessa essa leitura romântica da história, se atrela à divisão das personagens entre os puros, dotados de uma nobreza natural, e os impuros, mortos espiritualmente.

Dentro desse conjunto de preocupações não é nada casual que Hemingway ambiente a narrativa em maio de 1937. Situando o romance naquele marco temporal, Hemingway pôde, a um só tempo, jogar com um momento em que a certeza da derrota militar da República ainda não era um fato consumado, fazendo com que a fé dos participantes na proximidade da redenção fosse mais convincente, e com todas as informações que dispunha sobre o desempenho dos partidos políticos aliados ao PCE e à burguesia fundiária durante a Segunda República, pôde repensá-las dentro da equação romântica da natureza x civilização, inserindo a política no corpo dos valores transitórios que corromperam a causa sagrada.

A inserção de Pablo no conjunto Lerroux-Prieto-Miaja se dá, portanto, não por afinidade política, mas por identidade moral. O apego desses líderes, bem como o de Pablo, aos valores transitórios (riqueza material e poder político), afasta-os dos propósitos da República Redentora, onde a humanidade, purgada de seus vícios, voltar-se-ia às essências da natureza.

Colocando a política no âmbito da morte espiritual que corroía a luta dos homens puros pela República dos valores permanentes, Hemingway relembra-nos, mais uma vez, a importância da doutrina do *Senso Comum* para a compreensão das tensões que permeiam sua reflexão sobre a República em *Por Quem os Sinos Dobram*.

A diferenciação entre a nobreza da causa que não passa pela política partidária, alicerçada em interesses materiais, e a transitoriedade da causa partidária, espiritualmente estéril, fica evidente se confrontarmos dois momentos do romance em que a execução dos homens pelos homens, violenta e sanguinária, é retratada, porém deixando claros os fundamentos que legitimavam ambos os atos.

Quando Hemingway se refere às execuções levadas a cabo pelos comunistas, seja nas memórias de Jordan sobre o Gaylord, seja nas referências a André Marty, deixa claro o quanto elas estão atreladas à disputa por um poder terreno, de força e domínio sobre os homens, em função das quais erguem suas bandeiras partidárias.

Já quando descreve a única cena de execução de falangistas por Republicanos, a violência da cena, seu próprio caráter sanguinário, não é capaz de macular o caráter sagrado da causa. Caráter sacro este que é reforçado tanto pela disposição espacial da multidão na praça (que toma o aspecto de uma *capea*), como pelas suas vestes e armamentos.

Os camponeses de Ávila, que matam brutalmente os homens que, por séculos, os exploraram, permitem que seus inimigos rezem antes de torturá-los, agredindo-os com pedaços de madeira, foices e pás.

A imagem cruel das filas duplas nas proximidades de um penhasco, de onde os homens da Falange são atirados pela turba, armada com os instrumentos de trabalho, que lhes grita toda sorte de acusações, como se expiasse um sofrimento imemorial, contribui para converter a violência da cena no rito de passagem trágico da servidão para a liberdade.

Em nenhum momento a cena remete a uma organização partidária. Todo o esforço do escritor parece ser o de marcar que essa luta é uma celebração, um ato litúrgico que requer distância de qualquer herança da civilização, sendo, por isso, comandada por um grupo de guerrilheiros e não por um corpo militar, que dispõe, para sua defesa e para o ataque, de seus corpos, de sua coragem e de seus instrumentos de trabalho.

Acentuando o pretenso tom apolítico da República Redentora, condicionada apenas aos valores pessoais dos combatentes, nota-se o esforço do escritor em não dividir as personagens em função de sua opção política na Guerra Civil. Ninguém é bom porque engrossa as fileiras republicanas, do mesmo modo que ninguém é mau por ser franquista.

Tal ponto de vista fica claro não só se nos lembrarmos de Pablo e Rafael, cujas convicções republicanas são bastante duvidosas, mas, principalmente, pelo que se expressa na construção da personagem tenente Berrendo.

Carlista, o tenente aparece como uma personagem extremamente simpática para os leitores. Esse efeito é conseguido com a construção de uma postura ética que transcende às oposições políticas no conflito espanhol.

O tenente Berrendo foi o responsável pelo comando da ação que dizimou o bando de El Sordo. No entanto, isso não impede que se crie a atmosfera ideal para que o leitor, raciocinando pelo código hemingwayano, acredite no caráter digno de seus atos.

Todas as frases de Hemingway parecem ter sido elaboradas para reforçar o humanitarismo de Berrendo. O tenente sobe o morro depois da chacina do bando de El Sordo não como quem vai colher os despojos, mas profundamente triste em função das mortes que causou, floreando sua pistola e deplorando sua maldita condição de capitão.

O tenente Berrendo é, acima de tudo, um católico devoto que faz o sinal da cruz antes de atirar no jovem adversário ferido, Joaquín, do mesmo modo que El Sordo havia feito com os cavalos feridos, equiparando-se, assim, pelo critério da dignidade, ao guerrilheiro republicano.

Como destacou Slatoff:

> No capítulo seguinte, Hemingway reforça essa tendência de focalizar a decência de Berrendo, inclinando-nos mais simpaticamente ainda em direção a ele, ao colocar o tenente e Anselmo rezando simultaneamente – Berrendo pelo amigo Julián morto no combate contra El Sordo, Anselmo pelas almas de El Sordo e seu bando[7].

Dentro desse mesmo empenho em igualar Berrendo com os "puros", os homens de verdadeiro caráter, parece-nos que se insere a cena final do romance, onde, nada casualmente, Jordan e Berrendo se encontram sem saber.

Jordan procurava manter-se vivo, consciente do fato de que em breve morreria, para poder atirar no falangista que subia a serra em sua direção, falangista este que era, nada mais nada menos, o próprio tenente Berrendo.

Pertencendo o tenente à categoria dos homens de valores permanentes, que dão à morte um conteúdo sagrado, porque a legitimam em uma causa transcendente, podemos compreender esse encontro entre Jordan e Berrendo como um ato de comunhão na morte entre os homens que, por seu caráter, sua nobreza natural, são iguais.

Desse modo, o encaminhamento romântico de Hemingway equaciona a Guerra Civil como momento de purgação da humanidade, jogando com o antagonismo entre uma visão de nobreza natural de Bons Selvagens que, a despeito de seus momentos de violência necessária, sacralizam as mortes pela sua fé na causa redentora, e os mortos espiritualmente que são seduzidos pelo transitório da civilização e traem a luta pela República, que é, no romance de Hemingway, a República dos valores permanentes.

Recupera-se, assim, a súmula do pensamento jacksoniano, cuja

> fonte de fé não era simplesmente a lei fundamental da constituição política, elaborada pelos seres humanos; era nada menos que um constitucionalismo cósmico, a crença em uma lei fundamental, que impregnava toda a realidade, natural e social, que não era feita pelos seres humanos, mas era parte integrante do universo e que se manifestava inevitavelmente, se não fosse pervertida pelas ações humanas[8].

---

7. Walter J. Slatoff, "The 'Great Sin' in *For Whom the Bell Tolls*", em *Journal of Narrative Technique* 7: 146-147, 1977.
8. J. W. Ward, em S. Coben e N. Ratner (orgs.), *op. cit.*, p. 94.

Todo o pensamento político de Andrew Jackson funda-se na oposição entre o "natural" (a sociedade ideal) e o "artificial" (o governo que corrompe), onde o resgate da sociedade justa passa pelo afastamento das instituições, o que permitiria a emergência de um relacionamento "justo e natural" de homem para homem.

Nessa curiosa compreensão de democracia, que entende a organização da política institucional como o artificial que confere privilégios de poder, imunidades parlamentares, direito de controle de seus semelhantes, as distinções de classe desaparecem, podendo a utopia da República ser pensada em função do retorno a um poderoso passado imaginário que seria alcançado pela percepção instintiva popular.

É dentro dessa perspectiva que a visão do conflito espanhol como guerra purgatória ganha contornos mais nítidos e que são reforçados pela descrição da Guerra Civil como confronto entre a essência e a aparência, na oposição entre o caráter permanente da terra e o transitório da civilização tecnológica.

6.1.2. Terra x Cidade, Natureza x Máquina

Se *Terra Espanhola* evidencia a influência de Ivens sobre Hemingway no plano da arte como propaganda, não podemos deixar de assinalar que o filme é profundamente marcado por uma das temáticas mais caras ao escritor e que será fartamente desenvolvida em *Por Quem os Sinos Dobram*, agora "livre" de uma perspectiva de classe, a oposição entre o campo e a cidade.

Como lembra Stanton, "tanto no filme como no livro há uma exaltação do povo espanhol e das coisas que o rodeiam: vinho, água, pão, terra, céu. As duas obras põem em contraste a cidade, Madri – cenário de guerra e de morte – e a vida sensível do campo ou da montanha".

A farta presença dos objetos artesanais, o fundo musical de canções folclóricas e marchas militares tocadas por uma banda popular, o desalinho dos uniformes dos soldados leais ao governo constitucional criam no filme a atmosfera da informalidade e do caráter popular da República que se projeta no romance por meio dos guerrilheiros da Serra de Guadarrama, porém subtraindo os elementos que opõem os camponeses a uma classe de proprietários.

Em *Terra Espanhola* a oposição do espaço idealizado da República, o dos camponeses de Fuentadueña, é conseguida pelas imagens dos bombardeios aéreos que castigam Madri e as longas filas dos famintos que ali permanecem.

Em *Por Quem os Sinos Dobram* a contraposição se amplia, inserindo os comunistas no espectro da degeneração da cidade, e o conflito entre a idealidade do campo e a transitoriedade do espaço urbano passa a fazer-se, também, pelo contraste entre o ambiente da Serra de Guadarrama, onde vivem os camponeses em contato com a terra e o céu, e a visão de Madri como ninho de intriga e espionagem, vigente desde de *A Quinta-Coluna*.

A oposição que se faz entre a capital da República e a Serra de Guadarrama passa não só pelo eixo de uma suposta sociedade natural em relação a outra subordinada por um governo institucionalizado, mas também pela busca das formas de organização mais próximas do "povo".

O enfoque concentrado na ação de um grupo de guerrilheiros explicita a abordagem romântica dada ao conflito no romance, uma vez que o povo é aqui entendido para além das divisões de classe, e em função do culto às tradições, ao folclore, vivendo de acordo com seus hábitos seculares e com a natureza.

Na identificação direta entre a República como República dos Camponeses, República do Povo (comunidade ideal, sem participação na luta de classes), todo o peso do pensamento fisiocrático de Jefferson se faz presente.

Em carta a Jay, datada de 1785, Jefferson assinalava que os "cultivadores da terra são os cidadãos mais valiosos, os mais vigorosos, mais independentes, mais virtuosos e estão atados a seu país, casados com seus interesses e com a liberdade pelos laços mais duradouros".

A idealização do homem do campo, sustentáculo da eleição do grupo de guerrilheiros como foco da ação de *Por Quem os Sinos Dobram*, responde a essa abordagem romântica onde a luta armada dos camponeses, ao invés de remeter à questão da propriedade da terra, insere-nos no contexto de um grupo sacralizado pela sua suposta marginalidade em relação à civilização tecnológica, em virtude de sua proximidade da essência da natureza.

Diz Jefferson, a esse respeito, em suas "Notas sobre a Virginia":

> Esses que trabalham a terra são pessoas eleitas por Deus, caso Ele tivesse um povo eleito, de cujos peitos Ele fez seu depósito de virtude substancial e genuína. Este é o foco de onde Ele mantém vivo seu fogo sagrado, que de outra maneira escaparia da terra. Corrupção da moral na massa dos agricultores é um fenômeno que em nenhuma época, nem em nenhuma nação, ocorreu.

Dentro dessa compreensão metafísica da história, nada mais lógico do que a cidade ser entendida como espaço da corrupção; o comércio, a razão das guerras; e a multidão das metrópoles, algo que, como afirmava Jefferson, "acrescenta tanto ao governo puro quanto as chagas à força do corpo humano".

A oposição entre o campo e a cidade em Hemingway não discute a supremacia de uma forma de produção sobre outra, nem passa pela suposta superioridade que seria intrínseca a uma economia sobre bases agrícolas. Ela é totalmente voltada para o conflito entre a natureza e a civilização nos termos da permanência da terra em relação à transitoriedade dos homens.

Nada é mais iluminador dessa postura do que o célebre e arquicitado pela esquerda americana artigo do escritor "On the American Dead in Spain", publicado no *New Masses* de 11 de fevereiro de 1939, dedicado aos veteranos da Brigada Lincoln:

> Nossos mortos agora fazem parte da terra da Espanha e a terra da Espanha não morrerá jamais. Todo inverno ela parecerá morrer e toda primavera retornará à vida novamente. Nossos mortos viverão com ela para sempre.
>
> Do mesmo modo que a terra não morrerá jamais, também aqueles que foram livres não retornarão à escravidão. [...] Os fascistas podem se espalhar sobre o território, detonando a abertura de seu caminho com o peso do metal trazido de outros países [...] e podem tentar manter o povo na escravidão. Mas não se pode manter nenhum povo sob a escravidão.
>
> O povo espanhol se levantará outra vez como em outra ocasião se levantou contra a tirania.
>
> Os mortos não precisarão se levantar. São parte agora da terra e a terra não pode ser jamais conquistada. Porque a terra permanece para sempre. Sobrevive a todos os sistemas de tirania.
>
> Esses que nela entraram honrosamente, e nenhum homem entrou na terra tão honrosamente quanto os que morreram na Espanha, já adquiriram imortalidade.

Em *Por Quem os Sinos Dobram* a dicotomia permanente/transitório na obra de Hemingway abrange os conflitos entre a essência e a aparência, permeando a própria problemática estética, podendo-se entrever no esforço do autor em escrever em inglês, como se fosse em espanhol, algo mais do que um recurso estilístico.

É como empenho em aproximar-se da verdadeira essência da natureza e do povo que Hemingway escreve em inglês arcaico, procurando reproduzir a fala genuína do idioma espanhol.

O escritor parecia acreditar, conforme certas observações de Robert Jordan nos fazem pensar, que o idioma espanhol conservava melhor que os outros idiomas modernos os "ecos primitivos da fala antiga".

Como nos chama a atenção Stanton, nada mais sintomático dessa compreensão do idioma espanhol como portador de uma essência primitiva do que a cena em que o escritor protagonista de *Verdes Colinas da África*, tendo voltado de um glorioso dia de caça, se congratula com os nativos, bebendo e preparando os animais para o jantar.

No ápice da confraternização, essencialmente masculina, o escritor norte-americano dessa obra de Hemingway começa a falar em espanhol. O fato de reviver o espanhol indica que para Hemingway este idioma está diretamente associado às experiências tribais, primitivas, aqui revividas na celebração masculina de caçar, preparar e comer seu próprio alimento.

Além de o idioma funcionar como ícone da presença do tribal, o espanhol funciona também como indicador da superioridade da fala sobre a escrita, cumprindo um importante papel no jogo de oposições entre o saber natural, verdadeiro, instintivo, e o racional, civilizado, magistralmente incorporado na diferenciação das capacidades de Jordan e Pilar para o comando do bando.

A particularidade primeira de Jordan em relação aos guerrilheiros reside no fato de ser um professor universitário entre analfabetos, o representante de uma cultura escrita no universo da cultura oral. Toda uma divisão entre dois mundos é estabelecida por Hemingway a partir desses dois universos culturais.

Em *Por Quem os Sinos Dobram* o mundo da cultura escrita é o dos generais soviéticos que, sem tomar parte no combate, manipulam a guerra com segurança por detrás de suas mesas e mapas rabiscados, dos cronômetros que sincronizam ações e espantam o cigano Rafael, do plano de explosão da ponte de Robert Jordan, tão bem desenhado e riscado no papel, mas incapaz de prever a sorte do líder na ação.

Já o mundo da cultura oral é o do saber instintivo, dos que se valem da memória para transmitir o conhecimento, dos que, por não seguirem princípios racionalistas, agem espontaneamente e se harmonizam com a natureza, comunicando-se com ela.

O que fundamenta essa divisão de mundos oral e escrito que Hemingway traz à tona é, segundo Derrida, o pensamento logocêntrico. O logocentrismo privilegia a substância fonética, por supor uma divisão essencial entre o mundano e o não-mundano, o fora e o dentro, o transcendente e o empírico.

Compreendendo o Ser com relação a si mesmo, a metafísica ocidental estabelece a instância de um "ouvir-se-falar" que se dá como um significante não-exterior, ou seja não-mundano, não-contingente, mas "apoiado em uma fala plena e plenamente presente" em que o escrito é definido como suplemento do falado.

Hemingway estrutura essas premissas na contraposição que faz entre o saber de Pilar e Jordan. Acima de tudo o que garante a supremacia de Pilar sobre Jordan é o princípio aristotélico da união da voz e da alma, que se fundamenta na percepção da razão como descendente do *logos* e na ilusão de que há um liame originário, nunca rompido entre ele e a *phoné*.

Supondo-se que entre o ser e a alma haveria uma relação de tradução natural, e entre a alma e o *logos* uma relação de simbolização convencional, a linguagem falada se configura como "primeira" por se referir imediatamente à ordem natural e universal.

Essa hierarquização de manifestações da linguagem, determinada e determinante do conflito entre essência e aparência, insere Jordan e Pilar num novo plano, portanto, do conflito entre a natureza e a civilização, repostos no conflito entre cidade/terra.

A cigana Pilar é mais do que um novo protótipo do Bom Selvagem. É uma espécie de bruxa portadora de um conhecimento imemorial e secreto do mundo. É tão profundamente ligada à natureza que funciona como a própria "mãe terra", aquela que alimenta e compadece, mas que, devido ao seu saber subconsciente sobre a morte, é também a sua mensageira.

A cigana já havia lido a morte de Jordan na palma da mão do rapaz. Sua tristeza prognosticara a traição de Pablo. Adivinhava a aproximação da morte pelo cheiro da atmosfera e percebia na natureza os sinais indicativos do final trágico da ação na ponte.

É verdade que sua intuição não atua isoladamente na narrativa. Várias outras evidências funcionam como sinais que antecipam o fim, sem que sejam a causa da derrota ou das mortes na Guerra. Todos esses sinais e prognósticos são importantes, entretanto, por fazerem parte de uma configuração que integra homens e mulheres à natureza, relativizando mais uma vez o saber especializado de Robert Jordan.

O *partizan* norte-americano é reeducado pela cigana que o introduz no mundo dos sentidos, colocando-o, por meio de Maria, em contato com sua sexualidade, diminuindo a importância que o seu intelectualismo e pragmatismo americano possuíam até então.

Tudo se passa como se, ao apresentar-lhe Maria, Pilar conseguisse que Jordan rompesse os laços com aquele tipo de escritores puritanos da Nova Inglaterra – Emerson, Hawthorne e Whittier – que em *Verdes Colinas da África* são descritos como homens que não percebiam que tinham corpo, só "nice, dry, clean minds".

Assim, ao mesmo tempo em que o amor por Maria fez com que o irredutível militante questionasse a causa comunista pela perspectiva do direito natural, o reencontro de Jordan com seu corpo o afasta, mais uma vez, da estrutura partidária, por aproximá-lo da natureza.

O restabelecimento dos elos com o natural via descoberta da sexualidade, do instinto é clarividente na sensação que Maria e Jordan têm durante o orgasmo de que a terra se moveu, reforçando a idéia de sincronia com os movimentos da terra e de sua importância para a consubstanciação da República.

Jordan, o Bom Civilizado, foi resgatado para a comunidade ideal pela sua experiência rápida, mas intensa, com o bando. Naquelas quase 72 horas pôde descobrir o quanto os dogmas partidários, o pragmatismo militante, afastavam-no de sua verdadeira essência. Por ter recobrado aquilo que a civilização lhe roubara, pôde morrer; porque a sua causa, agora ligada à natureza, lhe permitia a morada eterna na República cósmica da humanidade redimida.

É interessante perceber que, por caminhos diferentes, tanto para Hemingway como para Malraux, a superioridade espiritual que o combatente republicano adquire com sua experiência na Guerra Civil conflui com o reencontro do Ser consigo mesmo, com o essencial absoluto da natureza.

No final do romance, Jordan morre e o velho Anselmo é destruído pela violência mecânica da Guerra. Porém, ambos morrem como bravos *matadores*, conscientes de que seu sacrifício está justificado pela fé no futuro da humanidade redimida. Uma possibilidade que não deixa de existir pelo fato de que o *partizan* não foi pessoalmente bem-sucedido na explosão da ponte, pois a supremacia da natureza sobre a civilização se mantém a despeito de todas as vicissitudes da realidade contingente.

É dentro desse conflito entre essência e aparência, entre o caráter permanente da terra e o transitório da cidade, dos valores que abolem as diferenciações ideológicas e de classe entre os homens, que a Guerra Civil pôde ser entendida como momento de purgação da humanidade, investindo-se do aspecto de celebração.

A supremacia dos armamentos da "civilização da retaguarda" sobre os da "vanguarda" é, na perspectiva hemingwayana, momentânea. A guerra funciona apenas, nesse corpo de premissas, como palco onde as forças imanentes da história – essência e aparência – se chocam e se encaminham para o final redentor, onde o retorno à experiência edênica se efetivará na consumação da República.

Se são evidentes os traços teológicos dessa compreensão da história, entendida como o percurso circular que parte da virtude, passa pelo vício, e retorna à virtude, bem como o romantismo que abole a luta de classes em detrimento do conflito entre categorias metafísicas, é difícil não questionar se a República de Hemingway não evoca a retórica futurista da "guerra como higiene do mundo". E mais. Em que medida, também, sua idealização do primitivo não nos insere no âmbito das premissas estéticas do nazismo?

7. A República Imaculada

> *Minha respiração se faz como um gemido.*
> *Já não entendo a vida, e se mais a aprofundo,*
> *Mais a descompreendo e não lhe acho sentido.*
>
> *Por onde alongue o meu olhar de moribundo,*
> *Tudo a meus olhos toma um doloroso aspecto:*
> *E erro assim repelido e estrangeiro no mundo.*
>
> *Vejo nele a feição fria de um desafeto.*
> *Temo a monotonia e apreendo a mudança*
> *Sinto que a minha vida é sem fim, sem objeto...*
>
> *– Ah, como dói viver quando falta a esperança!*
>
> MANUEL BANDEIRA, "Desesperança"

Hemingway introjeta e recusa os pressupostos da arte nazista e do futurismo italiano em suas esparsas considerações sobre o que é a literatura, qual é sua função e seus objetivos.

Ainda que fragmentadas, essas preocupações estéticas constituem um ponto de partida interessante para entender as ambivalências que o conflito entre natureza e civilização assume em sua visão de República.

7.1. O ESCRITOR E A ESCRITA

Entre outras tantas ocasiões, Hemingway, em um artigo para

a *Esquire*, afirmou que "os livros devem ser sobre pessoas que se conhece, que se ama ou odeia, não sobre pessoas sobre as quais se estuda"[1].

O excesso de "intelectualismo" nada acrescenta à qualidade de uma obra literária porque não constitui uma forma de conhecimento para o escritor. A verdadeira literatura, entretanto, não é mera reprodução do vivido, pois o bom escritor, conforme explicitava a George Plimpton na *The Paris Review* em 1958, "não descreve, inventa".

Mas não é só a criação o elemento decisivo para a concepção de uma boa obra literária. Em *The Garden of Eden* (*O Jardim do Éden*, 1986, publicação póstuma), o escritor-protagonista, David Bourne, esclarece que é preciso escrever bem, isto é, escrever "num estilo simples" sem ser simplista, compreendendo a complicação das coisas para poder dizê-las com simplicidade. Conseguir transmitir o odor da plantação, o perfume de limpeza no interior de uma cabana, a maciez das cadeiras dos velhos e o modo como o chão de terra batida estava bem varrido.

A efetividade desse empreendimento requer que as sensações descritas pelo escritor sejam percebidas como verdadeiras pelo leitor, o que só é possível se o que estiver sendo narrado "acontecer" com o escritor no momento em que ele cria sua peça literária. Somente assim a ficção torna-se verdadeira e o leitor pode incorporá-la para sempre. O processo é interessante:

> Não era ele, mas à medida que escrevia passava a ser, e quando alguém o lesse, seria quem quer que o lesse, e aquilo que encontrassem ao alcançar a escarpa, se chegassem até lá (e ele os faria chegar lá por volta do meio-dia daquele

---

1. E. Hemingway, "Old Newsman Writes: A Letter from Cuba", *Esquire* 2, (7): 26, dezembro 1934. A transformação de Hemingway em um produto tão, ou mais, comercializável do que seus próprios livros está intimamente relacionada com seu trabalho para a revista *Esquire*. Em abril de 1933, assinou um contrato com Arnold Gengrich em Nova York, comprometendo-se a escrever uma série de artigos na forma de cartas para a recém-criada revista, por US$ 250 cada. Nessas cartas, descrevia experiências pessoais, figurando, na maior parte das vezes, como protagonista de aventuras mirabolantes na África, em alto-mar etc., compactuando com o movimento do mercado editorial que o coisificou e construiu o mito que, todavia, obscurece sua obra literária.

Para mais dados sobre esse processo de consolidação do mito Hemingway, vide o capítulo "Man of Letters" de Carlos Baker em *Hemingway, a Life Story*, "The Public Image" na biografia escrita por Jeffrey Meyers e o livro *Papa: Hemingway in Key West*, de James McLendon.

dia), então, quem quer que lesse a história encontraria o que havia lá e haveria de possuí-lo para sempre[2].

Diferentemente do escritor-narrador de *As Torrentes da Primavera*, David Bourne, apesar de ter consciência de que não era personagem do conto que escrevia, considerava a autobiografia como a melhor fonte para a literatura preocupada com a verdade.

> Não há nada que se possa fazer exceto tentar escrever exatamente como aconteceu. Portanto, deve-se escrever da melhor maneira possível e usar o pesar que se sente agora para lembrar-se do que se sentiu antes. E deve-se lembrar sempre das coisas em que se acreditava, porque se as conhecemos, elas estarão na narrativa e não as trairemos. A redação é o único progresso que se faz. (p. 181; p. 218)

Confronte-se o trecho citado acima com o seguinte de *As Torrentes da Primavera*, em que um "P.S. do Autor ao Leitor" avisa: "H. G. Wells nos perguntou se, talvez, nosso leitor não pensaria que muito desta história era autobiográfica. Por favor, leitor, tire essa idéia de sua cabeça. Está certo, vivemos em Petoskey, Michigan, e, naturalmente, muitas das personagens são extraídas da vida tal como então ali a vivemos. Mas são outras pessoas, não o autor" (p. 69; pp. 109-110).

Essa fidelidade ao "como as coisas realmente eram", presente em *O Jardim do Éden*, é um parâmetro estético para avaliar a qualidade de uma obra literária e revela uma concepção de escrita reduzida ao papel de técnica. Sua função é apenas efetuar o transporte de um sentido.

A partir de *Morte na Tarde*, outro importante pressuposto estético hemingwayano se firma, a busca da *mot juste*, principal lição de seu mestre Ezra Pound, com quem conviveu intensamente em Paris nos anos 20.

"Good writing is true writing" dizia Hemingway ao jovem aspirante a escritor que o procurou em Key West a fim de resolver dúvidas sobre esse ofício[3].

A verdade de uma obra é sempre proporcional ao conhecimento do autor. Não reside na precisão da representação. A ver-

---

2. E. Hemingway, *The Garden of Eden*, 4ª ed., Londres, Grafton Books, 1987, p. 142 e *O Jardim do Éden*, Rio de Janeiro, Nova Fronteira, 1987, p. 168. A mesma temática já aparecera em *O Sol Também se Levanta* quando Jake Barnes reflete sobre a leitura que fazia de Turgeniev.

3. "Monologue to the Maestro – A High Seas Letters", *Esquire 4* (3): 19 e 156, setembro 1935.

dade, na literatura, é o fruto de um trabalho de criação que faz da ficção algo tão verídico "como realmente seria".

Anos mais tarde, na entrevista concedida a Plimpton, Hemingway complementava:

> Das coisas tais como aconteceram e das coisas como elas existem e daquelas sobre as quais se sabe e sobre todas as outras que não se pode saber, você faz alguma coisa por meio de sua imaginação que não é uma representação, mas uma coisa inteiramente nova, mais verdadeira que qualquer outra coisa viva e real. E se isso é feito suficientemente bem, você lhe dá imortalidade. É por esse motivo que se escreve e por nenhuma outra razão que se conheça. Mas, e o que dizer sobre todas as razões que ninguém sabe?[4]

O que diferencia a verdade literária da cotidiana para Hemingway é a imaginação. Faculdade misteriosa, talvez relativa à nossa experiência racial, explicava ele ao aspirante a escritor na *Esquire*, mas, certamente, responsável pela distinção entre a literatura e a reportagem.

Na literatura, a verdade, quando tecnicamente bem realizada, adquire o valor de permanência. Um atributo que o jornalismo, por ser descritivo e factual, é incapaz de possuir.

Retomando as recomendações de Gertrude Stein, que o aconselhara a deixar o jornalismo de lado, a fim de conseguir fazer literatura, ensinava, então, ao jovem pupilo em "Monologue to the Maestro":

> Quando se descreve uma coisa que aconteceu no dia, a proximidade do tempo faz com que as pessoas a vejam na sua própria imaginação. Um mês depois, esse elemento do tempo se foi, e seu relato se tornará tão superficial que ninguém conseguirá visualizá-lo, nem lembrar do que aconteceu. Mas se você inventar, em vez de descrever, pode refazer totalmente o acontecimento e lhe dar vida. Bem ou mal você terá criado. Está feito, não está descrito. E será tão real quanto sua habilidade em criá-lo e colocar seu conhecimento nele.

É porque a literatura depende da imaginação e da habilidade do escritor em torná-la verídica (leia-se eterna e aqui Hemingway leva sua perspectiva aristotélica da arte às últimas conseqüências) que, tanto em *As Torrentes da Primavera* como em "Monologue to the Maestro", nosso autor afirma que, quando escreve, geralmente ignora o rumo que sua criação tomará. Porém, é só em *O Jardim do Éden* que esse interessante processo, que é e não é o

---

4. George Plimpton, "An Interview with Ernest Hemingway", *Paris Review* 18, 1958, em C. Baker, *op. cit.*, p. 37.

que o autor viveu, que é relato acurado e que é invenção, cujo desfecho se ignora, é esclarecido.

Escrever, segundo David Bourne, é transportar-se para outro mundo, esquecer de quem nos rodeia e ser absorvido, por meio das palavras, pelo mundo que se está criando, deixar-se transportar para outra geografia, outro clima e não fazer mais distinção entre o "real" e o "ficcional". É, como dizia Kipling, um dos escritores de maior influência na obra de Hemingway, não tentar pensar conscientemente, quando seu *daimónion* estiver atuando.

> Quando ele se sentou, o sol ainda não havia nascido e sentiu que recuperou parte do tempo perdido na história. Mas à medida que relia sua caligrafia cuidada e legível, as palavras afastavam-no de onde estava e o transportavam para o outro país, perdeu a vantagem e estava diante do mesmo problema, e quando o sol levantou no horizonte, já havia nascido há muito tempo para ele, e estava bem avançado no cruzamento dos lagos cinzentos, secos e implacáveis. (p. 152; p. 181)

Mais do que possibilitar a literatura, essa vivência, esse transporte, é a garantia da imunidade do escritor e o segredo de seu prazer. David Bourne, por exemplo, "escrevia a partir do núcleo mais íntimo, que não podia ser separado, nem mesmo marcado, nem arranhado. Tinha consciência disso e essa era sua força pois tudo mais que possuía podia ser atingido" (p. 200; p. 240).

O núcleo mais íntimo de onde o escritor retira suas forças criativas reside na sua porção mais instintiva e irracional, a sexual. A esse respeito, ele dizia em uma carta para Charles Scribner, datada de 2 de junho de 1948:

> Quando estou escrevendo arduamente, tenho que fazer menos amor, visto que as duas coisas são movidas pelo mesmo motor.

O mesmo raciocínio, que atrela a energia criativa à libido, é exposto por Hemingway na entrevista, anteriormente citada, concedida a George Plimpton ao falar sobre o pós-escrever:

> Quando pára, está vazio e ao mesmo tempo nem um pouco vazio, mas sentindo-se assim. Como quando se faz amor com alguém que se ama. Nada pode feri-lo, nada pode acontecer, nada significa nada até o dia seguinte, quando se faz de novo. É a espera até o dia seguinte que é duro de suportar.

A intimidade impermeabilizadora da criação e o prazer solitário da pós-criação não fazem com que Hemingway ou David

Bourne se omitam ou sejam ingênuos em relação ao mundo "externo" dentro do qual a literatura vive: o mercado editorial.

7.2. O ESCRITOR E O LIVRO

Em *As Torrentes da Primavera* a relação entre o autor e o leitor permite que o mercado editorial, personagem-fantasma que desempenha um importante papel nas publicações desde meados do século XIX fique totalmente descoberto.

Durante toda a narrativa sobre os encontros e desencontros de Scripps, Yogi, Diana etc., os diálogos travados entre o escritor e o leitor procuram chamar a atenção para a dificuldade de escrever as tramas de *As Torrentes da Primavera* e o possível valor de obra-prima que o livro adquiriria. Não obstante, um "P.S. ao Leitor" antes do desfecho dissipa qualquer uma dessas ilusões forjadas ao longo da narrativa sobre o valor do livro como obra de arte.

Confrontando-se o "P.S." com o diálogo entre Hemingway e Dos Passos, o leitor conclui que não só *As Torrentes da Primavera* não passa de um meio de subsistência e um produto de consumo, como o critério de "obra-prima" responde muito mais a uma estratégia de *marketing* do que a um critério intrínseco às qualidades da narrativa.

No encontro com Dos Passos, Hemingway, querendo convencer-nos da qualidade de seu trabalho, procura elucidar o cotidiano em que se deu o processo de sua criação, convencido do valor de mídia que essas circunstâncias costumam ganhar[5].

No final do livro percebe-se que todas as situações descritas nessa passagem não passam de técnicas elaboradas a fim de transformar o livro num objeto de culto, capaz de fascinar se não os leitores, pelo menos os compradores.

> Quando revi este capítulo, leitor, não me pareceu mau. Você poderá gostar dele. Espero que sim. E se lhe agradar, leitor, assim como o resto do livro, dirá aos seus amigos e tentará fazer com que o comprem, assim como você o fez? Eu só ganho vinte centavos em cada livro vendido, e se vinte centavos hoje em dia não é muito, somará um bom dinheiro se dele se venderem duzentos ou trezentos mil exemplares. [...] Se houver algo que não goste nesse livro, basta escrever para o escritório dos Srs. Scribners' Sons. Alterarão o texto a seu gosto. Ou se preferir, eu próprio o alterarei. (p. 77; pp. 119-120)

---

5. E. Hemingway, *op. cit.*, pp. 67-68. Na versão portuguesa, vide pp. 108-109.

Mas, ao mesmo tempo em que o escritor de *As Torrentes da Primavera* acredita que sua função no mercado seja escrever um livro que, como produto industrial, deve corresponder às expectativas dos consumidores, considera o leitor (agora não mais na qualidade de mero comprador) como seu único parceiro no "jogo literário", um jogo onde se transita entre o real e o imaginário sem que um universo exclua o outro[6].

Já David Bourne não reflete sobre o leitor. Talvez até porque o leitor anônimo que terá seu livro em mãos não seja nada mais do que, segundo o próprio protagonista, um número que se acrescentará a outros nas propagandas sobre a obra do tipo de "mais de 'n' milhares de exemplares vendidos em 'x' dias".

Em *O Jardim do Éden*, Hemingway aborda o livro no circuito da cultura de massas não só pela publicidade que divulga aspectos duvidosos sobre a importância artística da obra, mas também explorando o papel da crítica literária na indústria cultural, por meio das reações de David e sua esposa Catherine diante dos recortes de jornais enviados por seu editor.

Esse tipo de crítica é apresentado como tão mitificador que a primeira reação de Catherine ao ler os recortes de jornal sobre o novo livro de David é de indignação, pois não consegue reconhecer o marido naquilo que lê sobre ele.

Ao contrário de sua esposa, David parece que não se importa muito com o que a crítica diz ou deixa de dizer sobre ele. O mercado serve para sustentá-lo, não o atinge, pois pensa que a crítica jornalística nunca tem nada a dizer que não seja o óbvio. Consola a indignada Catherine dizendo-lhe: " – Está bem. Leia-as e se contiverem algo de bom, diga-me. Se disserem algo inteligente sobre o livro e que não saibamos, você me conta"[7].

A indiferença de David é fruto não só do vazio do conteúdo das resenhas sobre o livro, como também de sua falta de identidade com a imagem de sua pessoa veiculada na imprensa especializada. Ao abrir os envelopes com recortes de críticas sobre seu trabalho, "leu-as sem ter a impressão de que se referiam a ele ou a qualquer coisa que tivesse escrito".

A postura de David frente à mídia distancia-se assim da submissão do escritor-narrador de *As Torrentes da Primavera* sem

---

6. *Idem, Ibidem*, pp. 76 e 118.

7. A posição de David Bourne em relação à crítica literária dos jornais pode ser pensada como uma revisão do desempenho profissional do próprio autor quando, no tipo de artigo que escrevia para a *Esquire*, corroborava a orientação da mídia de transformar o escritor num produto que se assemelhava a uma personagem de ficção.

se aproximar daquele Hemingway que vociferava contra a mercantilização da temática social no artigo "Old Newsman Writes" e que se contrapunha ao servilismo de escritores como Richard Gordon, personagem de *Ter e Não Ter*, que, por escreverem em função do mercado, produziam uma literatura etérea e sem qualquer valor além do comercial.

Richard Gordon é ingênuo porque não percebe que sua "ficção proletária" é uma exigência da burguesia americana durante a Depressão dos anos 30. E é mais ingênuo ainda por confundir sua coisificação com transgressão dos padrões de moralidade burguesa. Por isso, não se dá conta que é um objeto de Mrs. Bradley, caricatura da indústria cultural americana, "colecionadora de livros e escritores", e, iludido, acaba por considerar como parte da "lição de casa" de um escritor manter relações sexuais com sua mecenas[8].

Fica claro que, para o autor, pior do que estar escrevendo sobre um tema da moda é a exterioridade de Gordon em relação ao que escreve. Sua literatura é passageira porque ele desconhece os assuntos sobre os quais versam seus livros, ignorando um dos cânones mais importantes da estética hemingwayana.

A temática social implica o envolvimento do escritor com a luta política. Um escritor socialmente comprometido (e não vendido) não espera que os conflitos sociais sejam encenados na sua frente para "pinçar" alguma cena de efeito para o seu próximo livro. Enfrenta-os questionando quem são as vítimas e por que o são.

Essa crítica fica bastante clara no artigo "Who Murdered the Vets?", publicado no *New Masses* e já comentado em outro momento, a respeito das vítimas do furacão de 1935.

---

[8]. A "literatura proletária" de Richard Gordon é habilmente ironizada por Hemingway em um diálogo entre Gordon e um maluco, Spellman, no *Lilac Time* (reduto dos *haves* de Key West).

"Are you writing a new book?"
"Yes. About a half done."
"That's great," said Spellman. What's it about?"
"A strike on a textile plant."
"That's marvellous", said Spellman. "You know I'm a sucker for anything on the social conflict."
"What?"
"I love it", said Spellman. "I go for it above anything else. You're absolutely the best of the lot. Listen, has it got a beautiful Jewish agitator in it?"

E. Hemingway, *op. cit.*, pp. 196-197.

[...] Você, que escrevia nas colunas literárias e que estava em Miami porque queria ver um furacão para poder descrevê-lo em seu próximo romance, e temia que não iria ver nenhum, continue a ler o jornal porque aí está todo o material que você necessita; mas eu gostaria de poder lhe pegar pelos seus literários colarinhos e levar você para esse mangue onde há uma mulher com a cabeça tão inchada como um globo, e outra de bruços em uma mata contígua, e lhe explicar que eram duas moças [...] que vendiam sanduíches e gasolina. Mas estão aí porque tiveram azar. Você poderia tomar nota disso para utilizar em seu próximo romance, e falando nisso, como vai seu romance, companheiro de ofício, como vai, companheiro de merda?

É interessante perceber que as críticas de Hemingway à submissão dos escritores aos modismos do mercado editorial coincidem com o momento em que passa a expressar uma preocupação social mais nítida. Contudo, ele prossegue cultuando os mesmos padrões estéticos fundados no conhecimento-experiência-permanência da obra.

Não só os parâmetros a serem seguidos na composição da obra, mas o modo como posiciona as angústias e o próprio caráter de suas personagens desloca-se do plano dos conflitos de indivíduos em busca de sua essência para o do homem que vive em uma sociedade.

7.3. A BELA REPÚBLICA

Em suas observações sobre o livro acerca da Guerra Civil que desejava escrever, o protagonista de *Por Quem os Sinos Dobram*, Robert Jordan, afirma que gostaria de escrever a história do que "nós fizemos". Contá-la do modo como Pilar o fizera no seu relato sobre o início do movimento em Ávila. "Melhor do que Quevedo", com uma capacidade ímpar de transmitir todos os detalhes, de fazer Jordan ver a tragédia "como se estivesse presente".

A proposta de Jordan é escrever "um livro verdadeiro", tão fiel aos fatos e às emoções que poderia exorcizar a culpa pelos assassinatos cometidos em nome da causa. Acreditava que "talvez pudesse se libertar dessas impressões ao lançá-las no papel" e que "uma vez fixadas no papel, tudo estaria liquidado. E se o conseguisse, disso sairia um bom livro".

Escrever bem é escrever com simplicidade e com a fidelidade capaz de superar a própria realidade do narrado a ponto de fazer com que o leitor sinta tão intensamente o que lê que incorporará essa experiência para sempre. No que tange ao escritor, essa "eficiência técnica" e sua fidelidade poderão proporcionar-lhe o êxtase criativo, na medida em que pode exorcizar a realidade vivida.

Cumpridas essas metas, a obra atinge o seu objetivo, atinge a essência, aquilo que faz ser o que é, adquire o valor de permanência.

A busca da perfeição artística, expressa em *Morte na Tarde* como arte permanente e verdadeira, coincide com a crença de que sendo a vida e a política instâncias transitórias, só na arte identificada com a natureza poder-se-ia encontrar a eternidade.

Nesse universo, Hemingway passa a tematizar a morte violenta opondo a morte na arena de touros à morte mecânica da guerra e idealizar a Espanha por meio das *corridas*.

O culto a um suposto estado primitivo original em um conjunto de propostas estéticas, que fazem a apologia do critério de "realismo" e desprezam o papel do conhecimento intelectual no processo de criação, sugere a repercussão de temas da arte nazista.

A arte nazista se apropria da imagem do Bom e Nobre Selvagem para sustentar seu desprezo por tudo que é reflexivo e pluralista. A partir de uma construção mítica do "primitivo", em que ele aparece como forma de organização "simples e pura", a ideologia nazista contrapunha a limpeza do "natural" ao urbano corrupto, o físico ao mental, o satisfeito ao crítico.

O jogo de oposições que Hemingway constrói entre a racionalidade ineficiente de Jordan e a sabedoria instintiva de Pilar, por exemplo, poderia indicar-nos, ainda, que Hemingway retoma o tipo de argumentação exposta por Goebbels na proibição oficial à crítica de arte (novembro de 1936), apenas substituindo a temática dos judeus, acusados na Alemanha nazista pelo seu urbanismo, intelectualismo e espírito crítico "destrutivo e corruptor", pela da "civilização".

A identidade entre ambas as posturas se assentaria na constatação de que, nos dois casos, o que se opõe ao instinto, à verdadeira essência íntima é o que coloca a "cabeça sobre o coração", o que se apresenta mediado pelo racional, pelo conhecimento intelectual identificado genericamente como "civilizado".

Nesse ponto, poderíamos ainda recordar que também o futurismo italiano, como ressalta Annateresa Fabris, manifestava um desprezo absoluto pelo conhecimento analítico-interpretativo, considerado por eles como de "origem germânica", "castrador do verdadeiro instinto propulsor".

Entretanto, o desdém futurista por esse tipo de saber ia na direção oposta ao de Hemingway. Enquanto para ele tratava-se de, a partir da superação da ordem racional, negar a civilização tecnológica, para os futuristas italianos, a ruptura com o racionalismo idealista visava a consolidação da mesma.

Segundo o próprio Marinetti, em "A Nova Religião-Moral da Velocidade" (1916), "a *moral futurista* defenderá o homem da decomposição determinada pela lentidão, pela recordação, pela análise, pelo repouso e pelo hábito". Assim, "a energia humana centuplicada pela velocidade" dominaria o "Tempo e o Espaço".

"A única religião", estabelecia ele programaticamente no "Manifesto do Partido Futurista" (1915-1919), era "a Itália do futuro". Religião cujo culto passava pela "premiação direta do engenho prático e simplificador nos empregados. Depreciação dos diplomas acadêmicos e estímulos, com prêmios, às iniciativas comercial e industrial", e pela "industrialização e modernização das cidades mortas, que ainda vivem do seu passado".

Em suma, para o futurismo, de acordo com o "Manifesto Técnico da Literatura Futurista" (1912) de Marinetti, o despertar da intuição era fundamental, porque "mediante a intuição, venceremos a hostilidade irredutível que separa nossa carne humana do metal dos motores".

Ao contrário do que pretende Hemingway com sua valorização do intuitivo (o retorno a um passado mítico sem contato com a tecnologia mortífera), Marinetti o exalta porque entende que assim ultrapassar-se-ia o reino animal, podendo-se iniciar o "reino mecânico".

Entretanto, assinalar as coincidências entre o tipo de desprezo de Hemingway pelo conhecimento intelectual e o presente no nazismo, bem como sua distância da forma como esse se dá no futurismo italiano, e nos dar por satisfeitos com essas constatações, levar-nos-ia a ignorar uma das tensões mais constantes na produção cultural e no discurso político norte-americanos desde meados do século XIX.

Como conciliar as instituições públicas com as noções evangélicas de virtude? Onde havia ficado aquela luz verde que encantou Gatsby e fazia com que todos prosseguissem navegando contra a corrente, "impelidos incessantemente para o passado"? Por que não era possível, pelo menos, colocar em prática um pragmatismo que, como o formulara William James, fosse, ao mesmo tempo, fundamentado na experiência e receptivo às "esperanças humanas mais elevadas"?

Essas perguntas, continuamente presentes na literatura dos EUA remetem às vicissitudes criadas pela industrialização e urbanização do país, bem como pelo imperialismo americano (eufemisticamente designado como "expansionismo"), que desterraram as ilusões otimistas do liberalismo teológico do progressismo norte-americano. Acima de tudo, elas situam as várias formas de questionar a falência do *American Dream*, dentre as quais se coloca a de Hemingway, que põe romanticamente a civilização em xeque por meio da exaltação do "primitivo" alheio à razão técnica e científica.

Não se pode esquecer, também, ainda dentro desse corpo temático, as relações que interceptam o processo de "regeneração" de Jordan por meio da descoberta de sua sexualidade, presentes em *Por Quem os Sinos Dobram*.

Já nos referimos ao processo em que o protagonista é conduzido pela "mãe-terra" Pilar à descoberta e valorização de seu instinto sexual que o purifica de seus "excessos civilizados" (militância político-partidária), liberando-o para o amor e o transformando no líder ideal da luta pela libertação da comunidade.

Essa "deserotização" do sexo é um dos traços mais fortes da presença da formação religiosa de Hemingway na sua obra literária. A relação sexual entre um par romântico hemingwayano, como assinalou Reynolds, nunca desrespeita os padrões de moralidade cristã que norteavam a organização de Oak Park, e que orientavam o empenho da comunidade em difundir a educação sexual.

Frederick Henry e Catherine Baker se casam em *Adeus às Armas*, depois de terem dormido juntos. Do mesmo modo, quando Jordan e Maria se deitam pela primeira vez, ele lhe diz que ela agora era sua esposa.

Quando os casais de Hemingway se amam, mas não se casam de fato, são separados pela morte, tal qual ocorre com o par Cel. Cantwell-Renata em *Através do Rio, Entre as Árvores*. O princípio moral que faz com que o prazer sexual descomprometido seja amaldiçoado com a morte é, também, o que rege a tragédia pessoal de Jake Barnes em *O Sol Também se Levanta*, onde seu amor pela prostituta Brett lhe custa sua dignidade.

Dentro da mesma preservação da moralidade cristã se situa o problema anteriormente apontado da dicotomia razão-instinto presente na obra de Hemingway, pois uma das características mais profundas da produção filosófica dos arautos do progressismo norte-americano e que mais influenciaram a "América

Evangélica" foi, justamente, a separação entre o coração e a mente. Em tal filosofia, a ética é desvinculada da consideração racional, de modo que é o instinto que sugere o que é virtude e o que é vício[9].

Entretanto, o problema da supressão do descompromisso da relação de Jordan e Maria se reveste aqui de uma profundidade que vai muito além da mera sobrevivência de sua educação religiosa, pois a busca do prazer é, em *Por Quem os Sinos Dobram*, anulada pela função "histórica" que o ato adquire constituindo-se em ritual de passagem da trajetória de Jordan rumo à comunidade redimida.

Tal artifício, sem dúvida, é extremamente coerente com os princípios da arte nazista onde, como destacou Susan Sontag, dentro de um universo masculino e assexuado, o sexo só é tematizado na medida em que é transformado em "força 'espiritual' para o benefício da comunidade".

Como se não bastasse esse dado, a identificação entre a possibilidade da República (momento de redenção da humanidade purificada) e a vitória do bando guerrilheiro, composto essencialmente por analfabetos e camponeses, poderiam levar-nos a pensar que Hemingway retoma exemplarmente a tese da aliança indissolúvel entre o sangue e o solo como condição "da vida sã de um povo", presente na legislação alemã sobre a organização das relações de propriedade no campo, de 12 de maio de 1933.

A centralização da narrativa em um grupo de camponeses na Sierra de Guadarrama, o papel desempenhado por Pilar, a divisão dos homens em portadores de valores permanentes e valores transitórios são elementos, como vimos anteriormente, decisivos para a formulação da "República Redentora" em *Por Quem os Sinos Dobram*.

Tais elementos serviriam, então, para endossar a pertinência da inserção do romance no âmbito da estética nazista, visto que não podem ser isolados de uma proposta estética que visa o êxtase pelo reencontro com a verdade, a essência, a partir da experiência concreta, do instintivo e da simplicidade?

A questão é mais complexa. As identidades apontadas há pouco não ultrapassam a superfície dos textos. Os projetos de um outro Amanhã embutidos em cada uma das propostas estéticas assinaladas são diferentes.

---

9. Sobre as bases protestantes do progressismo americano, vide Clyde Griffen, "O Ethos Progressista", em S. Coben e N. Ratner (orgs.), *op. cit.*, pp. 185-228.

A visão de mundo do nazismo, conforme deixou claro um de seus teorizadores, Alfred Rosenberg, repousava sobre a convicção de que o sangue e o solo formavam o essencial da comunidade. Sangue, aqui, significa raça. Raça daqueles que biologicamente pertencem à comunidade nacional. A noção de solo, por sua vez, traduz, no nazismo, o apego a terra dos ancestrais e de suas crenças.

Dentro dessa perspectiva, assinala Richard, a personalidade artística não expressa uma individualidade. Ela é o símbolo da ligação mais profunda que existe entre a comunidade de alma e de sangue de uma nação. O prazer estético que a obra de arte suscita provém de seu retorno às origens, pois a "paixão" que dá origem ao nascimento da obra é um ímpeto espontâneo, resultante da comunhão profunda do artista com seu povo.

A comunidade biológica que sustenta o perigoso nacionalismo nazista não tem qualquer semelhança com a dos virtuosos que farão parte da República Redentora presente em *Por Quem os Sinos Dobram*. Eles são definidos pela sua proximidade com a natureza (entendida como mundo ideal que não foi pervertido pelos "vícios" da civilização) e pelo conjunto de seus valores éticos (principalmente em relação ao ato de matar e na postura diante da morte). Portanto, são condicionados pelo instinto de virtude individual e não por propostas raciais.

A natureza em Hemingway, ainda, não remete ao "solo" nazista porque não é nacional, pelo contrário é transnacional. Ergue-se como utopia que pretende superar todos os marcos da civilização, dentre os quais se situa a Nação. E, nesse sentido, vale a pena lembrar que uma das características mais constantes de sua obra é a condição de *homeless men* que quase a totalidade de suas personagens traz consigo.

Hemingway despreza o nacionalismo dentro desses marcos, como antítese da civilização tecnológica moderna, cuja expressão mais doentia, para ele, é a morte mecânica e impessoal que prevalece na guerra.

A meta do artista, como foi visto, não remete ao reencontro com o passado nacional, mas à procura daquilo que não se encontra na compreensão hemingwayana da civilização, o permanente. Por isso, o "belo" hemingwayano pode ser definido como o eterno, sendo essa eternidade definida pelo princípio de uma verdade absoluta e imutável.

E aí reside a diferença crucial entre o que Hemingway considera como o objetivo da arte e o que os futuristas italianos propõem como expressão máxima da beleza: "o esplendor geométrico e mecânico" que "tem por elementos essenciais" o esquecimento, a velocidade, "o senso de grande cidade" e "a precisão feliz das engrenagens e dos pensamentos bem azeitados", entre outros que exaltam a transitoriedade como princípio da consolidação de sua utopia.

A utopia republicana de Hemingway se orienta pelo valor de permanência, e é nesse âmbito que a criação artística pode "expiar" o escritor. Não porque o coloca em contato com os laços que unem a alma e o sangue de uma comunidade biológica, mas porque o livram daquilo que o aterroriza no seu presente, a transitoriedade da vida que a civilização tecnológica, consubstanciada na guerra moderna, impõe.

A busca pelo que é permanente, o que desafiou a civilização, define os critérios orientadores da seleção dos membros "virtuosos" que comporão a República resultante da purgação da humanidade. Seleção essa que poderia até ocasionar uma outra remissão aos dispositivos da propaganda nazista que, necessitando mascarar a divisão de classes, apregoava a igualdade de todos os alemães (posteriormente entre todos os "arianos"). Igualdade não de direitos, como frisa Hannah Arendt, mas de "natureza".

De fato, a equiparação entre Jordan e o tenente Berrendo no nível de seus "nobres valores" encobre uma fórmula de negação da política burguesa e da sociedade de classes por meio da construção do mito da comunidade ideal. Entretanto, a identidade entre os membros que farão parte da "República Redentora" é formulada pelo critério de "valores" de seus membros. Diferentemente do que ocorre no nazismo, o princípio hemingwayano é, acima de tudo, moral, jamais dado por uma suposta herança biológica ou pela história.

A confluência entre a visão de mundo que a literatura de Hemingway expressa e a que orienta a política cultural nazista é a atualização de uma idéia romântica, onde, conforme Lukács, o ponto de partida é a realidade de um mundo em putrefação, que precisa ser saneado, imperando aí uma noção de um presente que é um "erro", subjacente à compreensão da história como algo que é condicionado por uma moralidade subjetiva e apriorística.

A constatação desse mundo em decomposição justifica o anseio de superar os acontecimentos por meio de uma fidelidade técnica aos detalhes que os reproduz mais perfeitamente do que na sua própria ocorrência, repercutindo a necessidade de reescrever a história e fazer a arte como "história pura" característica das preocupações dos ideólogos e propagandistas dos regimes nazistas, onde, como assinala Richard, "não é a obra de arte que tem que representar a vida, mas é a vida que deve se transformar em uma obra de arte".

Em tal comunidade ideal, pretensamente antagônica aos ideais da sociedade burguesa e aos descaminhos da democracia, a coesão do grupo se mantém pela lealdade dos homens e pela abolição das diferenças sociais e daquelas entre governantes e governados.

A efetivação de tais relações depende de um jogo de representações que compõem a matriz ideológica dos sistemas totalitários do tipo nazista e fascista, de modo que ele possa aparecer como dado dentro de uma ordem natural.

Esse jogo de representações parte da imagem do povo-uno, figurado e enunciado a partir de um "Outro" estranho e inimigo que deve ser eliminado. Assim, sob o signo da profilaxia social – a purgação da humanidade, a solução final, a eliminação dos inimigos do povo – a integridade do corpo ariano, da comunidade ideal, do partido, do povo-uno pode ser mantida e atingida.

A comunidade ideal é divulgada pela propaganda desse tipo de totalitarismo na forma de uma profecia que sempre esteve dada pelas leis da natureza ou da história, de modo que quem extermina ou é exterminado nada mais faz do que confirmar o seu destino.

Respondendo a esse tipo de premissas, não é nada casual que a República Redentora de *Por Quem os Sinos Dobram* necessite, para se consumar, passar pelo "êxtase purificador da batalha", uma guerra que, legitimada pelas leis naturais, livrará a Espanha de todos os Pablos, Prietos, Lerrouxs etc. e reiniciará a história com seus "virtuosos" Jordans, Anselmos, Berrendos e Pilares.

Tal caráter e função dados à Guerra Civil Espanhola constituem o ponto onde Hemingway mais parece próximo dos futuristas. Contudo, essa identidade tem fundamentos extremamente frágeis.

Primeiramente há de se recordar que Hemingway não considera a guerra como higiene do mundo. É a Guerra Civil Espanhola, em especial, que é tomada como guerra purgatória porque é entendida como momento que assinala o reinício da história.

Essa compreensão do conflito remete, como já foi visto, ao tecido discursivo produzido em torno do mesmo, e ao movimento de idealização das touradas e do território espanhol presente na obra do escritor, profundamente relacionados com a sua busca de uma forma de transcender a morte mecânica da guerra contemporânea.

Ao contrário de Hemingway, que elabora sua utopia a partir do antimaquinismo e da negação da civilização tecnológica, o futurismo italiano faz a apologia da guerra por ela ser, como frisa Fabris, "um grandioso espetáculo, uma festa organizada com os mais modernos recursos da civilização industrial", constituindo, por isso, "a celebração do progresso e da civilização tecnológica".

A tourada, parâmetro do combate ético e estético de Hemingway, não é elevada a essa categoria por ser, como a guerra para os futuristas da Itália, "a legitimação dos instintos primários do homem, um ritual de iniciação ao perigo, à aventura e ao heroísmo". Ela é idealizada como a forma de combate digna e honrada que se contrapõe à barbárie da guerra e da morte mecânica.

Enquanto na "Nova Religião-Moral da Velocidade" se explicita que pegar o inimigo desprevenido faz parte do que há de mais "sublime" na ação "divina" dos projéteis, metralhadoras, fuzis, minas e contraminas velozes, para Hemingway as touradas são éticas porque ele supõe que nelas não só a morte não é impessoal, como não se pode trair o inimigo. Ambos, acredita ele, estão em condições equivalentes e sob regras que impedem o assassinato.

Essa busca de um sentido para a morte leva-nos a repensar o impacto da obra de Gabriele D'Annunzio na formação do escritor.

Vários biógrafos de Hemingway assinalam o quanto D'Annunzio foi lido por ele nos anos que se seguiram à Primeira Guerra Mundial, destacando que as influências perceptíveis do poeta italiano na obra do escritor norte-americano resumem-se à citação irônica de seu lema no título de um conto satírico sobre o fascismo italiano, "Che te Dice la Patria", e às memórias do Coronel Cantwell em *Do Outro Lado do Rio, Entre as Árvores* do discurso feito por D'Annunzio, em Vezena, em 1918.

Nessa passagem, Cantwell recorda-se que, quando era tenente, ouviu a exaltada e revoltada fala de D'Annunzio conclamando os jovens italianos às armas, argumentando que "Morire non è basta".

Perplexo, o jovem tenente norte-americano se pergunta: "What the muck more do they want of us?" Afirmação que já havia sido antecipada sem nenhuma sutileza em um poema de Hemingway de 1921, intitulado "D'Annunzio", em que se lê:

Half a million dead wops
And he got a kick out of it
The son of a bitch.

Entretanto, apesar dessas toscas referências a D'Annunzio, convém não minimizar a influência do poeta italiano na obra de Hemingway. Essa atitude implicaria aceitar que a literatura não passa de traço sobre a superfície do papel, cabendo ao intérprete apenas ordenar suas linhas buscando a composição de um texto coerente que explique e reflita a imagem da vida do escritor em si mesmo.

A idealização das touradas pode ser tomada como um desdobramento da idéia de que "morrer não é suficiente", ainda que não remetendo a uma glorificação da morte pela pátria, pois não deixa de nos fazer circular pelo mesmo universo simbólico em que a morte é exaltada como referencial para a elaboração de um modo de vida. Além disso, há de se levar em conta a importância de D'Annunzio para a construção do mito hemingwayano que fez do escritor o protagonista-mor de sua obra.

Reynolds destaca que é justamente na produção da imagem pública de Hemingway que o impacto de D'Annunzio se faz mais presente na carreira do escritor. Para ele Hemingway é um romântico em todos os sentidos, inclusive no modo de vida. Por isso acreditava que o escritor não só tinha que desempenhar bem sua tarefa redigindo, mas também se testando, desafiando o medo e o perigo.

Por um lado, esse modelo autodestrutivo de vida não tinha nenhum referencial em que se apoiar na América do pós-guerra, e, por outro lado, o imaginário do período Roosevelt, bastante arraigado em Hemingway, o solicitava incessantemente.

Como afirma Reynolds:

Twain, James and Howells eram, então, os gigantes da literatura americana. Nenhum rapaz criado sob os feitos de Teddy Roosevelt poderia ter a expectativa de seguir a vida sedentária e passiva de Henry James, desfrutando-a com a *gentry* britânica, ou a de William Dean Howells, confortavelmente acomodado em sua poltrona de editor. Dos três, apenas Twain era uma possibilidade remota, mas o Oeste da juventude dele não era mais possível para Hemingway. [...] Ele necessitava de um modelo público forte e masculino e a América não tinha nenhum para lhe oferecer; Roosevelt estava morto e seu idealismo belicista mais morto ainda. Hemingway precisava de uma máscara por trás da qual poderia escrever, uma máscara para encobrir seus próprios temores e inexperiência, uma máscara suficientemente opaca para ocultar o que ele não sabia. Porque ele não conseguiu encontrá-la no mercado americano, inventou-a montando-a a partir dos farrapos do romantismo europeu. [...] O modelo mais remoto para a persona que inventou foi esse velho romântico, Gabriele D'Annunzio.

Se a busca de padrão para a imagem pública do escritor, bem como de um sentido para morte retomam o romantismo retrógrado de D'Annunzio, sem recair no seu nacionalismo, e se o êxtase purificador da batalha não remete à exaltação da guerra nos cânones do futurismo que foram compartilhados pelo fascismo, a idéia do futuro grandioso e redimido, que será dele resultante, não deixa de ser intrigante, pois sustenta a necessidade de um líder que comande a organização do movimento imanente da história.

A presença desse líder, no entanto, não rompe a lógica totalitária do povo-uno porque dentro dela o indivíduo é dissolvido em um "nós" absoluto, como assinalou Lefort, em que se pode identificar Alemanha-Alemães-Führer, Partido-Stalin-Proletariado, Jordan-República-Ponte.

Nada mais ilustrativo da presença desse dispositivo do que a crise de Pilar quando acorda e se dá conta de que Pablo a enganara e fugira com a dinamite. Atormentada, a cigana pede perdão a Jordan porque sentia que o traíra e isso era grave porque Jordan era a ponte e a ponte era a República.

Como tudo se dissolve em um "nós" transcendente que a tudo e a todos engloba, Jordan pode esquecer da dor do ferimento na sua perna para estoicamente resistir em nome de sua causa.

A causa republicana reencontra-se, assim, com o código do *matador* e o êxtase da vitória remete-nos, agora, à capacidade de transcender a realidade cotidiana pelo autocontrole e pela exaltação da coragem, relembrando-nos das palavras de Mussolini, quando dizia que a violência dos fascistas tinha que ser "cavalheiresca, aristocrática, cirúrgica e, por isso, em certo sentido, humana"[10].

Entretanto, ainda que dialogando com a "estética da violência", a idealização das touradas e do *matador* em Hemingway não confluem nem para apenas um exercício calcado na obra de Turgeniev, *Recordações de um Caçador*, apresentada a ele por Sylvia Beach em Paris, e que é um modelo incontestável de descrição tanto em *Morte na Tarde*, quanto em *Verdes Colinas da África*, nem para o tipo de ritualização do corpo apregoada por Hitler,

10. Benito Mussolini, *Il Popolo de Itália*, 23 de julho de 1921, *apud* E. Nizza, *Autobiografia del Fascismo*, Barcelona, Editorial Glosa, 1977, p. 32.

por exemplo, em *Mein Kampf* em que justificava o culto físico pelo encontro da harmonia interior que o alcance da beleza exterior possibilitava.

Para Hemingway a tourada expressava um conjunto de princípios que conferiam aos combatentes idoneidade moral no desempenho da luta, por isso não era um esporte, no sentido anglo-saxônico do ato, dizia em *Morte na Tarde*. E explicava por que não o era. Porque não envolvia uma competição entre as partes. Era uma tragédia, que, quando se desenvolvia como o previsto, culminava na morte do touro, porém sempre implicando perigo para o toureiro.

A redenção da humanidade pela vitória dos valores permanentes, da verdade essencial contra a transitoriedade da civilização, a purificação que é fruto do reencontro com o instintivo, as formas de organização espontâneas, a exaltação de um código ético que legitime e sacralize a morte são expressões do conflito entre a natureza e a civilização que não pode ser isolado de uma proposta estética que se pretende a própria história (entendida como campo da verdade e da verdade única), que visa o eterno, o essencial e consagra o conhecimento antiintelectual.

Consubstanciação de forças imanentes e efetivação de princípios estéticos prenhes de implicações ideológicas claras, a idéia de República como destino e foz imaculada da história faz com que no romance de Hemingway sobre a Guerra Civil Espanhola sejam alinhavadas estruturas da lógica totalitária e da luta antifascista que tornam sua discussão muito mais complexa.

Se a utopia de uma comunidade purgada de seus males civilizados retoma, em vários aspectos, o ideário puritano da compreensão teológica da história, sem deixar de nos colocar no cerne da projeção estética do nazismo, o romantismo liberal dos ideais de Robert Jordan situa a luta republicana quase no outro extremo do debate da época, fazendo-se mister entender essa curiosa interação a fim de que não recaiamos na armadilha totalitária que supõe que o totalitarismo só se manifesta como forma absoluta.

7.4. A REPÚBLICA LIBERAL

É justamente porque só na sua autoformulação o totalitarismo pode reinar como um sistema sem contradições, que a forma total, una e homogênea dos elementos destacados como incorporações dos discursos nazistas convivem, em *Por Quem os Sinos*

Dobram, com elementos inadmissíveis para o sucesso de suas propostas.

Por outro lado, é importante ressaltar as diferenças entre determinados pressupostos tipicamente românticos, muito mais de acordo com o pensamento liberal do que com o totalitário, presentes na obra de Hemingway, a fim de evitar generalizações grosseiras e totalizadoras.

Hannah Arendt chamou a atenção para o fato de que, apesar das várias semelhanças entre os pontos de vista dos românticos do século XIX e dos que engrossavam as fileiras do movimento totalitário, uma divergência essencial os distancia. Ao contrário dos ideólogos do século XIX, os do totalitarismo, bem como seus adeptos, são incapazes de acreditar na possibilidade de mudança radical da função e do caráter individual e de formular uma fuga, um escape para o mundo selvagem que drible a armadilha contínua da sociedade.

É dentro desse contexto romântico que o drama entre a promessa de uma sociedade imaculada e o tormento da visão de uma América rica e corrompida pelo "mundano", que possibilita a formulação do Oeste como horizonte redentor e a utopia da fronteira móvel, tão bem encenados na literatura norte-americana, ressurge na Espanha hemingwayana e faz da República em *Por Quem os Sinos Dobram* uma estratégia para superar a realidade e a violência da civilização tecnológica, império da morte mecânica e do transitório.

Imbuída dos valores colhidos em uma concepção idealizada das touradas, a Espanha de Hemingway atualiza um dos temas mais caros à literatura norte-americana, que é, conforme afirma Leslie Fiedler, profundamente marcada pela busca de um Oeste, de um Éden, de uma floresta, algo que possa representar um lar para onde o escritor e o leitor possam fugir da civilização e reencontrar a comunidade ideal, o paraíso terreno prometido na colonização e roubado pelo progresso.

Não é por acaso, portanto, que certas características comuns são compartilhadas pelos mais bem sucedidos romances entre o público americano desde o século XIX: aventura, isolamento e fuga da sociedade moderna para uma ilha, para a floresta, o submundo, pico de uma montanha e assim por diante.

A primeira versão norte-americana desse elenco temático, magistralmente elaborado por Mark Twain e Melville, será levada a cabo por James Fenimore Cooper, que introduz nas *Leatherstoking Tales* a imagem do mundo selvagem, o ambiente inexplorado, a floresta ideal americana, que, ainda conforme Fiedler, melhor representa a imagem oculta que a América faz de si mesma.

Na tendência romântica que Cooper introduziu na América, assinala-se também a possibilidade, por seu veio antipuritano, da crença na inocência original, de modo que o primitivo pode se configurar idealmente como o puro e heróico. Uma inocência que resguarda a nobreza que o capitalismo dos EUA da década de 30 do século passado parecia a Cooper ter roubado aos homens de seu país.

Cooper é acima de tudo um homem em conflito com sua época, que, por não aceitar a superação da ordem aristocrática na América, criou um dos mais poderosos e vitais mitos da cultura norte-americana, o da idealização do Oeste e de sua devastação (entendida como perda da inocência e da virtude) pela marcha do progresso.

Dentro dessa recusa do presente, da irreversibilidade da ordem capitalista, que movimenta a história dos EUA em direção ao Oeste desconhecido, Fiedler afirma que se cria o protótipo do mundo ficcional do americano girando em torno da oposição entre bandidos e mocinhos, entre a sociedade insuportável e o desconhecido, que resguarda a inocência original e leva o homem atormentado a procurar o seu paraíso perdido no passado, tomado como mundo ideal.

A fuga em busca da inocência, a negação da civilização pela idealização da natureza é, portanto, uma das características mais marcantes da literatura americana, que reaparece sob diversas formas, recriando a idéia de um "Oeste" que sequer necessita do espaço dos EUA, podendo renascer, por exemplo, na Burguete de *O Sol Também se Levanta*, na idealização da infância presente em Mark Twain, na "Whilomville" de Stephen Crane, no mito do passado histórico de Cooper ou na movimentação de Faulkner em direção à sua juventude rural.

Nesse sentido, é difícil não concordar com Fiedler quando afirma que a literatura dos EUA evidencia que a "experiência edênica está sendo vivida em um Jardim em processo de destruição" e que suas principais personagens vivem o dilema do homem atônito em um mundo em constante transformação, em que "se ouve o som das cinzas, as árvores caem, o solo é aberto para que se ergam fábricas e lojas".

Nesse tipo de narrativa, "o leitor é constantemente requisitado a recriar na fantasia um lugar para onde nem ele nem o escritor poderão jamais retornar – o 'lar' pelo qual o escritor norte-americano clama e para onde jamais conseguirá voltar".

A reatualização constante do tema ao longo dos séculos é possível pela permanência de uma perspectiva de história em que a ação humana é totalmente ordenada por princípios estáticos, eternos e "naturais". Ou seja, a história, nesse tipo de literatura, conforme Lukács, cumpre a função de dar uma lição de virtude para o presente deturpador e corrompido pelas forças do vício.

Em Hemingway vários lugares se caracterizam com as potencialidades essenciais do "Oeste" corretor da história. São sempre locais afastados dos grandes centros urbanos, onde a preservação da natureza e a presença dos animais dão a impressão de que lá o homem está imune à transitoriedade e à corrupção que o devora na civilização. Em todos esses espaços, seja nos Alpes suíços, África, Cuba, Michigan, Montana, Espanha, o autor promove o reencontro de seus heróis com sua inocência perdida, seus valores permanentes, sua nobreza natural.

Uma vez que Hemingway toma a guerra como inerente à história, transforma a Espanha no espaço idealizado em potencial, pois, ao lado de todas as prerrogativas anteriores, ela é mitificada como território do combate ético.

Mas se a imagem da Espanha como o espaço idealizado, onde se situa o paraíso terreno perdido, responde a uma sólida tendência literária norte-americana, profundamente marcada pela dicotomia entre a natureza e a civilização, não podemos nos deixar levar por uma falsa suposição de que a idealização da Espanha e seu "poder balsâmico" na obra de Hemingway apenas confirmam a presença de um "arquétipo modelar" da cultura dos EUA.

Além de isentar-nos de qualquer reflexão sobre a historicidade dessa elaboração, ela em nada esclarece sobre por que em *Por Quem os Sinos Dobram*, mais do que funcionar como local da recuperação da inocência perdida, pôde a Espanha ser pensada como o local da redenção da humanidade como um todo.

Ainda que dividindo com a lógica totalitária a crença de que a história responde ao movimento de forças imanentes orientadas para a purgação da humanidade, a República hemingwayana não se funda na crença da natureza imutável dos homens. O critério de seleção dos membros da coletividade redimida baseia-se no seu corpo de valores dos combatentes, e parte do princípio da *regeneração*, distanciando-se do ideal, por exemplo, da raça pura ariana, onde tudo já está dado no sangue.

Mas não é só na crença na possibilidade de regeneração que reside a diferença entre os alicerces liberais da República de *Por Quem os Sinos Dobram* e os do Estado fascista. É, também, no vislumbre e na fé em um ponto de chegada que ela se faz presente.

Segundo Arendt, o movimento totalitário não objetiva nenhum ponto de culminação para o seu processo purgatório. Antes, depende da manutenção das massas em movimento constante.

Entretanto, é principalmente a partir da concepção do indivíduo que a República de Hemingway e o Estado fascista se distanciam.

Se podemos afirmar que a lógica totalitária está presente na luta política de *Por Quem os Sinos Dobram*, nos mecanismos que transubstanciam Jordan em ponte e a ponte em República e na própria idéia de povo-uno que abole todas as diferenças sociais, o mesmo não se pode dizer quanto à idéia de indivíduo.

O curioso jogo de espelhos que apaga as diferenças de classe, criando a imagem do povo-uno, não promove em *Por Quem os Sinos Dobram* o surgimento do Homem-Massa, condição de eficiência do funcionamento da sociedade totalitária. Muito pelo contrário, a realização da utopia republicana passa pelos princípios de Jefferson, que orientam a diferenciação entre tirania e disciplina e pelo resguardo do direito individual do homem em sociedade.

Como ressalta Marcuse, as idéias de totalidade presentes no liberalismo e no totalitarismo compartilham a interpretação naturalista da sociedade, na qual se funda a crença de que "finalmente, e em conjunto, se alcança o equilíbrio entre as forças sociais e os interesses econômicos"[11].

A harmonia resultante da ação das leis naturais que regulam a economia e a sociedade nesses dois sistemas, entretanto, tem pontos divergentes fundamentais que definem a posição do indivíduo na totalidade da qual faz parte.

No caso do liberalismo, as leis naturais que aparecem como uma razão autônoma capaz de regular o funcionamento da economia não se superpõem, nem tampouco anulam, a capacidade humana para distinguir o bom e o justo, por exemplo, a partir do exercício de conceituação dos indivíduos.

---

11. Herbert Marcuse, "La Lucha del Liberalismo en la Concepción Totalitaria del Estado", em Otto Bauer, Herbert Marcuse e Arthur Rosenberg, *Fascismo y Capitalismo: Teoría sobre los Orígenes y la Función del Fascismo*, Barcelona, Martinez Roca, 1972, pp. 43-79.

Essa é a raiz do individualismo e do subjetivismo liberal, o qual, apesar de não necessariamente ignorar as limitações do saber humano, não as considera como preestabelecidas. Por isso, a razão crítica é possível dentro desse sistema.

Nos totalitarismos nazista e fascista, nenhuma dessas possibilidades se abre. A razão humana é subjugada às realidades irracionais. A natureza, o sangue, o solo, a nacionalidade etc. se antepõem ao indivíduo e condicionam sua razão ao que é casual, funcional e orgânico. Por esse motivo, a anterioridade e a preeminência do todo sobre os indivíduos são fundamentais para todos os Estados totalitários.

Em uma frase: "Não se pode conhecer a realidade, apenas reconhecê-la".

Ao contrário do que ocorre no liberalismo, a totalidade não é entendida como soma das partes ou abstração, mas como a unidade que as engloba, as transforma em membros de um só corpo, fazendo com que esses membros só possam adquirir plenitude e perfeição por intermédio do todo que já está dado na ordenação orgânica da vida.

O sucesso do totalitarismo fascista por meio da promoção da emergência do Homem-Massa depende, por isso, como nos mostra Arendt, não só da perda da identidade pessoal, mas, principalmente, de uma atomização tal da vida social que imponha o desaparecimento da esfera pública, conduzindo para a experiência constante do desenraizamento e da solidão.

Assim, essa autora afirma em *On Totalitarianism*:

> O governo totalitário baseia-se na solidão, na experiência de não pertencer definitivamente ao mundo, que é uma das experiências mais desesperadas e radicais do homem.
> A solidão, solo comum do terror, [...] está intimamente relacionada com o desenraizamento e com a superficialidade [...]. Estar desenraizado significa não ter um lugar no mundo reconhecido e garantido pelos outros; ser supérfluo significa não pertencer ao mundo de modo algum.

Na República Redentora de *Por Quem os Sinos Dobram* o homem se reencontra consigo, mas o seu reencontro só adquire valor redentor na medida em que sua individualidade soberana participa da comunhão universal.

É justamente essa idéia da comunidade universal regida pelos princípios ilustrados e jeffersonianos da justiça, da igualdade, da fraternidade e da busca da felicidade, que faz da esfera pública uma condição *sine qua non* da República hemingwayana, ao mesmo tempo que a insere no conjunto de expectativas que, ainda que por vezes introjetando a retórica fascista, procuraram colocar o totalitarismo no seio das discussões culturais da década de 30.

Mas, afinal, se a República de Hemingway é, na verdade, uma diversidade de Repúblicas que nos deslocam por eixos de reflexão tão distintos, por temporalidades e espaços tão "estranhos" à Guerra Civil Espanhola, por quem os seus sinos dobram?

8. Por Quem os Sinos Dobram?

> *Suponho que há símbolos, uma vez que os críticos continuam a encontrá-los. [...] Já é bastante difícil por si escrever livros e histórias sem ser solicitado a explicá-los também. Ademais, isso privaria os explicadores de seu trabalho. Se cinco ou seis, ou mais, bons explicadores podem tocar o barco, por que deveria eu interferir? Leia qualquer coisa que eu escreva pelo prazer de lê-la. Tudo o mais que você encontrar aí será a medida daquilo que você trouxe para a leitura.*
>
> ERNEST HEMINGWAY, *The Paris Review*

Ao nos perguntarmos por quem os sinos dobram na história da República de Hemingway, mais do que tentar responder essa questão, quisemos deixar vislumbrar a infinidade de modos pelos quais os seus acordes podem ressoar.

Algumas de suas reverberações ecoam nessas páginas, onde os sinos dobraram-se pelo stalinismo e pelo discurso da "Fundação da América". Ressoaram a visão apocalíptica da Guerra Civil Espanhola como possibilidade da emergência do novo e o horror da banalização do genocídio. Sintonizaram-se com as correntes de pensamento totalitárias e antifascistas da década de 30 e dobraram pelos séculos XIX, XVIII, XVII...

São sinos literários e, como tal, exigem, para que sejamos capazes de escutá-los, que nos posicionemos em uma história que, por ser múltipla, é incoerente e, por isso, não responde às categorias de uma determinada razão técnica, incapaz de refletir sem recorrer ao tempo linear e ao espaço topográfico.

Sinos que ecoam a negação de uma idéia de um sujeito como presença em si, em que ele aparece como o "intérprete de uma fala originária, que nela mesma se subtrairia à interpretação".

Mais do que sinos literários, os sinos que dobram aqui são, então, os sinos que anunciam uma história oracular onde estabelecemos uma rota elíptica de regresso ao texto.

Descemos, seres vivos, ao país dos mortos, conscientes que em nosso movimento repassamos por todos os pontos do circuito, alterando seu sentido, porque, como assinalou Derrida, "repetida, a mesma linha não é exatamente a mesma, a curva já não tem o mesmo centro, *a origem atuou*".

Circunscrevendo um novo centro a cada retorno, os sinos desse regresso badalam, anunciando que se pode aprender a ver o que se quer saber...

Bibliografia

1. BIBLIOGRAFIA GERAL

ARISTÓTELES. *Arte Retórica e Arte Poética*. Trad. Antônio Pinto de Carvalho, (introd. Goffredo Telles Júnior), Rio de Janeiro, Ediouro, s.d.

ALDRIDGE, John. *After the Lost Generation*. Nova York, McGraw-Hill Book Company, 1951.

ARENDT, Hannah. *Da Revolução*. Trad. Fernando Dídimo Vieira, 2. ed., São Paulo, Ática/UnB, 1990.

——————. *Totalitarianism – Part Three of the Origins of Totalitarianism*. Nova York, Harcourt Brace Jovanovich, Publishers, s.d.

AUERBACH, Erich. *Introdução aos Estudos Literários*. Trad. José Paulo Paes, São Paulo, Cultrix, 1970.

——————. *Mimesis*. São Paulo, Perspectiva, 1971.

BAKER, Carlos (org.). *Hemingway and His Critics – An International Anthology*. Nova York, Hill and Young Inc., 1961.

——————. *Hemingway, o Escritor como Artista*. Trad. Fernando de Castro Ferro, Rio de Janeiro, Civilização Brasileira, 1974.

——————. *Ernest Hemingway, A Life Story*. 4. ed., Londres, Penguin Books, 1988.

—————— (org.). *Hemingway – Selected Letters (1917-1961)*. Londres, Granada Publishing, 1985.

BAUDRILLARD, Jean. *América*. Trad. Álvaro Cabral, Rio de Janeiro, Rocco, 1986.

BAUER, Otto; MARCUSE, Herbert e ROSENBERG, Arthur. *Fascismo y Capitalismo: Teoría sobre los Orígenes y la Función del Fascismo*. Barcelona, Martinez Roca, 1972.

BAYAC, Jacques Delperrie de. *Las Brigadas Internacionales*. Trad. Martín Lendínez, Madri, Ediciones Júcar, 1978.

BENJAMIN, Walter. "O Narrador". Trad. Modesto Carone, em *Textos Escolhidos – Walter Benjamin, Max Horkheimer, Theodor W. Adorno, Jünger Habermas*. 2. ed., São Paulo, Abril Cultural, 1983, pp. 57-74. (Os Pensadores)

BENSON, Frederick R. *Writers in War; The Literary Consequences of the Spanish Civil War*. Nova York, New York University Press, 1967.

BENSON, Jackson J. *Hemingway – The Writer's Art of Self-Defense*. Minneapolis, University of Minnesota Press, 1969.

BERMAN, Art. *From New Criticism to Deconstruction: The Reception of Structuralism and Post-Structuralism*. Urbana, University of Illinois Press, 1988.

BERNARDINI, Aurora (org.). *O Futurismo Italiano – Manifestos*. Trad. Maria Aparecida Vizotto, Nancy Rozenchan, Aurora F. Bernardini, J. Guinsburg, Elisa Guimarães, São Paulo, Perspectiva/Instituti Italiani di Cultura no Brasil, 1980.

BORKENAU, Franz. *The Spanish Cockpit: An Eye-witness Account of the Political and Social Conflicts of the Spanish Civil War*. Londres, Faber and Faber, 1937.

BOSI, Ecléa. *Memória e Sociedade – Lembranças de Velhos*. São Paulo, T. A. de Queiroz/Edusp, 1984.

BRADBURY, Malcom. *O Romance Americano Moderno*. Trad. Barbara Heliodora, Rio de Janeiro, Jorge Zahar, 1991.

BROER, Lawrence. *Hemingway Spanish Tragedy*. Alabama, University of Alabama Press, 1973.

BROUÉ, Pierre. *La Revolución Española (1931-1939)*. Trad. Pilar Bouzas, Barcelona, Ediciones Peninsula, 1977.

BROUÉ, Pierre; FRASER, Ronald e VILAR, Pierre. *Metodología Historica de la Guerra y Revolución Españolas*. Trad. Emilio Olcina Aya, Pilar López y Yolanda Marco, Barcelona, Editorial Fontamara, 1980.

BROWN, Frieda *et al.* (orgs.). *Rewriting the Good Fight: Critical Essays on the Literature of the Spanish Civil War*. East Lansing, Michigan State University Press, 1989.

BURGRESS, Anthony. *Ernest Hemingway and His World*. Nova York, Charles Scribners' Sons, 1985.

CAPELLÁN, Angel. *Hemingway and the Hispanic World*. Ann Arbor, UMI Research Press, 1985.

CARR, E. H. *La Comintern y la Guerra Civil Española* (org. Tamara Deutscher). Trad. Fernando Reigosa Blanco, Madri, Alianza Editorial, 1986.

CASTORIADIS, Cornelius. *Os Destinos do Totalitarismo e Outros Estudos*. Trad. Zilá Bernd e Élvio Funck, Rio Grande do Sul, L&PM, 1985.

CERTEAU, Michel de. *A Escrita da História*. Trad. Maria de Lourdes Menezes, Rio de Janeiro, Forense Universitária, 1982.

CHAUÍ, Marilena e FRANCO, Maria Silvia C. *Ideologia e Mobilização Popular*. Rio de Janeiro, Paz e Terra/CEDEC, 1978.

CHIPP, Herschel B. *Theories of Modern Art*. Berkeley, University of California Press, s.d.

COBEN, Stanley e RATNER, Norman (orgs.) *O Desenvolvimento da Cultura Norte-Americana*. Trad. Elcio Gomes e Neide Lourenço Pinto, Rio de Janeiro, Anima, 1985.

COOPER, Stephen. *The Politics of Ernest Hemingway*. Ann Arbor, UMI Research Press, 1985.

COWLEY, Malcom. *Exile's Return – A Literary Odissey of the 1920s*. Nova York, Penguin Books, 1976.

CUNNIL, Felipe (org.). *Un Corresponsal Llamado Hemingway*. Havana, Editorial Arte y Literatura, 1984.

DECCA, Edgar de. *O Silêncio dos Vencidos*. 1. ed., São Paulo, Brasiliense, 1981.

DERRIDA, Jacques. *A Escritura e a Diferença*. Trad. Maria Beatriz Nizza da Silva, São Paulo, Perspectiva, 1971.

——————: *Gramatologia*. Trad. Miriam Schnaiderman, Renato Janine Ribeiro, São Paulo, Edusp/Perspectiva, 1973.

DOMENACH, Jean-Marie. *La Propagande Politique*. Paris, Presse Univeritaires de France, 1950.

——————: *O Retorno do Trágico*. Trad. M. B. Costa, Lisboa, Moraes Editores, 1968.

DOS PASSOS, John. *Os Melhores Tempos – Uma Biografia não Oficial*. Trad. Maria da Graça Cardoso, Editorial Ibis, 1965.

ENZENSBERGER, Hans Magnus. *O Curto Verão da Anarquia – Buenaventura Durruti e a Guerra Civil Espanhola*. Trad. Márcio Suzuki, São Paulo, Companhia das Letras, 1987.

FABRIS, Annateresa. *Futurismo: Uma Poética da Modernidade*. São Paulo, Perspectiva/Edusp, 1987.

FELLNER, Harriet. *Hemingway as Playwright – The Fifth Column*. Ann Arbor, UMI Research Press, 1977.

FIEDLER, Leslie A. *Love And Death in the American Novel*. 3. ed., Nova York, Penguin Books, 1982.

FITZGERALD, Scott F. *A Derrocada e Outros Contos e Textos Autobiográficos*. Trad. Alvaro Cabral, Rio de Janeiro, Civilização Brasileira, 1969.

FIZ, Simón Marchán. *Contaminaciónes Figurativas – Imágenes de la Arquitetura y de la Ciudad como Figuras de lo Moderno*. Madri, Alianza Editorial, 1986.

FORD, Hugh. *A Poets' War – British Poets and the Spanish Civil War*. Filadélfia, University of Philadelphia Press, 1965.

FOUCAULT, Michel. *A Arqueologia do Saber*. Trad. Luiz Felipe Baeta Neves, Petrópolis, Vozes, 1971.

——————: *História da Sexualidade I: A Vontade de Saber*. Trad. Maria Thereza da Costa Albuquerque e J. A. Guilhon de Albuquerque, 6. ed., Rio de Janeiro, Graal, 1985.

FRASER, Ronald. *Recuérdalo tú y recuérdalo a otros*. Barcelona, Crítica, 1979.

FRIED, Morton; HARRIS, Marvin e MURPHY, Robert (orgs.). *War: The Anthropology of Armed Conflict and Aggression*. Nova York, The Natural History Press, 1968.

GALLAS, Helga. *Teoría Marxista de la Literatura*. Trad. Ramón Alcalde, Buenos Aires, Siglo Veinteuno, 1973.

GOLDMANN, Lucien. *A Criação Cultural na Sociedade Moderna (Por uma Sociologia da Totalidade)*. Trad. Rolando Roque da Silva, São Paulo, Difusão Européia do Livro, 1972.

——————. *Dialética e Cultura*. Trad. Luiz Fernando Cardoso, Carlos Nelson Coutinho, Giseh Vianna Konder, 2. ed., Rio de Janeiro, Paz e Terra, 1979.

GRAMSCI, Antonio. *Os Intelectuais e a Organização da Cultura*. Trad. Carlos Nelson Coutinho, 3. ed., Rio de Janeiro, Civilização Brasileira, 1979.

——————. *Literatura e Vida Nacional*. Trad. Carlos Nelson Coutinho, 2. ed. Rio de Janeiro, Civilização Brasileira, 1978.

GRIFFIN, Peter. *O Jovem Hemingway*. Trad. Alvaro Cabral (apresentação Jack Hemingway), Rio de Janeiro, Jorge Zahar, 1987.

HANREZ, Marc (org.). *Los Escritores y la Guerra de España*. Barcelona, Libros de Monte Ávila, 1977.

HOSKINS, Katharine. *Today the Struggle: Literature and Politics in England During the Spanish Civil War*. Austin, University of Texas Press, 1969.

HUIZINGA, J. *Entre las Sombras del Mañana – Diagnóstico de la Enfermedad de Nuestro Tiempo*. Trad. María de Meyre, 2. ed., Madri, Revista de Occidente, 1951.

JACKSON, Gabriel. *The Spanish Civil War: domestic crisis or international conspiration*. Boston, Heath, 1967.

—————— (org.). *La Guerra Civil Española – Antología de los principales "cronistas de guerra" americanos en España*. Trad. Maria de Jesús Izquierdo, Barcelona, Icaria, 1978.

JEFFERSON, Thomas. *Escritos Políticos*. Trad. Leônidas Gontijo de Carvalho, São Paulo, IBRASA, 1964.

KERN, Stephen. *The Culture of Time and Space (1880-1914)*. Cambridge, Harvard University Press, 1983.

LA CAPRA, Dominick. *History & Criticism*. Ithaca, Cornell University Press, 1985.

LAPRADE, Douglas Edward. *La Censura de Hemingway en España*. Salamanca, Ediciones Universidad de Salamanca, 1991.

LEFORT, Claude. *As Formas da História – Ensaios de Antropologia Política*. Trad. Luiz Roberto Salinas Fortes e Marilena Chauí, 1. ed., São Paulo, Brasiliense, 1979.

——————. *A Invenção Democrática – Os Limites da Dominação Totalitária*. Trad. Isabel Marva Loureiro, São Paulo, Brasiliense, 1983.

LIMA, Luis Costa (org., trad. e introd.). *A Literatura e o Leitor*. Rio de Janeiro, Paz e Terra, 1979.

LIONEL, Richard. *Le Nazisme et la Culture*. Bruxelas, Editions Complexe, 1988.

LÖWY, Michel. *Romantismo e Messianismo: Ensaios sobre Lukács e Walter Benjamin*. Trad. Myrian Veras Baptista e Magdalena Pizante Baptista, São Paulo, Perspectiva/Edusp, 1990.

LOTTMAN, Herbert R. *A Rive Gauche; Escritores, Artistas e Políticos em Paris 1930-1950*. Trad. Isaac Piltcher, 2. ed., Rio de Janeiro, Guanabara, 1987.

LUKÁCS, Georg. *The Historical Novel* (pref. Frederic Jameson). Trad. Hannah e Stanley Mitchell, 2. ed., University of Nebraska Press, 1983.

LUXEMBURGO, Rosa. *Escritos sobre Arte y Literatura*. (M. Koralov – org.) Trad. Olga Sánchez Guevara, Havana, Editorial Arte y Literatura, 1981.

LYNN, Keneth S. *Hemingway*. Nova York, Ballantine Books, 1988.

McLENDON, James. *Papa: Hemingway in Key West*. 3. ed., Key West, The Langley Press, 1984.

MATTHEWS, Herbert L. *Metade da Espanha Morreu (Reflexões Atuais sobre a Guerra Civil Espanhola)*. Trad. Fernando de Castro Ferro, Rio de Janeiro, Civilização Brasileira, 1975.

MEYERS, Jeffrey. *Hemingway, a Biography*. Nova York, Harper & Row Publishers, 1985.

MOIX, Terenci. *O Dia em que Marilyn Morreu*. Trad. Eduardo Brandão, Rio de Janeiro, Globo, 1987.

MOLINA, Antonio. *La Generación del 98*. Barcelona, Editorial Labor, 1968.

MORSE, Richard. *O Espelho de Próspero*. Trad. Paulo Henrique Britto, São Paulo, Cia. das Letras, 1988.

MUÑOZ, Marise Bertrand de. *La Guerre Civile Espagnole et la Littérature Française*. Québec, Didier, 1971.

MUSTE, John M. *Say that We Saw Spain Die – Literary Consequences of the Spanish Civil War*. Washington, Washington University Press, 1966.

PAINE, Thomas. *Senso Comum*. Trad. A. Della Nina, Francisco C. Weffort (org.), São Paulo, Abril, 1973. [Os Pensadores, vol. XXIX, pp. 47-89]

PADOVER, Saul K. (org., seleção, introd.). *Thomas Jefferson on Democracy*. 2. ed., Nova York, New American Library, 1949.

PARRINGTON, Vernon Louis. *Main Currents in American Thoughts (An Interpretation of American Literature from the Beginnings to 1920)*. 2. ed., Nova York, Brace and Company, 1930.

PATCHER, Marc (org.). *Telling Lives the Biographer's Art*. Filadélfia, University of Pennsylvania Press, 1981.

PEIRATS, José. *Los Anarquistas en la Crisis Política Española*. Madri, Ediciones Júcar, 1976.

POULANTZAS, Nicos. *Fascismo y Dictadura (La Tercera Internacional Frente al Fascismo)*. México, Siglo Veinteuno, 1971.

POUND, Ezra. *ABC da Literatura*. (org. e apresentação Augusto de Campos) Trad. A. Campos e José Paulo Paes, São Paulo, Cultrix.

PRESTON, Paul (org.). *Revolución y Guerra en España (1931-1939)*. Trad. Angel García de Paredes, Madri, Alianza Editorial, 1986.

REICH, Wilhelm. *Psicologia de Massa do Fascismo*. Trad. J. Silva Dias, Porto, Publicações Escorpião, 1974.

REYNOLDS, Michael. *The Young Hemingway*. Oxford, Basil Blackwell, 1987.

——————. *Hemingway's First War*. Oxford, Basil Blackwell, 1987.

ROMANO, Roberto. *Conservadorismo Romântico – Origem do Totalitarismo*. São Paulo, Brasiliense, 1983.

SARTRE, Jean-Paul. *Qu'est-ce que la Littérature?* Paris, Gallimard, 1967.

SAYRE, Wallace S. *An Outline of American Government*. 10. ed., Nova York, Barnes & Noble, 1949.

SCARRY, Elaine. *The Body in Pain (The Making and Unmaking of the World)*. Nova York, The Oxford University Press, 1987.

SEMPRÚN, Jorge. *Antobiografia de Frederico Sanchez*. Trad. Olga Savary, São Paulo, Paz e Terra, 1979.

SEVCENKO, Nicolau. *Literatura como Missão (Tensões Sociais e Criação Cultural na Primeira República)*. São Paulo, Brasiliense, 1983.

SONTAG, Susan. *Sob o Signo de Saturno*. 2. ed., Rio Grande do Sul, L&PM, 1986.

STANTON, Edward S. *Hemingway en España*. Trad. Joaquín Gonzáles Muela, Madri, Editorial Castalia, 1989.

TAMAMES, Ramón (org.). *La Guerra Civil Española – Una Reflexión Moral 50 Años Después*. Barcelona, Editorial Planeta, 1985.

THOMAS, Hugh. *A Guerra Civil de Espanha*. Trad. Daniel Gonçalves, 2. ed., Lisboa, Pensamento, 1987.

THORP, Willard. *Literatura Americana no Século XX*. Trad. Luzia Machado da Costa, Rio de Janeiro, Lidador, 1965.

TOCQUEVILLE, Alexis de. *A Democracia na América*. Trad., prefácio e notas de Neil Ribeiro da Silva, 2. ed., Belo Horizonte, Itatiaia, São Paulo, Edusp, 1977.

TRAINA, Richard. *American Diplomacy and the Spanish Civil War*. Indiana, Indiana University Press, 1968.

TROTSKY, Leon. *Literatura e Revolução*. 2. ed., Rio de Janeiro, Jorge Zahar, 1980.

TUÑON DE LARA, Manuel et al. *La Guerra Civil Española 50 Años Después*. Barcelona, Labor, 1985.

TUCHMAN, Barbara. *A Torre do Orgulho – Retrato do Mundo antes da Grande Guerra (1890-1914)*. Trad. João Pereira Bastos, São Paulo, Paz e Terra, 1990.

VAN DOREN, Carl. *O que é a Literatura Americana*. Trad. Helena Ferraz Rodrigues, Rio de Janeiro, Livraria Agir Editora, 1953.

VESENTINI, Carlos Alberto. *A Teia do Fato*. São Paulo, FFLCH-USP, 1982 [Tese de Doutorado em História].

Vives, Vicens; Nadal, J. e Ortega, R. *Historia Social y Económica de España (Los Siglos XIX-XX)*. Barcelona, Editorial Teide, 1959, vol. II, tomo IV.

Vilar, Pierre. *Histoire de L'Espagne*. 9. ed., Paris, Presse Universitaires de France, 1973.

Viñas, Angel. *La Alemaña Nazi y el 18 de julio. Antecedentes de la Intervención Alemana en la Guerra Civil Española*. Madri, Alianza Editorial, 1977.

Wagner-Martin, Linda (org.). *New Essays on The Sun Also Rises*. Cambridge, Cambridge University Press, 1987.

Watson, William Braash (org.). *The Hemingway Review – Spanish Civil War Issue*. Vol. VII, nº 2, 1988.

Watts, Emily Stipes. *Ernest Hemingway and the Arts*. Chicago, University of Illinois Press, 1971.

Weeks, Robert Percy (org.). *Hemingway: A Collection of Critical Essays*. Nova Jersey, Prentice Hall Inc., 1962.

Weintraub, Stanley. *The Last Great Cause – The Intellectuals and the Spanish Civil War*. Londres, W. H. Allen, 1968.

White, William (org.). *By-Line: Ernest Hemingway*. Nova York, Bantam Books, 1968.

Wilson, Edmund. *Os Anos 20* (org. e introd. Leon Edel; sel. Michael Hall e Paulo Sérgio Pinheiro). Trad. Paulo Henriques Britto, São Paulo, Companhia das Letras, 1987.

Young, Philip. *Ernest Hemingway*. Nova York, Riehart & Co. Inc., 1952.

Zambrano, Maria. *Los Intelectuales en el Drama de España – Ensayo y Notas (1936-1939)*. Madri, Editorial Hispamerica, 1977.

1.1. Artigos e Papers

Allen, Michael J. B. "The Unspanish War in *For Whom the Bell Tolls*", *Contemporary Literature*, 13 (2): 204-212.

Beiguelman-Messina, Giselle. "Mais uma Biografia Separa o Autor de sua Obra", *Folha de S. Paulo*, 13 de fevereiro de 1988, p. D-4.

————. "Hemingway e a Guerra Civil Espanhola: Por Quem os Sinos Dobram?", *Revista USP*, 5: 93-105, março/abril/maio 1990.

————. "Hemingway, a Espanha e o Mito do Oeste Americano", *Cultura Vozes*, 87 (2):31-42, março-abril 1993.

Bessie, Alvah. "Hemingway's *For Whom the Bell Tolls*", *New Masses* 37, 5 de novembro de 1940, pp. 25-29.

Chomsky, Noam. "The Bounds of Thinkable Thought", *The Progressive*, 49 (10): 28-30, outubro 1985.

Coleman, Arthur. "Hemingway's *The Spanish Earth*", *The Hemingway Review 2* (1): 64-67, 1982.

Elliott, Gary D. "The Hemingway Hero's Quest For Faith", *McNeese Review*, 24: 18-27, 1977-78.

Guttman, Allen. "Mechanized Doom: Ernest Hemingway and the Spanish Civil War", *The Massachusetts Review*, 1: 541-561, maio 1960.

LAWSON, Carolina D. "Hemingway, Stendhal and War", *The Hemingway Review 5* (1): 28-33, 1979.

MICHALCZYCK, John. *"The Spanish Earth* and *Sierra de Teruel*: The Human Condition as Political Message", *North Dakota Quarterly 60* (2): 40-49, 1992.

McLENDON, James. "The Have among the Have Nots", *Tropic/Sun Herald*, 12 de outubro de 1972.

NAKJAVANI, Erik. "Hemingway's *The Fifth Column*: Drama as Propagation Propaganda", *paper* apresentado em *Malraux & Hemingway: Embattled Spain, International Symposium*, Boston, Boston College, 13 de outubro de 1990.

————. "Hemingway's *The Fifth Column* and the Question of Ideology", *North Dakota Quaterly 60* (2):159-184, 1992.

SLATOFF, Walter J. "The Great Sin in *For Whom the Bell Tolls*", *Journal of Narrative Technique 7*: 142-148, 1977.

WATSON, William B. "Hemingway's Spanish Civil War Dispatches", *The Hemingway Review 7* (2): 4-93, 1988.

————. "Old Man at the Bridge – The Making of a Short Story", *The Hemingway Review 7* (2): 152-165, 1988.

————. "Joris Ivens and the Comunnists: Bringing Hemingway Into the Spanish Civil War", *The Hemingway Review 10* (1): 2-19, 1990.

————. *"For Whom the Bell Tolls*: What Did Hemingway Have Against the Communists Anyway?", *paper* apresentado em *Malraux & Hemingway: Embattled Spain, International Symposium*, Boston, Boston College, 13 de outubro de 1990.

————. "Investiganting Hemingway", *North Dakota Quaterly 59* (1): 38-68, 1991.

————. "Investiganting Hemingway – The Trip", *North Dakota Quaterly 59* (3): 79-95, 1991.

————. "Hemingway's Attacks on the soviets and the communists in *For Whom the Bell Tolls, North Dakota Quaterly 60* (2): 103-118, 1992.

————. "Investiganting Hemingway – The Novel", inédito.

WILSON, Edmund. "Hemingway: Gauge of Morale", *The Wound and the Bound*, Nova York, Farrar, Straus and Groux, 1978, pp. 189-92.

2. HEMINGWAY

2.1. Obra Literária, Cinematográfica e Teatral

Collected Poems (publicado originalmente em Paris), Pirated Edition, São Francisco, 1960.

The Torrents of Spring (1926), Nova York, Charles Scribners' Sons/MacMillan Publishing Co., Hudson River Edition, 1987.

The Sun Also Rises (1926), Nova York, Charles Scribners' Sons/MacMillan Publishing Co., 1986.
A Farwell to Arms (1929), Nova York, Charles Scribners' Sons/MacMillan Publishing Co., 1987.
Death in the Afternoon (1932), 4. ed., Londres, Grafton Books, 1986.
Green Hills of Africa (1935), 6. ed., Londres, Grafton Books, 1986.
To Have and Have Not (1937), Nova York, Charles Scribners' Sons/MacMillan Publishing Co., 1987.
The Fifth Column (1937), 5. ed., Londres, Grafton Books, 1986.
The Spanish Earth (1938), introd. Jasper Wood e "posfácio" de E. Hemingway, Ohio, J. B. Savage Company, 1938.
The Short Stories (1938), Nova York, Charles Scribners' Sons/MacMillan Publishing Co., 1987.
For Whom the Bell Tolls (1940), Nova York, Charles Scribners' Sons/MacMillan Publishing Co., 1987.
Men at War (org. e introd. E. Hemingway), Nova York, Crown Publishers, 1942.
Across the River into the Trees (1950), 5. ed., Londres, Grafton Books, 1985.
The Old Man and the Sea (1952), 19. ed., Londres, Grafton Books, 1988.
A Moveable Feast, 9. ed., Londres, Grafton Books, 1988.
The Dangerous Summer (1985), Londres, Grafton Books, 1986.
The Complete Short Stories of Ernest Hemingway (1987), Nova York, Charles Scribners' Sons/MacMillan Publishing Co., 1987.
The Garden of Eden (1987), 4. ed., Londres, Grafton Books, 1989.

2.1.1. Traduções utilizadas

As Torrentes da Primavera (1926), trad. de Maria Luísa Osório e Alexandre Pinheiro Torres, Edições Livros do Brasil, Lisboa, s.d.
O Sol Também se Levanta, trad. Berenice Xavier, São Paulo, Abril Cultural, 1980.
Adeus às Armas, trad. Monteiro Lobato, 14. ed., São Paulo, Cia. Ed. Nacional, 1982.
Contos, trad. A. Veiga Filho, 5. ed., Rio de Janeiro, Civilização Brasileira, 1986.
As Aventuras de Nick Adams, Rio de Janeiro, Artenova, s.d.
Por Quem os Sinos Dobram, trad. Monteiro Lobato, 21. ed., São Paulo, Cia. Ed. Nacional, 1984.
O Velho e o Mar, trad. Fernando de Castro Ferro, 14. ed., Rio de Janeiro, Civilização Brasileira, 1971.
Paris É uma Festa, trad. Enio Silveira, 3. ed., Rio de Janeiro, Civilização Brasileira, 1975.
As Ilhas da Corrente (1970), trad. Milton Persson, São Paulo, Círculo do Livro, s.d.
O Jardim do Éden, trad. Wilma Freitas e Ronald de Carvalho, Rio de Janeiro, Nova Fronteira, 1987.

2.2. Artigos

2.2.1. Diversos

"Bullfight Art and Industry", *Fortune 1* (2): 83-88 e 139-146 e 150, março 1930.

"The Friend of Spain – A Spanish Letter", *Esquire 1* (2): 26 e 136, janeiro 1934.

"Old Newsman Writes – A Letter from Cuba", *Esquire 2* (7): 25-26, dezembro 1934.

"Who Murdered the Vets?", *New Masses* nº 16, 17 de setembro de 1935, em CUNNIL, Felipe (org.), *Un Corresponsal Llamado Hemingway*, pp. 125-132.

"Notes on the Next War – A Serious Topical Letter", *Esquire 4* (3): 19 e 156, setembro 1935.

"Monologue to the Maestro – A High Seas Letter", *Esquire 4* (3): 19 e 156, outubro 1935.

2.2.2. Guerra Civil Espanhola

2.2.2.1. Despachos para a Agência de Notícias *NANA*

(Os números dos manuscritos correspondem aos *releases* da *NANA*, todos pertencentes ao acervo da Biblioteca John F. Kennedy / Hemingway Collection. Todos os manuscritos foram lidos conjuntamente com a edição dos mesmos da *The Hemingway Review 2* (2): 56-90, 1988, organizada por William B. Watson.)

"Passport for Franklin is Urged by Hemingway", Paris, 12 de março de 1937, mss. 648.

"French Border Airtight, Hemingway Check Shows", Toulouse, 15 de março de 1937, mss. 408.

"Hemingway Sees the First Glimpses of War", Valência, 17 de março de 1937, mss. 392.

"Hemingway Sees Dead Strewing Battlefield", *Front* de Guadalajara, 22 de março de 1937, mss. 465.

"Hemingway Rates Brihuega with World War Battles", Madri, 26 de março de 1937, mss. 460.

"Hemingway Under Fire Watches the Attack", Madri, 9 de abril de 1937, mss. 468.

"Hemingway Describes Shelling of Madri", Madri, 11 de abril de 1937, mss. 688.

"Hemingway Discovers 'A New Kind of War' ", Madri, 18-19 de abril de 1937, mss. 600.

"Hemingway Finds Madri Callous to Bombardment", Madri, 20 de abril de 1937, mss. 452.

"Writer Says Rebels Seek to Force Foes to Attack", Madri, 30 de abril de 1937, mss. 846.

Despacho referente à analise da situação das forças militares na Espanha. Como não foi publicado, citamos o número do manuscrito referente ao rascunho do material enviado por Hemingway e não o do *release* da *NANA*. Paris, 9 de maio de 1937, mss. 852, 853.

"The Chauffeurs of Madri" ("Authors Sees Madri Chauffeurs as Symbols of City's Defense"), Paris, 9-13 de maio de 1937, mss. 327.

"Exploits of Americans Win Hemingway's Praise", Valência, 13 de setembro de 1937, mss. 597.5.

"Hemingway Sees Success for Loyalists in Aragon", Valência 13 de setembro de 1937, mss. 597.5.

"Hemingway Doubts Rebels Will Launch Teruel Drive", Front de Teruel, 23 de setembro de 1937, transcrição de cabograma dos arquivos da RCA, em WATSON, W. B., *The Hemingway Review* 7 (2): 52-54, 1988.

"Hemingway, Covering War Tells of Brush with Death", Madri, 30 de setembro de 1937, transcrição de cabograma dos arquivos da RCA, em WATSON, W. B., *The Hemingway Review* 7 (2): 54-56, 1988.

"Loyalist Drive Seen Progressing as Planned", Madri, 6 de outubro de 1937, mss. 597.5.

"Hemingway Describes the Attack on Teruel", Quartel General, Front de Teruel, 19 de dezembro de 1937, mss. 597.5.

"Hemingway Describes the Fall of Teruel", Quartel General, Front de Teruel, 21 de dezembro 1937, mss. 597.5.

"Hemingway Describes Flight of Refugees", Barcelona, 3 de abril de 1938, mss. 403.

"Americans Veterans Tell of Escaping Insurgents", Barcelona, 4 de abril de 1937, mss. 243.

"Hemingway Finds Morale of Loyalists Still High", Tortosa, 5 de abril de 1938, mss. 457.

"North Seen Weak Spot in Loyalits' Defense", Tortosa, 10 de abril de 1938, mss. 615.

"Hemingway Says Italians are Blocked Near Tortosa", Tarragona, 13 de abril de 1938, mss. 462.

"Hemingway Describes Bombing of Tortosa", Tortosa, 15 de abril de 1938, mss. 289.

"Tortosa Calmly Awaits Assault By Insurgents", Delta do Ebro, 18 de abril de 1938, mss. 775.

"James Lardner, Loyalist Volunteer", Barcelona, 25 de abril de 1938, transcrição de cabograma dos arquivos da RCA, em WATSON, W. B., *The Hemingway Review* 7 (2): 84-85, 1988.

"Hemingway Finds Lerida Still Partly Loyalist", Lérida, 29 de abril de 1938, mss. 449.

Despacho não publicado, sem título, sem local, sem data, provavelmente programado para 1º de maio de 1938, mss. 403, 747.

"Loyalists at Castellon Seen Heavily Entrenched", Castellón, enviado por correio para Madri, 8 de maio de 1938, transcrição de cabograma dos arquivos da RCA, em WATSON, W. B., *The Hemingway Review* 7 (2): 88-90, 1988 e de rascunho datilografado (mss. 557).

"Hemingway Finds Madri Calmly Fighting Own War", Madri, 10 de maio de 1938, mss. 453.

2.2.2.2. *Ken Magazine*

"The Time Now, the Place Spain", *Ken 1* (1): 6-7, abril 1938.
"Dying Well or Badly", *Ken 1* (2): 68, abril 1938.
"The Cardinal Picks a Winner", *Ken 1* (3): 38, maio 1938.
"United We Fall Upon Ken", *Ken 1* (5): 36, maio 1938.
"Treachery in Aragon", *Ken 1* (6), junho 1938.
"Call for Greatness", *Ken 2* (1), julho 1938.
"A Program for US Realism", *Ken 2* (3), agosto 1938.
"Good Generals Hug the Line", *Ken 2* (4): 28, agosto 1938.
"False News to the President", *Ken 2* (5): 17-18, setembro 1938.

2.2.2.3. Outros

"Fascism is a Lie", *New Masses*, 23, 22 jun. de 1937, p. 4.
"The Denunciation", *Esquire*, nov. 1938, em *The Complete Short Stories*, pp. 420-428.
"The Butterfly and the Tank", *Esquire*, dez. 1938, em *The Complete Short Stories*, pp. 429-436.
"Night Before Battle", *Esquire*, fev. 1939, em *The Complete Short Stories*, pp. 437-459.
"On the American Dead in Spain", *New Masses*, 11 de fevereiro de 1939, em BESSIE, A. e PRAGO, A. *Our Fight – Writings of the Abraham Lincoln Brigade (Spain 1936-1939)*.
"Nobody Ever Dies", *Cosmopolitan*, março 1939, em *The Complete Short Stories*, pp. 470-481.
"Under the Ridge", *Cosmopolitan*, out. 1939, em *The Complete Short Stories*, pp. 460-469.

2.3. Diversos

"Discurso para Arrecadação de Fundos", Hollywood, julho de 1937, sem título, Biblioteca John F. Kennedy / Hemingway Collection, mss. 715 b.
"Três Prefácios", em QUINTANILLA, Luis. *All the Brave* (texto de Elliot Paul e Jay Allen), Nova York, Modern Age Books, 1939, pp. 7-11.
"Prefácio", REGLER, Gustav. *The Great Crusade*, Nova York, Longman, Green and Co. 1940, pp. VII-XI.

3. LITERATURA DA GUERRA CIVIL ESPANHOLA, MEMÓRIAS E MATERIAL RELATIVO À PARTICIPAÇÃO DOS ESCRITORES NA GUERRA

3.1. Obras Literárias e Memórias

AUDEN, W. H. *Poemas*. Trad. e introd. José Paulo Paes e João Moura Jr., São Paulo, Companhia das Letras, 1986.

BESSIE, Alvah. *Men in Battle – A Story of Americans in Spain*, São Francisco, Chandler & Sharp Publishers Inc., 1975.
BESSIE, A. e PRAGO, Albert (orgs.). *Our Fight – Writings of the Abraham Lincoln Brigade (Spain 1936-1939)*. Nova York, Monthly Review Press with the Veterans of the Abraham Lincoln Brigade, 1987.
BUÑUEL, Luis. *Meu Último Suspiro*. Trad. Rita Braga, Rio de Janeiro, Nova Fronteira, 1982.
EHRENBURG, Ilya. *Memórias – A Europa sob o Nazismo (1933-1941)*. Trad. Dalton Boechat, Rio de Janeiro, Civilização Brasileira, 1966, vol. IV, pp. 98-219.
KÖESLTER, Arthur. *Dialogues with Death*. Trad. Trevor e Phyllis Blewitt, Londres, Hutchison, 1966.
MALRAUX, André. *A Esperança*. Trad. David Jardim Júnior, Curitiba, Edições Guaíra, 1940.
NERUDA, Pablo. "La Guerra" e "El Amor", *Canto General*, 2ª ed., México, Ediciones Oceano, 1952, pp. 544-545.
ORWELL, George. *Lutando na Espanha e o Ensaio "Recordando a Guerra Civil"*. Trad. Affonso Blacheyre, Rio de Janeiro, Civilização Brasileira, 1967.
REGLER, Gustav. *The Great Crusade*. Nova York, Longman, Green and Co. 1940.
RICHLER, Mordechai. *Joshua, Então e Agora*. Trad. Ruy Jungman, Rio de Janeiro, Livraria Francisco Alves, 1980.
SERGE, Victor. *Memórias de um Revolucionário* (Jean Riérre, org.). Trad. Denise Bottman, São Paulo, Companhia das Letras, 1987.
SPENDER, Stephen e LEHMAN, John (orgs.). *Poems for Spain*, Londres, The Hoghart Press, 1939.
VALLEJO, Cesar. *Obra Poética Completa* (org., introd. e cronologia Enrique Ballon Aguirre). Caracas, Biblioteca Ayacucho, s.d., pp. 195-214.
WEIL, Simone. *A Condição Operária e Outros Estudos sobre a Opressão* (org. Ecléa Bosi). Trad. Therezinha Langeada, Rio de Janeiro, Paz e Terra, 1979.

3.1.1. Antologias

MILLER, John (org.). *Voices Against Tyranny*. Nova York, Charles Scribner's Sons, 1986.
SPERBER, Murray A. (org.). *And I Remember Spain – A Spanish Civil War Anthology*. Nova York, MacMillan Publishing Press, 1974.

3.2. Outros

Authors Take Sides on the Spanish Civil War, Left Review, Londres, 1937.
AZNAR SOLER, Manuel. *II Congreso Internacional para la Defensa de la Cultura (1937) – Literatura Española y Antifascismo (1927-1939)*. València, Conselleria de Cultura, Educació i Ciència, 1987, vol. II.

AZNAR SOLER, M. e SCHNEIDER, Luis-Mario (orgs.). *II Congreso Internacional de la Cultura (Valencia-Madri-Barcelona-Paris, 1937) Actas, Ponenicas, Documentos y Testimonios*. València, Consellaria de Cultura, Educació i Ciència, 1987, vol. III.

Writers Take Sides (Letters About the War in Spain from 418 American Authors). Nova York, The League of American Writers, 1938.

HISTÓRIA NA PERSPECTIVA

NOVA HISTÓRIA E NOVO MUNDO – Frédéric Mauro (D013)
HISTÓRIA E IDEOLOGIA – Francisco Iglésias (D028)
A RELIGIÃO E O SURGIMENTO DO CAPITALISMO – R. H. Tawney (D038)
1822: DIMENSÕES – Carlos Gulherme Mota e outros (D067)
ECONOMIA COLONIAL – J. R. Amaral Lapa (D080)
DO BRASIL À AMÉRICA – Frédéric Mauro (D108)
HISTÓRIA, CORPO DO TEMPO – José Honório Rodrigues (D121)
MAGISTRADOS E FEITICEIROS NA FRANÇA DO SÉCULO XVII – R. Mandrou (D126)
ESCRITOS SOBRE A HISTÓRIA – Fernand Braudel (D131)
ESCRAVIDÃO, REFORMA E IMPERIALISMO – R. Graham (D146)
TESTANDO O LEVIATHAN – Antonia Fernanda P. de Almeida Wright (D157)
NZINGA – Roy Glasgow (D178)
A INDUSTRIALIZAÇÃO DO ALGODÃO EM SÃO PAULO – Maria Regina de M. Ciparrone Mello (D180)
HIERARQUIA E RIQUEZA NA SOCIEDADE BURGUESA – A. Daumard (D182)
O SOCIALISMO RELIGIOSO DOS ESSÊNIOS – W. J. Tyloch (D194)
VIDA E HISTÓRIA – José Honório Rodrigues (D197)
WALTER BENJAMIN: A HISTÓRIA DE UMA AMIZADE – Gershom Scholem (D220)
COLÔMBIA ESPELHO AMÉRICA – Edvaldo Pereira Lima (D222)
DE BERLIM A JERUSALÉM – Gershom Scholem (D242)

NORDESTE 1817 – Carlos Guilherme Mota (E008)
CRISTÃOS-NOVOS NA BAHIA – Anita Novinsky (E009)
VIDA E VALORES DO POVO JUDEU – Cecil Roth e outros (E013)
HISTÓRIA E HISTORIOGRAFIA DO POVO JUDEU – Salo W. Baron (E023)
O MITO ARIANO – Léon Poliakov (E034)
O REGIONALISMO GAÚCHO – Joseph L. Love (E037)
BUROCRACIA E SOCIEDADE NO BRASIL COLONIAL – Stuart B. Schwartz (E050)
DAS ARCADAS AO BACHARELISMO – Alberto Venancio Filho (E057)
HISTÓRIA DA LOUCURA – Michel Foucault (E061)
DE CRISTO AOS JUDEUS DA CORTE – Léon Poliakov (E063)
DE MAOMÉ AOS MARRANOS – Léon Poliakov (E064)
DE VOLTAIRE A WAGNER – Léon Poliakov (E065)
A EUROPA SUICIDA – Léon Poliakov (E066)
JESUS E ISRAEL – Jules Isaac (E087)
A CAUSALIDADE DIABÓLICA I – Léon Poliakov (E124)
A CAUSALIDADE DIABÓLIA II – Léon Poliakov (E125)
A REPÚBLICA DE HEMINGWAY – Giselle Beiguelman – Messina (E131)
MISTIFICAÇÕES LITERÁRIAS: "OS PROTOCOLOS DOS SÁBIOS DE SIÃO" – Anatol Rosenfeld (EL03)
PEQUENO EXÉRCITO PAULISTA – Dalmo de Abreu Dallari (EL11)
GALUT – Itzhack Baer (El15)
DIÁRIO DO GUETO – Janusz Korczak (EL44)
O XADREZ NA IDADE MÉDIA – Luiz Jean Lanand (EL47)
O MERCANTILISMO – Pierre Deyon (K001)
FLORENÇA NA ÉPOCA DOS MÉDICI – Alberto Tenenti (K002)
O ANTI-SEMITISMO ALEMÃO – Pierre Sorlin (K003)
MECANISMOS DA CONQUISTA COLONIAL – Ruggiero Romano (K004)
A REVOLUÇÃO RUSSA DE 1917 – Marc Ferro (K005)
A PARTILHA DA ÁFRICA NEGRA – Henri Brunschwig (K006)
AS ORIGENS DO FASCISMO – Robert Paris (K007)
A REVOLUÇÃO FRANCESA – Alice Gérard (K008)
HERESIAS MEDIEVAIS – Nachman Falbel (K009)
ARMAMENTOS NUCLEARES E GUERRA FRIA – Claude Delmas (K010)
A DESCOBERTA DA AMÉRICA – Marianne Mahn-Lot (K011)
AS REVOLUÇÕES DO MÉXICO – Américo Nunes (K012)
O COMÉRCIO ULTRAMINO ESPANHOL NO PRATA – E. S. Veiga Garcia (K013)
ROSA LUXEMBURGO E A ESPONTANEIDADE REVOLUCIONÁRIA – Daniel Guérin (K014)
TEATRO E SOCIEDADE: SHAKESPEARE – Guy Boquet (K015)
O TROTSKISMO – Jean-Jacques Marie (K016)
A REVOLUÇÃO ESPANHOLA 1931-1939 – Pierre Broué (K017)

IMPRESSÃO:
BARTIRA GRÁFICA E EDITORA S/A
(011) 458 - 0255